2005年国家社科基金项目
2007年成都市文化事业建设资助项目
2007年成都市社会科学院重大项目

西部大开发与区域经济公平增长

继续推进西部大开发战略对策研究

陈伯君　陈家泽　陈永正　邓立新　赵　明◎著

Xibu Dakaifa Yu
Quyu Jingji Gongping
Zengzhang

中国社会科学出版社

图书在版编目（CIP）数据

西部大开发与区域经济公平增长：继续推进西部大开发
战略对策研究/陈伯君等著.—北京：中国社会科学出版社，
2007.12

ISBN 978-7-5004-6724-3

Ⅰ.西… Ⅱ.陈… Ⅲ.①地区经济—经济增长—研究—
西北地区②地区经济—经济增长—研究—西南地区 Ⅳ.F127

中国版本图书馆 CIP 数据核字（2008）第 005986 号

责任编辑 田 文
责任校对 程春雪
封面设计 久品轩
版式设计 李 建

出版发行 中国社会科学出版社
社 址 北京鼓楼西大街甲 158 号 邮 编 100720
电 话 010—84029450（邮购）
网 址 http://www.csspw.cn
经 销 新华书店
印 刷 北京新魏印刷厂 装 订 丰华装订厂
版 次 2007 年 12 月第 1 版 印 次 2007 年 12 月第 1 次印刷
开 本 710×980 1/16
印 张 19 插 页 2
字 数 289 千字
定 价 34.00 元

课题组成员简介

课题组组长

陈伯君　成都市社会科学院副院长、西南财经大学经济学院兼职教授、四川省社会科学院历史所特聘研究员，香港中文大学访问学者。个人学术网站《伯君视界》：www.bjsj.sunbo.net

课题组成员

陈家泽　成都市社会科学院经济所，所长，副研究员

陈永正　四川大学经济学院，教授，博士

邓立新　成都市政府研究室经济处，处长

赵　明　西南交通大学人文学院法律系，系主任，教授

目 录

序

林　凌

在 2000 年实施西部大开发战略之后，中央相继实施了振兴东北等老工业基地和中部崛起战略，加上改革开放初期就实施的东部率先发展战略，整个国家的统筹区域发展的总体战略基本形成。西部大开发作为中国区域总体发展部署的一个重要组成部分，与全国的发展更加紧密地联结起来。实际上，西部大开发 7 年来所取得的成就，如西气东输、西电东送、青藏铁路建设、退耕还林还草、南水北调西线工程前期准备五大标志性工程等，都是对国家全局的贡献。7 年间国家向西部投资上万亿元，实际上有 40%—50% 是在东部和中部实现的。可以这样说，如果没有西部大开发，东部经济甚至整个国家的经济都不可能取得像现在这样骄人的成绩。包括对 2008 年北京奥运会的生态环境保障，如果没有西气东输，就不可能有北京大气质量的改善。对于西部大开发，国家思考的角度，解决问题的思路，都是立足于全国总体发展战略的需要。西部是中国的西部——国家是这样看的，也是我接触本课题研究成果后最为突出的感觉。

但是，西部落后的状况并没有因西部大开发发生明显的变化，与东部的差距不是人们期待的缩小，而是在继续拉大。总体上看，西部仍处在"富饶的贫困"之中。

西部富饶，是说西部是国家的资源、能源基地，最重要的生态环境屏障区。天然气资源、石油资源、水能资源、煤炭资源、有色稀有矿产资源大部分都在西部，防治长江黄河等大江大河灾害和沙尘暴的侵袭屏障区全在西部，国防科技工业的重头也在西部。资源开发和加工的收益、生态补偿的收益、国防科技工业发展的收益等，完全可以使西部地区发展起来,使西部老百姓富裕起来。但西部"富饶中的贫困",却使人们非常尴尬。

西部落后,一般把原因归结为三点:一是西部自身的区位偏僻、生存条件和生态环境恶劣、文化落后;二是东部沿海地区区位优越,接近国际市场,国家政策倾斜,具有特殊优势;三是西部市场经济不发达,思想观念落后。这些因素都是存在的,但很少有人提到不公平的资源、能源开发政策给西部贫困落后带来的严重后果。长期以来,国家对东西部实行的都是产业垂直分工政策:西部开发输出资源,东部加工资源获取高附加值的收益。这种格局,在西部大开发中没有根本改变。低廉的资源能源价格、严重不平等的中央地方税利分配比例、只开采输出不能就地加工增值的格局、当地老百姓不但不能富裕反而更加贫困的补偿政策、继续受到破坏的生态环境,这才是西部落后的重要原因。本课题作者的前期研究成果《非公平经济增长折腾下的西部》,明显地表达了作者的基本观点。在本书中作者又把原因归结为西部发展遭遇非公平经济增长的阻击,更加理性地分析了非公平经济增长形成的原因、惯性及后果,提出了将西部问题放在全局下解决的思路,我是很赞成这些看法的。

作为改革开放初期非公平性的区域发展安排,邓小平是把它作为全国都要顾全的"第一个大局"提出来的。这是人们都看到的,包括西部人在内也认同的。中国是一个大国,经济社会发展落后,区域发展条件迥异,选择非均衡发展方式,集中央之力,集全国之力,促使条件较好的东部沿海地区先发展起来,使之成为牵引中国经济腾飞的发动机、增长极,中国经济社会发展的业绩证明,这一路径选择是科学的、正确的。就是在今天,对相对落后的西部而言,在现阶段,我也力荐推行非均衡发展与协调发展相结合的战略,不能面面俱到,不能平均用力。何况在社会主义条件下发展市场经济,是前无古人的创举,由计划经济向市场经济转型,涉及重大经济制度变迁。在维护经济政治社会基本稳定的前提下转变经济制度,只能是增量式改革,渐进式改革,先试点,再总结,再推广,这就决定了制度创新的试点权首先配置给有条件先发展的东部沿海地区。因此,选择非均衡发展方式,既是基于当时中国国情的实际,也是经济制度变迁的必然。

2000 年国家实施西部大开发战略,标志着我国区域发展进入了邓小平讲的"第二个大局"时期，开始着力解决提高西部发展水平、缩小东西部差距的问题。对于"第二个大局"，人们所抱的期望值是很高的。但这一时期的体制背景与十多年前比却发生了根本性变化。在实施沿海开放战略时期，国家的经济体制主要还是计划经济体制，同时在少数地区引入了市场机制。当时的沿海地区，既享受着计划经济的好处，又获得了市场经济初期的厚利，双重利益吸引着各种要素向沿海地区聚集，使沿海地区很快富裕起来。而在2000年后，我国的计划经济体制已经退出历史舞台，社会主义市场经济体制已经建立起来并正处在完善之中。西部大开发已经不再受计划经济体制的支撑，转而受社会主义市场经济体制的支配。邓小平发出的"全国都要顾全（开放西部）这个大局"的号召，也因为体制的变革而显得软弱无力。市场经济是西部的弱项。在市场经济已经在全国确立的情况下，市场一体化，市场竞争，西部处于屡战屡败的境地。著名经济学家缪尔达尔、赫希曼等人均认为：市场机制会使一个地区获得连续积累的竞争优势，市场的力量通常倾向于增加而不是减少区域经济差异。

科学发展观的确立，给西部大开发带来新的契机。以人为本、统筹发展、协调发展、全面发展、可持续发展、科学发展、和谐发展的提出，国家西部大开发"十一五"规划的发布，相应的政策措施，特别是对西部社会发展倾斜政策的不断出台，为西部发展创造了有利的宏观支撑条件。我们应力求在新的发展阶段里，使西部发展得更快一些，使东西部之间发展差距拉大的态势有所缓解。但不能不看到的是，非均衡发展的惯性很大，当西部有了长足的发展同时，东部会有更加强劲的发展，特别是京津冀经济区的发展、东北综合经济增长区的发展，都可能使东西部差距进一步扩大。中国在相当长的时间内保持10%左右的经济增长速度有很大的可能性，但代价可能就是进一步加重全国"发展很不平衡"的程度。课题组依据赫希曼的"边际不平衡增长理论"以及"核心与边缘区理论"，对这种形势作了分析，他们的结论是：尽管"极化效应"和"涓流效应"会同时起作用，但在市场机制自发作用下，极化效应占支配地位，极差还会以增速的乘数扩大，导致两极分化和严重的社会矛盾。拉美一些国家就是因为地区差距拉大而发生大的社会动荡。国家的基本方针是"把改革的力度、发展的速度和社会可承受的程度统一起来"，在中央已经提出科学发展观和"五个统筹"的战略举措之后，我们决不能再继续加剧区域"发展很不平衡"的程度，决不能冲破社会可承受的底线。我们只有一种选择：加大西部大开发的实施力度，抑制非均衡发展惯性的扩张，以缓解发展很不平衡的矛盾。

非均衡发展问题，实质上也是非公平增长问题。无论这个非均衡发展是国家发展战略的阶段性安排，还是市场经济力量之驱使，都包含有非公平因素。现在国家战略性的非均衡发展的安排已经作了调整，但仍然存在着非公平性因素，应继续进行调整。而市场经济力量驱使下的非公平发展，不平等竞争形成的非公平发展，政策的偏差造成的非公平发展，还远没有消除。既然非均衡发展问题实质上是非公平经济增长问题，因而解决它们，需要在公平上着力。这只公平的手，就是国家的宏观调控和政策安排。

研究问题是解决问题的开始。非公平问题需要通过促进公平来解决。这就需要国家采取积极地干预政策来刺激落后地区的发展，填补由各种累积性因果循环所造成的经济差距，推进区域经济的公平增长。

对东西部非均衡发展中的非公平性问题，课题组作了梳理并进行了深入的研究。其中最重要的是资源权属、资源价格、资源就地开发、资源税利收益分配、当地居民资源收益分享、被破坏生态的修复补偿等，都急需解决。尽管资源是国家的，可是西部的资源都廉价地甚至无偿地支持东部去了，如果西部地区不能相应地富起来，只留下生态恶化，那就太不公平了。课题组勇于挑战高难度的理论领域，将资源价格如何确立和测算、西部大型公共产品"溢出效应"如何合理补偿列为专章深入研究。他们利用了"平均增量成本"AIC（Average Increasing Cost）作为MOC的替代，创建了作为自然资源价格测算的一种较具操作性的计量工具模型，使建成资源合理开发机制有了较具操作性的计量工具模型。对于西部大型公共产品的溢出效应的补偿问题，课题组以"天保工程"和退耕还林工程的溢出效应为典型案例，间接采用防洪收益作为估算溢出效应的主要指标，并视节约的成本为收益，通过确定样本地区防洪相关成本指标，描述样本地区受益于"天保工程"而减少的防洪成本，并将这些防洪项目费用的负增长量视为该样本地区受益于"天保工程"的溢出效应量。在此基础上，针对南水北调工程水价构成情况，提出了增加溢出水价才更加合理的建议。这一研究成果，为西部大型公共产品溢出效应在国家层面建立利益补偿机制提供了政策思路。资源价格问题，溢出效应补偿问题，是该课题的难点，也是该研究成果的亮点。我对作者从理论上求解的努力是很赞赏的，同时更希望作者，在体制层面、政策层面、利益分配层面、老百姓分享成果致富层面等，再做些深入研究，使西部真正走出"富饶的贫困"。我的基本主张是：西部大开发一定要"以人为本"，一个大型工程在西部建成之日，也就是当地老百姓开始富裕之时。现在已是坚决纠正国家或民营企业家开发资源致富而当地居民反而贫困的做法的时候了。

市场竞争不平等问题，根本原因是市场发育不均衡。东部沿海地区市场发育成熟，经过长期积累形成了强力的竞争优势，在某些领域形成垄断。西部市场的发育则严重不足，加之运输成本、配套成本等很高，竞争力低下。作者在培育和完善西部市场经济体制上作了许多研究，同时提出完善市场经济体制理应包括弥补市场竞争中公平性缺失的功能。比如，在实行统一税率的情况下，西部企业可享有适度退税优惠政策，中央财政安排专项资金来补贴，使西部企业有更大力量来改造生产设备和开发新产品。国家关于鼓励产品出口的退税政策可考虑给西部更多的优惠。与此同时还要激励西部企业降低成本，使西部的运输成本＋生产成本＋配套成本≤沿海地区成本，西部吸引外部资金的能力和竞争力就会大大增强。

西部是中国的西部。"富饶的西部"是中国发展的重要支撑点和潜力所在，也是全面建设小康社会和实现现代化的关键所在。没有西部的全面小康，哪有中国的全面小康？没有西部的现代化，哪有全国的现代化？西部的落后一定要改变，而且一定能够改变。当前，促进社会公平和正义成为时代主题。国家西部开发"十一五"规划提出的重大方针政策都有利于西部更好、更快地开发，成渝经济区、关中经济区、环北部湾经济区的开发，特色优势产业的开发，高新技术产业的发展，沿边对外开放的发展，国家批准重庆、成都为统筹城乡综合配套改革试验区，都是加快西部开发步伐的有力举措。国家对西部大开发必将会给予更大的支持，西部也会像过去那样对全国的发展作出更大的贡献。我相信，西部的繁荣一定能够实现。

导　言

推动区域经济的公平增长

2004 年 4 月，温家宝总理在政府工作报告中提出：继续实施西部大开发战略，并且要认真总结经验、完善政策，落实各项措施，积极有序地推进。"认真总结经验"，这句话分量不轻。实施西部大开发战略已经进入第五个年头，虽然在党中央、国务院的领导下，西部各地党委政府和干部群众牢牢抓住这个历史性机会，紧锣密鼓，新招迭出，可谓呕心沥血、尽职尽力、顽强拼搏，实现了一年一个台阶的跨越式发展。结果怎样呢？结果与东部相比，差距不是在缩小，依然是逐年拉大，与实施西部大开发的目标不是越来越近，而是越来越远。早在 2002 年 11 月，十六大报告就指出：现在达到的小康是"发展很不平衡的小康"。"不平衡"究竟有多大，兰州大学西部开发研究院副院长李国璋的调研结论是：西部 12 个省市区综合起来跟东部的广东、浙江、江苏三个省比较，仅 2000 年到 2002 年两年之间，东西部人均 GDP 的差距就扩大到了 2713 元，这两年正好是西部大开发的关键时期，可以想象，如果没有西部大开发，这个差距的扩大将更加惊人。①"发展很不平衡"的现象到 2003 年底仍没有缓解。对比东西部几个省在 2003 年的发展数据：城市居民家庭人均可支配收入（元），上海、浙江、广东与四川、云南、贵州分别是 14867、13180、12380 和 7042、7644、4948。最高与最低之间的差距约 10000 元，为 3:1；农村居民家庭人均年可支配收入（元），上海、浙江、广东与四川、云南、贵州分别是 6658、5431、4055 和 2230、1697、1565。最高与最低之间的差距约 5000 元，为 4:1。我们不得不正视这一痛苦的事实：近 5 年实施西部大开发战略并没有从根本上扭转东西部差距拉

---

① 《三大区域谋求发展变局》，中金在线 www.news.stock888.net。

大的态势。

"认真总结经验",关键是要找出是什么力量耗散了"西部大开发"的优势,使西部人的拼搏实际上类似折腾?观察发现,西部大开发,不仅仅是一个区域经济如何发展的问题,更是国家宏观层面如何调控的问题。中国崛起的历史,正是改革开放的历史。改革,就是制度创新,而制度创新的资源大都配置在东部;开放,就是打开国门,引进外资、外企以及先进的技术和管理经验,而这些开放政策的资源都仅配置给了东部。一部改革开放史,在很大程度上可以说是东部的发展史。当改革开放全面放开,东部已经有了较成熟的市场经济体制机制和雄厚的经济实力及丰富的市场经验。市场一体化把西部赶上了与东部对擂的赛场,对于没有经济制度比较优势、政策比较优势以及资本优势、经验优势的西部,竞争的结果没有悬念:屡战屡败。如果西部大开发仅局限在西部的努力上着力,没有从根本上解决制度创新资源配置不均、政策损益不均、条件不对等的市场竞争等宏观问题,扭转东西部发展差距拉大的态势几乎是不可能的。在这些基本认识形成之后,我们完成了近 2 万字的调研报告《非公平经济增长折腾下的西部》。

《非公平经济增长折腾下的西部》于 2004 年 8 月首先在光明日报报业集团主办的《光明观察网络杂志》上发表,反响很大,包括"人民网"在内的中央部委网站及东部在内的地方政府门户网站纷纷转发,包括"中国经济 50 人论坛"、"经济学家"等有重大影响的学术网站也纷纷转发。同月,由国家发改委主管的《改革内参》(2004 年第 31 期)以《解开西部发展的死结》为题发表了该文的要点。2005 年,《非公平经济增长折腾下的西部》在深圳《南方论丛》第 1 期和新加坡《远东中文经贸评论》第 1 期正式全文发表(中国人民大学书报资料中心《体制改革》第 9 期全文转载)。同年 4 月,四川省委政策研究室将本文编成《专报》送省委书记、省长、常务副书记三位领导参阅。正是在这些反响的鼓励下,我们商议将前期研究成果申报国家社科基金项目,以期有更深入的研究,产生更大的实际效果。

在研究本课题过程中,我们遵循如下原则:

一是用阶段论对待西部落后的原则。在中国经济起飞阶段,由于百废待兴，而又力量有限，只得集中力量先发展最能见到效益的地方，培育新经济的增长点及增长极，政策和措施取向只得"效率优先，兼顾公平"，选择"非均衡发展"路径。所以，区域经济的非均衡发展是改革发展第一个大局的阶段特征。西部必须顾全这个大局。

依照邓小平设计的"两个大局"发展战略思想，第一个大局已经实现，东部沿海地区已经发展起来，达到中等发展国家水平。无论是国家实施西部大开发战略，还是中央提出"统筹区域发展"、"促进社会公平与正义"，都标志着中国进入"第二个大局"，开始由非均衡发展向均衡发展转变的新阶段。也正是在这样的背景下，我们检讨西部发展遭遇非公平经济增长，从公平的角度提出区域经济均衡发展的诉求，才有现实意义。

二是不影响东部"三大经济增长极"继续发挥龙头作用的原则。基于中国的国情，基于中国仍处在重大发展机遇期，发展仍是"第一要务"，需要东部"三大经济增长极"继续发挥强大的牵引作用、辐射作用和带动作用。西部实现跨越式发展，缩小与东部的差距，不能建立在抑强扶弱、完全指望发展起来的东部帮助西部发展的基础上。西部要实现跨越式发展，主要应依靠国家给予西部制度创新支持、政策倾斜支持、财政资金支持，以及处理好区域经济之间的公平增长问题。

三是发展市场经济与完善社会主义市场经济体制相结合的原则。市场经济与社会主义市场经济体制既有联系，又有区别。前者强调经济发展的效率、竞争、利益最大化，强调"看不见的手"的作用；后者强调经济发展的公平、方向、本质，着力解决市场经济无力解决的难题和匡正市场经济发展的方向，强调"看得见的手"的作用。分析东西部市场主体，不难看到，东部得益于经济特区的设置和对外开放城市的设置，率先进行制度创新、对外开放，率先建立起以产品交易为主的市场规则及其制度安排体系，率先以产品交易为主要内容的市场交易规则及其制度安排体系逐渐向生产要素市场交易领域渗透和延伸，使产品市场治理机制与生产要素市场治理机制逐渐融合为统一的市场治理机制。这些都使得东西部经济区域市场治理机制存在差异。在发展市场经济、市场一体化、打破行政区划的局限和市场分割的大势下，由于东西部市场主体之间在外部条件如市场治理机制和内在条件如生产要素等方面完全不对等，市场竞争几乎没有悬念。由此，我们认同自由竞争是市场经济的本质特性的前提下，考虑通过完善社会主义市场经济体制的途径来实现结果的公正。

四是均衡与非均衡、公平与非公平的适度原则。世界从来没有完全均衡、完全公平的发展。因而均衡发展、公平发展仅仅是方向问题。是扩大非均衡、非公平的发展态势，还是缩小非均衡、非公平的发展差距，这里的"扩大"和"缩小"也是原则问题。

非均衡发展有两种情况：一种是市场竞争的结果，这种情况是常态；一种是政策倾斜的结果，这种情况是非常态。有市场竞争，就有非均衡发展，这种常态情况我们不研究。我们研究的是非常态。在第一个大局阶段，国家希望东部沿海地区率先发展起来，制度创新、对外开放等重大政策向东部倾斜，由此形成东西部地区非均衡发展的格局。在国家设置经济特区、实施对外开放政策时，我国市场经济还没有形成，所以，东西部地区非均衡发展首先是非常态。当我们进入第二个大局阶段，公正成为审视不同社会阶层发展、不同区域发展的尺子，过去那种非均衡发展的非公平性就凸显出来。因此，在第二个大局的新阶段，是继续保持非均衡发展态势，使区域经济非公平增长的严重程度增大？还是缩小非均衡发展的差距，促进社会公平与正义？由各项新政策、新举措的价值取向而定。我们讲究适度原则，一方面反对均衡与非均衡会自动调节的观点。在市场体制还不太完善的情况下，强势经济会有更加强大的发展冲动和吸噬弱势经济发展能量的需求。"非均衡发展"本身不可能自然而然地带动另一极发展，如果"非均衡发展"到了难以驾御的程度，则必然出现区域经济体之间的两极分化。另一方面也反对把均衡发展、公平发展绝对化。在第二个大局的新阶段，如果非均衡、非公平的程度渐行渐弱，均衡、公平的程度渐行渐强，也就非常圆满了。

确立了这些原则，也就确立了我们研究的基本立场、基本观点和基本态度。

2005 年，在我们设置这个课题时，国家实施西部大开发战略已经 5 年，研究如何落实国家开发西部的战略和如何推进西部大开发的成果已经很多。虽然西部大开发已经实施 5 年，成就斐然，但缩小东西部发展差距的目标没有实现，甚至差距越来越大。2002 年十六大报告提出了包括区域经济之间"发展很不平衡"的问题，并着力解决，但"发展很不平衡"的惯势太大，在一定程度上压过了国家实施西部大开发的能量，或者说国家实施西部大开发的能量不及"发展很不平衡"的惯势。2006年十六届六中全会《决定》把"发展很不平衡"列为影响社会和谐的主要矛盾和问题之首。2004年，十六届四中全会提出"促进社会公平与正义"，强调"社会公平与正义"是社会主义制度的本质特征。中国进入"效率"与"公平"并重的新阶段。基于此，我们从区域经济"公平"增长的视角来审视西部的落后，审视西部大开发的局限，提出西部发展的对策建议。已有的大量研究成果，绝大多数是就西部问题研究西部，就西部大开发研究西部大开发。新的视角是从国家宏观经济的大势——区域经济的非均衡发展——审视西部的落后和提出区域经济公平增长对策。

本课题组研究认为，即使进入西部大开发时期，东西部差距仍然加大，根本原因是西部发展遭遇非公平经济增长。所谓非公平经济增长，既有区域间非均衡发展带来的非公平性，也有市场经济条件下区域间各市场主体由于实力不同、条件不同的竞争所隐含的非公平性。这些非公平因素的客观存在和持续影响，在一定程度上抵噬了国家实施西部大开发战略的能量。西部发展的滞缓肯定有一些是自身不足造成的，自身的不足可以通过自身努力去解决。我们在这里审视的是国家经济政策和经济走势给西部发展绾上的死结，解开这些死结不是西部的努力可以完成的。实施西部大开发战略，仅仅是实现邓小平构想的"第二个大局"中的重要一环。西部大开发的实践已经表明，这远远不够，在继续实施西部大开发的同时，还需要把西部发展纳入整个国家经济社会改革发展的每一项重大决策中来考虑，需要从实现"第一个大局"的政策取向（非公平经济增长）向实现"第二个大局"的政策取向（公平的经济增长）转变。随着这个转变的完成，绾在西部发展上的死结才有解开的可能。

进入21世纪，中国市场竞争已经形成，产业布局已经完成，而历史形成的非公平增长在新的条件下还在发挥影响，西部所面临的非公平经济增长因素越来越多，西部发展难有改变、区域差距日益拉大的态势，只能指望国家在继续推进西部大开发的同时，国家区域经济的非均衡发展态势实现向公平增长的转变。只有高举邓小平理论旗帜，继续沿着邓小平开创的中国特色社会主义道路前进，实现邓小平"两个大局"的总体部署，完成非均衡发展向均衡发展的根本性转变，西部与东部的差距才可能缩小，实现全面建设小康社会的宏伟目标才有基础。

本项目严格依照预期的研究计划，完成了项目设置所提出的重点、难点和理论创新的研究任务。

本项目研究的目的在于破解长期困扰我国东西部地区"发展很不平衡"的难题。我们在研究过程中发现并论证了"极差乘数效应"。"极差乘数效应"是本项目的核心命题，并建立了相应的模型。课题组从"极差乘数效应"的维度阐释了我国在实施西部大开发多年之后仍未缩小东西部差距的原因，指出了长期非均衡发展将导致"极差乘数效应"的严峻后果，分析了解决东西部地区"发展很不平衡"的紧迫感，为国家在发展大势上解决很不平衡的问题，如何进行制度安排、如何完善政策措施，以及如何确立资源产权与资源价格、如何测算西部大型公共产品"溢出效应"，提出了具有创新价值和更具操作性的建议与应对方法。

本书由五章组成。

第一章 以科学发展观统领西部大开发 推动公平的经济增长

本章首先提出"极差乘数效应"问题。"极差乘数效应"描述了不同基点的两个地区，即使增速相同，彼此发展越快，差距越大。由于两个不同的地区是在同步增长的情况下发生两极分化，因而两极分化在"极差乘数效应"的掩盖下具有隐蔽性。由于贫困地区的经济状况也在增长，这种"增长"容易使人们放松对两极分化的警惕，但随着"极差乘数效应"的惯性增长，两极分化必将暴露无遗，社会问题和社会矛盾将不可避免地爆发。要避免"极差乘数效应"，需要在提升西部发展速度上着力。本章从制度创新资源配置均衡、重大经济政策损益均衡、完善社会主义市场经济体制以弥补市场竞争存在的非公平缺陷和建立合理的"溢出效益"补偿机制四个方面论证了提升西部增速的重要性。这样，既通过"极差乘数效应"论证了长期非均衡发展将导致两极分化的风险，又通过如何提升西部增长速度所需要的制度创新来克服和避免这种风险，从而保障公平的经济增长。

　　课题组首先论证了"极差乘数效应"，描述了"极差乘数效应"的特点及必将带来的危害。我国在西部大开发之后东西部差距仍然加大，表明我国区域经济非均衡发展已吻合"极差乘数效应"。本章阐述了非均衡发展已难以扭转的态势，指出了落实科学发展观、推动区域协调发展、推进公平的经济增长，向"第二个大局"转变的紧迫感。制度创新资源配置不均、宏观经济政策损益不均、市场竞争条件不对等、"溢出效益"难以得到公平的补偿，是西部发展长期落后、遭遇非公平增长的重要原因。课题组用"两个大局"的阶段论思想论述了我国"第一个大局"形成的历史基础和现实因素。课题组认为，中国幅员辽阔、经济落后、情况复杂，发展分两步走，让有条件的地方先发展起来，培育新经济的增长点及增长极，带动中国经济腾飞，是"第一个大局"形成、非均衡发展的历史基础。率先在东部沿海地区设置经济特区，实现制度创新，镶入新经济成分；率先在东部沿海城市确立一批对外开放城市，引进外资外商，使东部新经济有了坚实的制度保证和资金条件，极大地激活了东部经济增长，培育出以东部珠三角、长三角为中心的两大经济增长极，是"第一个大局"形成、非均衡发展的现实因素。"第一个大局"的实现，客观上拉大了东西部发展的差距。在基点不同的情况下，1993年，我国正式提出经济体制改革的方向是建立社会主义市场经济体制，开启了在社会主义条件下发展市场经济的新纪元。由于东西部发展基点不同，市场治理机制不同，各自所依仗的外部条件和内在条件不同，在市场一体化的竞争中短兵相见，东部产品，即使是小产品，即使是县市级，如温州制造、顺德制造，挺进西部，也所向披靡。总体而言，中国市场在发展中、创造中逐渐扩大的情况下，西部产品所占的市场比较份额却一步步缩小，西部工业在惨烈的市场竞争中艰难发展。随着中国经济的持续高速增长，环境治理问题和资源的可持续利用问题愈加严重。欠发达地区的西部承担着艰巨的环境治理任务和资源的可持续开发任务，所创造的"溢出效益"长期得不到合理地补偿，加重了西部发展的成本。

　　由此，课题组认为：历史已经证明，"第一个大局"是基于当时中国的国情制定的，非均衡发展确保了东部发挥中国经济引擎的作用，成就了中国经济持续二十多年保持高速增长的奇迹，非均衡发展在第一个阶段是科学的、合理的，西部顾全大局是值得的。但当"第一个大局"的目标基本实现，中国进入"第二个大局"新阶段时，如果继续沿用非均衡发展的发展思路，就偏离邓小平"两个大局"的战略部署了。今天中国的国情不再是经济落后，而是"发展很不平衡"。因此，贯彻邓小平"两个大局"的发展思想，落实科学发展观，需要解决区域间"发展很不平衡"的难题，需要由非均衡发展向均衡发展转变，需要解开绾住西部发展的四个死结，使西部得以分享社会主义市场经济体制所带来的公平的经济增长。为此，需要国家在解决制度创新资源配置不均、重大经济政策损益不均、市场竞争条件不对等、"溢出效益"没有得到公正的补偿等重大问题上着力。

第二章　从经济增长因素分析东西部差距基尼系数走势

本章着力从经济增长要素的新视角，分析东西部差距及基尼系数形成的原因、趋势及其机理。

作为世界上最大的发展中国家，改革开放以来近 30 年，中国经济保持了高速增长，创造了"中国奇迹"。这种高速的增长又是通过"非均衡发展战略"实施实现的，具有国家主导性。该部分从经济增长及其要素与基尼系数关系入手，通过对广东、山东、四川三个有代表性省份的实证分析，得出了经济增长的差距，带来收入分配上的差距，基尼系数将不断扩大的结论。测算表明，三省间基尼系数由改革开放初期的不到 0.2 扩大到 0.42 左右。该子课题得出的增长的过程也是差距及基尼系数扩大的过程，印证了发展经济学关于经济增长并不一定带来收入分配的均等，以及经济增长与经济发展不一定同一的观点。

研究认为，进入 21 世纪，我国东西部事实上已处于发展的不同阶段，即东部进入了工业化后期、现代经济增长和全要素贡献率对经济增长作用越来越大阶段，西部总体上仍处在工业化中期的传统经济增长即主要依靠投资拉动阶段。这种阶段的不同将使东西部差距保持一种扩大趋势，当然国家层面的缩小东西部差距的因素在增加。在此基础上提出了几点值得参考的政策取向建议：中国的西部开发具有两重任务、两重矛盾：区域开发与环境保护，经济增长与克服经济增长外部性。因此，落实科学发展观，促进东西部协调发展，构建和谐社会，不断有效缩小东西部差距，应是我们不懈坚持的政策取向，尤其是西部要搞好服务全国的生态恢复和生态屏障建设，以及由此而放弃的一些产业发展机会，国家及受益地区应当给予补偿。

第三章 西部大开发过程中的资源产权与资源价格确立

如何确立西部大开发过程中的资源产权与资源价格，是本项目设置的重点、难点和重大创新点。该部分力求在确立资源产权与资源价格方面有重大理论突破。该部分指出了西部大开发的政策要义和取得巨大成就之后，西部资源的开发和利用是低效率的，其所形成的巨大生态环境问题和区域间发展起点不公、收入差距拉大等问题，将使这种资源配置模式不可持续；这种低下的配置效率，其根本原因在于资源"合法权利的初始界定"存在缺陷，产权主体被长期虚拟，而资源产权束中的其他权能又界定不清或过于机械，没有流动性。所以，在体制转轨时期，资源产权的缺陷直接导致资源价格的扭曲。

对公共资源而言，其消费的非排他性使其配置效率惊人的低下甚至是无效率可言，"公地悲剧"凸显了个人理性与集体理性、个人最优与社会最优的矛盾和冲突。西部地区的资源开发要具备配置效率从而具有可持续性，必然要求我们重构资源产权；而在既有的宪政规则之下，资源产权最经济的重构办法，就是明确界定资源的使用权并以一些制度性装置使其具有流动性和可交易性，以叫停价格的竞争手段产生或提高资源配置效率。在资源产权主体一直以来被虚拟为"全民"和"集体"（尤其是前者）的情况下，资源产权重构的关键，在于"国家赋权"使不同形态和属性的资源使用权的内涵和边界得以清晰界定，然后将其引入资源市场，以使用权交易的形式来产生资源的影子价格和逐步逼近均衡价格。这是资源配置帕累托效率得以产生的不二之选，也是社会主义市场经济体制的必然要求。

采用边际机会成本法的理论框架，来度量消耗单位自然资源所付出的全部费用，也就是在实际中使用者消耗自然资源所支付的价格 P，P = MOC（边际机会成本）。一般而言，MOC 在理论上讲可以实现资源与环境的经济补偿，具备可持续性。但这种理论模型由于自然资源的开发、供给具有资本的不可分性而无法满足边际概念，因此 MOC 应用在资源价格测算上就有操作层面的问题。该子课题利用了"平均增量成本"AIC（Average Increasing Cost）作为 MOC 的替代，并以其作为自然资源价格测算的一种较具操作性的计量工具模型,力求在此方面有实质性的进步。

第四章 西部大型公共产品"溢出效应"的测算

西部大型公共产品的"溢出效应"一直没有得到公平的补偿,这不仅因为过去认识不够、重视程度不高,直到近几年,西部才正式向国家提出,如2007年3月"两会"期间,重庆提出建立长江上游生态补偿基金;更是因为西部大型公共产品的"溢出效应"很难测算。如何测算问题不能解决,建成"溢出效应"的补偿机制和实现成本分摊、利益共享只能是空中楼阁。该部分着力解答测算难题。为了避免纯理论假设,使测算更具有操作性,分为主论和副论两部分。主论是"西部大型公共产品'溢出效应'的测算——以天然林保护工程为例构建西部大型公共产品溢出效应测算指标体系"。课题组认为,对于我国西部地区为全国提供的大型全局性公共产品的"溢出效应",应当在国家层面建立利益补偿机制,令受益地区通过某种方式对提供这种大型全局性公共产品的西部地区进行利益补偿,可以考虑采用特别税和转移支付等手段来实现成本分摊和利益共享。补偿的前提是对溢出效应及其相应成本进行估算,以确定补偿依据。鉴于溢出效应本身难以直接估量,加之大型公共产品溢出效应及其相关成本的估算涉及众多复杂因素,以及目前普遍缺乏分析大型公共产品溢出效应的观察数据,因而在目前的研究条件下试图建立一套全面反映大型公共产品溢出效应的估算模型是不太现实的。于是,课题组选取天然林保护工程(简称"天保工程")作为研究整个西部大型公共产品溢出效应的切入点,从"天保工程"诸多溢出效应中挑选出防洪作为建立估算溢出效应指标体系的初步尝试,先估算"天保工程"影响防洪安排取得的防洪变化收益,然后通过估算防洪变化收益占全国性收益的比重来大致测算"天保工程"给全国带来的收益。

课题组的主要方法是"视节约的成本为收益",通过确定样本地区防洪相关成本指标描述样本地区受益于"天保工程"而减少的防洪成本,并将这些防洪项目费用的负增长量视为该样本地区受益于"天保工程"的溢出效应量。副论是"南水北调工程水价制定与'溢出效应'的关系",主要是运用主论的基本思想去考察南水北调工程中的溢出效应问题。我们认为,作为跨区域调水的南水北调工程显然属于大型全局性公共产品，由于其分为东线、中线和西线三条线路进行，因而从总体上看，南水北调工程亦具有西部大型公共产品的性质，同样存在着严重的"溢出效应"，即供水地区付出了许多的直接成本或间接成本，承担了巨大的损失，但是从中受益却较少，而工程的主要受益者享受了工程带来的收益，却没有为此付出足够的成本。由于目前展开的主要是东线工程，课题组就主要针对东线工程的水价制定讨论"溢出效应"的补偿问题。课题组认为，目前关于工程水价制定的原则和方法不能全面包括工程建设所导致的所有成本要素，这样的水价就不能实现实际发生成本的完全补偿。要体现出南水北调工程完整的成本，其水价具体构成中就应该包括溢出水价，即水价中体现南水北调工程溢出效应隐性成本的部分。这样，工程水价包括溢出水价将使水价的构成更加合理，受益者在支付用水费用的时候就对南水北调工程的溢出效应进行了补偿，因而工程水价可以充分反映工程的完整成本。因此，更加合理的南水北调工程水价构成就应该包括四个部分：资源水价、工程水价、环境水价和溢出水价。

第五章　后发国家经济快速增长阶段区域间公平增长的理论

区域之间非均衡发展并非是中国特有的经济现象。在后发国家的经济处于快速增长阶段，为了培育新的经济增长点及增长极，这些国家往往会把专有资源、优质资源配置到效益最大化的地区，由此形成不平衡发展的区域经济格局。那么，这些国家是如何解决经济的公平增长难题的呢？这些国家的制度建设和政策制定的理论依据是什么呢？这些制度建设、政策制定及公平理论对缩小我国东西部发展差距有什么借鉴价值呢？该部分重在通过比较研究解答这些问题。

课题组认为，后发国家分为两类：一类是经过短期的努力就成为世界经济强国的后发国家，如美国、日本；一类是正处在快速发展的后发国家，如印度、拉美地区。无论是已经实现了强国梦的后发国家，还是正在崛起通往强国的后发国家，它们都有一个经济快速持续增长的阶段。在这个阶段，为培育新的经济增长点及增长极，都留下地区之间经济不平衡发展的问题。课题组首先分析了美国、日本是如何解决经济快速增长过程中留下的不平衡问题的。这些国家几乎无一例外地在经济总量发展到一定水平后着力解决地区差距。通过制定特殊的扶持政策，如国家财政金融扶持、国家特殊制度扶持以及制度安排，促使国家各个区域体大致均衡发展。进一步研究，以美国为代表的发达国家的宪政精神中有公平理念，在制度结构中有矫正非公平扩大化的机制，在各个阶层社会成员中有浓郁的公平氛围。公平理念、公平机制、公平氛围共同构建了国家意志（制度与法的精神）和社会主流意识，也是公平理论的强大支撑，保证了国民经济在稳定中发展，避免了大的社会动荡。这些国家在解决地区差距、化解矛盾方面取得了不少成功的经验。其次，我们还分析了正处在快速发展的后发国家，如印度、巴西等拉美地区。这些国家中，有的国家对地区之间非均衡发展解决得稍好一点，如印度。虽然印度彻底解决地区经济发展不平衡的任务还很艰巨，但差距扩大化的趋势已经有所遏制，经济总体上是在相对健康、稳定的环境里增长。还有一些"发展很不平衡"解决得不好的国家，如一些拉美国家。20世纪50—70年代，尽管拉美国家持续三十多年以年均7%左右的速度增长，但由于发展很不平衡，导致了其他经济问题、社会问题大爆发，不仅经济骤然下滑，宣告了"华盛顿宣言"破灭，而且引发一波又一波大的社会动荡，这就是"拉美陷阱"或"发展陷阱"。这些后发国家在化解差距时措施的不力，致使差距持续扩大，也给我们解决非均衡发展留下了经验教训，让我们以此为鉴。

实现了强国梦的后发国家所创造的经验和正处在发展中的后发国家所留下的经验教训，为我们更好地处理东西部发展很不平衡的问题提供了明鉴：（1）非均衡发展的问题不可能因为经济总量提高后自动解决，甚至，措施不力也难以解决。非均衡发展持续扩大的后果，会背离中国改革发展的指导思想，即改革的力度与发展的速度要与社会可承受的程度相统一。所以，要将社会可承受的程度设定为非均衡发展的警戒线。（2）经济快速发展阶段出现的非均衡发展格局，往往是国家阶段性发展战略实施过程中形成的，因为化解这个矛盾，主要是依靠国家的力量，需要在制度建设上强化公平理念、构建公平机制、营造公平氛围，使"公平—均衡发展"成为国家意志、公民意志。当前，我国正处在由"第一个大局"向"第二个大局"转变的关键时刻，随着科学发展观的树立和落实，随着社会公正、和谐发展、协调发展的推进，"公平—均衡发展"正在上升为国家意志（制度与法的精神）、社会主流意识。

本课题的主要创新点有：

一是从市场经济发展在不同阶段所需要的动力要素着手，将中国改革发展的历史进程梳理为制度创新时期、资本推动时期和资源约束时期三个阶段。在制度创新时期，制度创新是经济发展的第一要素；在资本推动时期，资金是经济发展的第一要素；在资源约束时期，资源成为经济发展的第一要素。三个阶段西部经济发展均处在落后位置。由此分析出同一时间东西部处在不同发展时期而形成的资源价格红利，指出在东西优势互补、西部转变资源优势为资本优势的过程中，一直潜伏着资源"贱卖"的问题，东部的发展有西部资源价格红利的贡献。为专题论述"西部大开发过程中的资源产权与资源价格确立"埋下伏笔。

二是提出了"极差乘数效应"命题。通过"极差乘数效应"论证了如果长期非均衡发展将导致两极分化的风险。A 和 B 分别为两个不同区域的经济总量，当 A > B，L 为两者之间经济总量绝对值之差，设两者之间增长率 R 相同，n 为 1，2，3，…，年，建立极差乘数效应数模公式：$L_n = (A - B)(1 + R)^n$。增长比例未变，但彼此差距呈 $(A - B)(1 + R)^n$ 的乘数加大。增长率（R）是成为造成差距的重要因素。绘出"极差乘数效应"$L_n = (A - B)(1 + R)^n$ 曲线图，可以看出：（1）B 的经济总量也在增长，而且以不低于 A 的增长率在增长，这就不同于"马太效应"。"马太效应"描述的现象是富者越富，穷者越穷。（2）B 与 A 在起点上，极差不明显。随着时间向前推移，极差越来越明显。但越来越大的极差往往会被同步增长所掩饰，忽视问题的严峻性。"极差乘数效应"描述了不同基点的两个地区，彼此发展越快，差距越大，是在同步增长的情况下发生两极分化，因而两极分化在"极差乘数效应"的掩盖下具有隐蔽性。由于贫困地区的经济状况也在增长，这种"增长"容易使人们放松对两极分化的警惕，但随着"极差乘数效应"的惯性增长，两极分化必将暴露无遗，社会问题和社会矛盾将不可避免地爆发。"极差乘数效应"所描述的还是一种理想状态，即假设处在不同基点上的 B 与 A 两个区域，增长率相同，实际情况是，二十多年来，西部的增长率总体上低于东部的增长水平。比如，1990—2002 年，浦东新区国内生产总值保持了 19.6% 的年均增长速度，① 西部没有一个地区达到这样的速度。为了警惕长期出现"极差乘数效应"，必须抑制非均衡发展态势。

三是运用数理方法分析东西部差距基尼系数扩大的原因。这是一次浩繁复杂的研究。需要对改革开放政策在东部先行先试，使投资主要是引进外资投入东部沿海省份，外资和后来的固定资产投资均出现东高西低，带来东西部增长差距，进而带来东西部收入差距作回归分析。并运用现代经济增长要素理论，探讨资源环境、投资、劳动力、政策制度安排、产业结构分工等因素对经济增长以及对东西部差距形成的影响，得出国家主导的政策制度安排即东部优先带来的要素投入差距，进而带来增长差距和收入分配差距是第一主因。由于视角全面和方法上的适用性，使我们对东西部基尼系数扩大的研究得出的结论更具有可信性和一定的前瞻性，也为缩小东西部差距提供了思考路径。这种研究的视角和数理方法运用在国内研究分析东西部差距的原因方面是一种新的尝试。

四是攻克了如何确立资源产权与资源价格这个难关。提出了在资源产权主体虚拟的情况下，对使用权进行国家赋权，并使这种具有排他性的权属具有流动性，通过"价高者得"的市场竞争来获得资源，进而形成资源配置的帕累托效率。利用了"平均增量成本" AIC（Average Increasing Cost）作为 MOC 的替代，创建了作为自然资源价格测算的一种较具操作性的计量工具模型。同时，检索了大量英文文献资料，比较地分析了美国和澳大利亚关于水资源产权的界定方式、相关法律规定、水资源使用权交易，以及政府对水资源产权的保护、管理，基于可持续性的水资源规划和基于对弱势群体保护与社会公平的水资源价格补贴，等等。从美、澳的经验和我国的现状出发，有条理地归纳了我国水资源产权重构所必须支付的政府成本。由此形成"附 关于水资源产权重构的逻辑思路与实施对策"，为资源产权重构的具体实施提供国际案例参考。如今，国家《西部大开发"十一五"规划》明确提出了建成"资源合理开发机

---

① 参见《上海浦东》，国际在线·财经观察 http：//big5. cri. cn/gate/big5/gb. cri. cn/1827/2004/10/01/521@316477. htm。

制"，"完善重要资源产品价格形成机制，合理调整煤炭、石油、天然气等资源产品价格"。随着资源产权、资源价格如何确立这道理论难题的破解，使资源合理开发有了较具操作性的计算工具。

五是论证了西部大型公共产品的溢出效应的补偿公式。课题在对"天保工程"溢出效应难以直接测算的条件下，间接采用防洪收益作为估算溢出效应的主要指标，并视节约的成本为收益，通过确定样本地区防洪相关成本指标，描述样本地区受益于"天保工程"而减少的防洪成本，并将这些防洪项目费用的负增长量视为该样本地区受益于"天保工程"的溢出效应量。就此提出了对于西部大型公共产品溢出效应，应当在国家层面建立利益补偿机制，实施长期的、根本性的解决措施的政策建议，提出了增加溢出水价使南水北调工程水价构成更加合理的建议。

本项目研究难度大，特别是如何确立资源产权和资源价格，测算西部大型公共产品溢出效应，在理论上一直是难点。本项目不仅需要相当的理论造诣，还得大量参阅和分析国际案例，从中找出可资借鉴的东西。由于论证充分、逻辑严密，对资源产权、资源价格的确立和对西部大型公共产品溢出效应的测算具有重大突破，对解决重大理论或现实问题具有推动作用。

为了做好这个项目，课题组做了大量的资料收集工作，先后到了上海、浙江、广东及深圳，到了云南、广西、重庆，到了国家林业局、"南水北调工程指挥部"等地和中央部门收集资料和数据，在整理这些资料和数据上也做了大量分析研究工作，使我们的论证有较充足的数据支撑。同时，本项目又是应用性项目，在研究过程中，国家的经济形势和经济政策也在发生变化和调整，新思想、新观点不断涌现，我们的研究要适应这些变化，吸取新的思想和观点，就得不停地修改，有些内容七易其稿。

就在本项目即将完稿的时候，2007年6月7日，国家发展和改革委员会下发《国家发展改革委关于批准重庆市和成都市设立全国统筹城乡综合配套改革试验区的通知》，通知要求重庆市和成都市从实际出发，根据统筹城乡综合配套改革试验的要求，全面推进各个领域的体制改革，并在重点领域和关键环节率先突破，大胆创新，尽快形成统筹城乡发展的体制机制，促进城乡经济社会协调发展，为推动全国深化改革，实现科学发展与和谐发展，发挥示范和带动作用。这不仅是一个令西部人振奋的《通知》，更是中国转向区域统筹发展的重大标志性大事，是推进"第二个大局"发展的重要一步，意味着西部在新一轮改革浪潮中也获得了制度创新、政策创新、举措创新的资源，西部迎来了经济公平增长的历史性机会。当然，机会总是与挑战连在一起的，西部发展能否就此实现大跨越，还有很多重大难题需要破解。我们衷心祝愿：西部走好！

第一章

以科学发展观统领西部大开发
推动公平的经济增长

相对于计划经济而言，中国的市场经济是新经济。本章从新经济发展在不同阶段所需的动力要素出发，把中国改革发展的历程梳理为制度创新时期、资本时期和资源时期三个阶段。在制度创新时期，制度创新是经济发展的第一要素；在资本时期，资金是经济发展的第一要素；在资源时期，资源成为经济发展的第一要素。三个阶段西部经济发展均处在落后位置。由此分析出同一时段东西部却处在不同发展时期而形成的资源价格红利，指出在东西优势互补、西部转变资源优势为资本优势的过程中，一直潜伏着资源"贱卖"的问题，东部的高速发展有西部资源价格红利的贡献。

中国区域经济非均衡发展是国家主导型的非均衡发展，是国家发展整体战略的阶段性安排。虽然国家在指导思想上开始了由非均衡发展向均衡发展转变，但非均衡发展观仍在经济增长中发挥重大影响。由此本文提出了"极差乘数效应"命题。通过"极差乘数效应"论证了长期非均衡发展将导致两极分化的风险。"极差乘数效应"描述了不同基点的两个地区，彼此发展越快，差距越大，是在同步增长的情况下发生两极分化，因而两极分化在"极差乘数效应"的掩盖下具有隐蔽性。由于贫困地区的经济状况也在增长，这种"增长"容易使人们放松对两极分化的警惕，但随着"极差乘数效应"的惯性增长，两极分化必将暴露无遗，社会问题和社会矛盾将不可避免地爆发。要避免"极差乘数效应"，需要在提升西部发展速度上着力。本章论述了从制度创新资源配置均衡、重大经济政策损益均衡、完善社会主义市场经济体制以弥补市场竞争存在的非公平缺陷和建立合理的"溢出效益"补偿机制等四个方面提升西部增速的紧迫感和重要性。

从 2000 年国务院发出《关于实施西部大开发若干政策措施的通知》到 2006 年国务院发布《西部大开发"十一五"规划》，可以很清楚地看到国家力图促使中国经济大势由第一个大局所形成的非均衡发展向第二个大局协调发展转变。然而，从 2002 年十六大报告指出"发展很不平衡"到 2006 年十六届六中全会指出地区之间的"发展很不平衡"已经成为影响社会和谐的主要矛盾和问题，同样可以很清楚地看到"非均衡发展"的趋势还在加重，中国经济依然受到非公平增长的影响。按照"缪尔达尔—赫希曼模型"和库兹涅兹的倒"U"曲线，2002 年，当中央指出"发展很不平衡"的时候，就应该出现倒"U"曲线的拐点，区域间发展很不平衡的态势应该有所缓解。新一届中央政府曾多次表示要使中国经济增长的速度调控在社会可承受的程度，事实是"十一五"期间 GDP 增速还高过"十五"，想慢一点也慢不下来，足见非均衡发展的惯性力量事实上仍在坚挺着中国经济在高位上持续增长，"回波效应"仍然大于"扩散效应"，或者说"极化效应"仍然大于"涓流效应"。显然，非均衡发展不仅不可能自行转变为均衡发展，而且，国家宏观干预的力度小了也难以扭转非均衡发展的态势。是继续坚持非均衡的发展观，还是坚持区域协调的发展观？是任其"发展很不平衡"继续加重，还是缩小区域之间的发展差距？到了在理论上、实践上必须解决的关键时刻。

我们认为，是非均衡发展加重了"发展很不平衡"的程度。非均衡发展的态势越大，越难扭转，势必导致地区之间的发展差距加大，形成两极分化。为此，我们先引入一个新概念——区域经济增长的"极差乘数效应"。A 和 B 分别为两个不同区域的经济总量，当 A＞B，L 为两者之间经济总量绝对值之差，设两者之间增长率 R 相同，n 为 1，2，3，…，年，建立极差乘数效应模型：

初始：$L = A - B$

第 1 年：$L_1 = A(1 + R) - B(1 + R)$

第 2 年：$L_2 = (A - B)(1 + R)^2$

......

第 n 年：$L_n = (A - B)(1 + R)^n$

L_n 就是区域经济 A 与 B 的极差乘数效应。

为了更方便地观察"极差乘数效应"的极差变化，我们假设 A、B 初始经济总量分别为 3 和 1，R 同为 10％，第 1、5、10、15、20 年的发展情况和极差如下表，可绘出 $(A - B)(1 + R)^n$ 的曲线图：

年份	B 发展	A 发展	极差
1	1	3	2
5	1.4641	4.3923	2.9282
10	2.3579	7.0739	4.7180
15	3.7975	11.3925	7.5950
20	6.1160	18.3477	12.2307

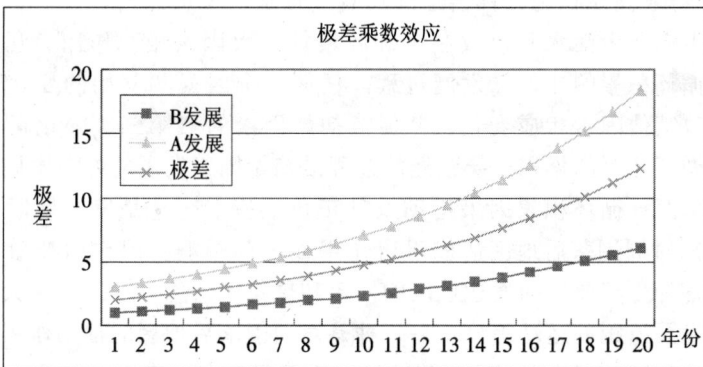

增长速度未变，但彼此差距呈 $(1 + R)^n$ 的乘数加大，显然，相同的增长率（R）是造成这种差距扩大的主要因素。这就是"极差乘数效应"。解读曲线图，可以看出：（1）B 的经济总量也在增长，而且以不低于 A 的增长率在增长，这就不同于"马太效应"。"马太效应"描述的现象是富者越富，穷者越穷，问题的严重性一目了然。（2）B 与 A 在起点上，极差不明显。随着时间向前推移，极差越来越明显，因为 B 与 A 的极差是以 $(1 + R)^n$ 的乘数在加大。但越来越

大的极差往往会被同步增长所掩饰，忽视问题的严峻性。（3）B 与 A 在极差扩大的过程中，比值始终未变。由于比值未变，容易迷惑人，也可以为坚持非均衡发展者提供借口。"极差乘数效应"描述的是落后地区，虽然不是穷者越穷，但却与富裕地区相比较，彼此发展越快，差距越大，是在同步增长（比值相同）的情况下发生两极分化，因而两极分化在"极差乘数效应"的掩盖下具有隐蔽性。由于贫困地区（或穷者）的经济状况也在增长，这种"增长"能够掩饰欠发达地区的窘迫和抑制穷困者的怨愤，容易使人们放松对两极分化的警惕。但如果任随"极差乘数效应"的惯性增长，两极分化必将暴露无遗，社会问题和社会矛盾将不可避免地爆发。①

"极差乘数效应"的理论基点是缪尔达尔的"回波效应"和赫希曼的"极化效应"。瑞士经济学家、诺贝尔奖获得者贡纳尔·缪尔达尔（Gannar Myrdal）用"累积的地区增长和下降"理论阐述了经济发达地区（增长极）对其他落后地区的"循环的或积累的因果关系"。缪尔达尔认为，社会经济发展过程是一个动态的包括产出与收入、生产和生活水平以及制度和政策等六大因素相互作用、互为因果、循环积累的非均衡发展过程。任何一个因素"起始的变化"都会引致其他因素相应变化，并促成初始因素的"第二级强化运动"。如此循环往复的累积，导致经济过程沿初始因素发展的方向发展，进而提出两种循环积累因果运动及其正负效应：一种是发达地区（增长极）对周围落后地区造成阻碍作用或不利影响，即"回波效应"，促进各种生产要素向发达地区的回流和聚集，产生一种扩大两大地区经济发展差距的运动趋势；另一种是对周围落后地区的推动作用或有利影响，即"扩散效应"，促成各种生产要素在一定发展阶段上从发达地区（增长极）向周围不发达地区的扩散，从而产生一种缩小地区间经济发展差距的运动趋势。同时，由于市场机制的作用，一个区域的发展速度一旦超过了平均发展速度，回波效应总是先于和大于扩

---

① 本书第二章"从经济增长因素分析东西部差距基尼系数走势"从经济增长及其要素与基尼系数关系入手，通过对广东、山东、四川三个有代表性省份的实证分析，得出了非均衡发展带来的地区之间收入分配上的基尼系数将不断扩大的结论。测算表明，三省间基尼系数由改革开放初期的不到 0.2 扩大到 0.42 左右，印证了非均衡发展与"极差乘数效应"的逻辑关系和可怕后果。

散效应，这一地区就获得了连续积累的竞争优势，市场的力量通常倾向于增加而不是减少区域经济差异，即在市场机制作用下，发达地区在发展过程中不断积累对自己有利的因素，落后地区则不断积累对自己不利的因素。在循环积累因果的作用下，会使经济在空间上出现了"地理二元经济"结构，即经济发达地区和经济不发达地区同时存在。正常状态下，发达地区（增长极）的"扩散效应"总是小于"回波效应"，需要政府采取积极地干预政策来刺激落后地区的发展，填补累积性因果循环所造成的经济差距。① 随后美国经济学家赫希曼（A. Hirschman）提出了与缪尔达尔的"回波效应"和"扩散效应"相对应的"极化效应"和"涓流效应"。赫希曼进一步论证了：尽管"极化效应"和"涓流效应"会同时起作用，但在市场机制自发作用下，极化效应占支配地位，并进而提出了"边际不平衡增长理论"，以及"核心与边缘区理论"。他们认为，经济发展初期阶段，极化效应将起主导作用，地区差距趋于扩大。经济发展到成熟阶段，在政府采取积极干预的政策下，扩散作用将发挥主导作用，使地区差距转向缩小，整体变化轨迹呈现一条倒"U"曲线。

显然，兼顾公平的"效率优先"、"非均衡发展"仅仅是特定历史阶段的产物，只有在特定历史阶段才是合理的，但"非均衡发展"不能贯穿历史的始终。当中国经济发展起来了，而且是很不平衡地发展时，继续坚持非均衡发展，必将导致大的社会矛盾和社会问题。因而"非均衡发展"在经济高速发展而区域经济发展又很不平衡阶段，就不再是科学的发展观了。

很不幸的是，非均衡的东西部区域经济增长带有"极差乘数效应"特性。"极差乘数效应"描述的还是一种彼此同样增速发展的理想状态。受各种经济因素和非经济因素的影响，西部的增速还没有达到东部的水平。比如上海浦东国内生产总值（GDP）由 1990 年的 60 亿元起步，到 2002 年达 1251 亿元。12 年间，上海浦东新区国内生产总值保持了 19.6% 的年均增长速度。②

---

① 参见缪尔达尔《经济理论与不发达地区》，商务印书馆 1957 年版。

② 参见《上海浦东》，国际在线·财经观察 http://big5.cri.cn/gate/big5/gb.cri.cn/1827/2004/10/01/521@316477.htm。

著名经济学家林凌、四川省社会科学院西部大开发研究中心秘书长刘世庆研究员在他们合著的《审视西部大开发》一文里写道:"东西部差距在西部大开发中继续扩大","从人均 GDP 看,西部人均 GDP 从 1998 年的 498 美元增加到 1999 年的 522 美元,2000 年的 566 美元,2001 年的 605 美元,2002 年的 663 美元,2002 比 1998 年增长 33%。而同期东部人均 GDP 由 1998 年的 1212 美元增加到 2002 年的 1704 美元,增长 41%","从西部与东部人均 GDP 差距的比值看,1998 年为 1:2.43,即东部比西部高 1.43 倍,1999 年为 1:2.49,2000 年为 1:2.42,2001 年为 1:2.56,2002 年为 1:2.57。五年间由 1:2.43 扩大到 1:2.57","从 GDP 增长率差距看,1998—2002 年四年间,东西部 GDP 增长率,以 1998 年为 100,东部 11 个省市区 GDP 四年增长指数分别是:7.36%、20.51%、32.85%、44.59%;西部 12 个省市区 GDP 增长指数分别是:4.82%、13.70%、24.59%、36.20%,四年时间,西部与东部的增长率都有很大提高,但西部与东部增长率的差距却由 2.54 个百分点扩大到 6.81、8.26、8.39 个百分点,呈逐年扩大趋势"[①]。中国社会科学院"社会形势分析与预测"课题组编写的《2007 年中国社会形势分析与预测》,通过这几年东西部发展的趋势预测道:"贫困人口常常表现出教育水平较低、健康较差的特征,提高他们的教育和健康水平是帮助其摆脱贫困的重要手段。由于教育支出和医疗支出的'刚性'特征,近年来教育费用和医疗费用居高不下,对于贫困群体造成了尤其沉重的负担,不仅出现了'越穷越病、越病越穷'的恶性循环,甚至出现了'因教致贫'的社会现象",中国西部贫困有固有化趋势。[②] 专家们调研得出的数据和结论,印证了非均衡发展与"极差乘数效应"存在内在的逻辑联系。

国家实施西部大开发战略以来,特别是"十五"时期,西部地区实现了"四最"——经济增长最快,发展效益最好,综合实力提高最为显著,城乡居民得到实惠最多。"十五"时期,西部地区生产

---

① 林凌、刘世庆:《审视西部大开发》,学说连线 http://www.xslx.com/htm/jjlc/hgjj/2003–12–11–15654.htm。

② 转引自《中国西部贫困状况调查报告:贫困有固有化趋势》,中国发展门户网 2007–02–27.www.chinagate.com.cn。

总值年均增长 10.6%，地方财政收入年均增长 15.7%。累计新开工 70 个重大建设工程，投资总规模约 1 万亿元。新增公路通车里程 22 万公里（其中高速公路 6853 公里），新增铁路营运里程近 5000 公里，新增电力装机 4552 万千瓦，新增民航运输机场 10 个，青藏铁路、西电东送和西气东输等重大建设工程相继建成。宁夏沙坡头、广西百色、四川紫坪铺等水利枢纽工程开工建设，塔里木河、黑河等专项治理工程进展顺利。西部地区累计治理水土流失 1600 万公顷，实施生态自然修复面积 2800 万公顷，累计完成退耕还林 526 万公顷，荒山荒地造林 765 万公顷，退牧还草 1933 万公顷，易地扶贫搬迁 120 万人。油路到县、送电到乡、广播电视到村、村村通电话、农村能源、人畜饮水、节水灌溉等基础设施建设取得明显成效。"两基"攻坚计划全面实施，疾病预防控制体系、医疗救治体系和农村卫生服务体系建设进展顺利。科技对经济和社会发展的支撑作用逐步增强。人才开发工作得到加强。① 这些凝聚着中央和全国人民，特别是西部地区广大干部群众的心血所取得的成就已经使西部地区发生了深刻变化，为西部的继续发展奠定了重要物质基础和良好发展环境。

但是，这些成就和变化抵不过另一个事实——"十一五"时期，东部发展更快，西部的成就和变化并没有实现缩小区域之间差距的预期目标。2006 年 9 月，国务院西部开发领导小组办公室原副主任段应碧回答《第一财经日报》的采访时说："和自己比，西部地区的发展在加快；和全国其他地区比，差距不是在缩小而是在扩大。西部仍然是我国经济最落后的地区。"② "和全国其他地区比，差距不是在缩小而是在扩大。"这一权威论断，暗含着中国区域经济持续非均衡发展潜伏着"极差乘数效应"的严重后果。

中央认为，实施西部大开发战略，加快中西部地区发展，是我国现代化战略的重要组成部分，是党中央高瞻远瞩、总揽全局、面向新

---

① 以上数据来自国家发展和改革委员会、国务院西部地区开发领导小组办公室编《西部大开发"十一五"规划》。

② 《政协委员称西部大开发六年来东西部差距扩大》，《第一财经日报》2006 年 9 月 6 日。另据国家统计局发布的《2007 中国统计摘要》分析，2006 年西部地区（12 个省区市）实现地区生产总值 39301 亿元，比上年增长 13.1%，是增速最快的一年，但仍低于东部地区（11 个省市）13.8% 的增速。

世纪作出的重大决策，具有十分重大的经济和政治意义。但为什么尽管有国家对西部开发的政策支持，西部与东部的发展差距依然越来越大？西部在发展，东部也在发展，而且是在更快地发展。这样的区域经济非均衡发展态势，与中央提出的目标越来越远。那么，究竟是什么力量在抵噬国家实施西部大开发战略、缩小地区差距的努力呢？

本课题组研究认为，即使进入西部大开发时期，东西部差距仍然加大，根本原因是非均衡发展含有非公平经济增长的因素。所谓非公平的经济增长因素，既有国家对区域发展的非均衡安排的历史因素，也有市场经济条件下区域间各市场主体由于实力不同、条件不同的竞争所隐含的非公平性。这些非公平因素的客观存在和持续影响，在一定程度上抵噬了国家实施西部大开发战略的能量。

在市场经济条件下，在市场经济体制还不够完善的情况下，难免出现各区域经济体之间"非均衡发展"。有竞争，就必然出现非均衡发展。但是，非均衡发展有两种情况：一种是经济发展中自由竞争的结果，这是常态情况；另一种是国家发展战略的阶段性安排，是非常态。自改革开放以来，各区域经济体之间的非均衡发展，是中央针对中国当时的基本国情作出的发展战略安排，即"两个让"（让一部分人先富起来，让一些地方先发展起来），"两个大局"（沿海地区加快对外开放，较快地先发展起来，内地要顾全这个大局。沿海地区发展到一定时期，拿出更多的力量帮助内地发展，沿海地区也要顾全这个大局）。所以，东西部"非均衡发展"形成的原因，主要是来自改革发展的阶段性安排，是国家主导型非均衡发展。

问题是："非均衡发展"是一把双刃剑。"非均衡发展"本身不可能自然而然地带动另一极发展。美国经济学家 R. 纳克斯（R. Nurkse，1953）提出了贫困恶性循环理论。纳克斯认为，发展中国家，或欠发达地区在宏观经济中存在着供给和需求两个恶性循环。从供给方面看，低收入意味着低储蓄能力，低储蓄能力引起资本形成不足，资本形成不足使生产率难以提高，低生产率又造成低收入，这样周而复始完成一个循环。从需求方面看，低收入意味着低购买力，低购买力引起投资引诱不足，投资引诱不足使生产率难以提高，低生产率又造成低收入，这样周而复始又完成一个循环。两个循环互相影响，使经济状况无法好转，经济增长难以实现。美国经济学家 A. 赫希曼（Hirschman，1958）论证了"极化效应"大于"涓流效应"。赫希曼认为，经济发展一旦出现在某处，在巨大的集聚经济效应的作用下，要素将向该地区集聚，使该地区的经济增长加速，最终形成具有较高收入水平的核心区。与核心区相对应，周边的落后地区称为边缘区。在核心区与边缘区之间同时存在着两种不同方向的作用，赫希曼称其为"极化效应"和"涓流效应"。在这一过程中，"极化效应"往往大于"涓流效应"，因而市场的力量往往使区域间的差别扩大。① 如果国家主导型的"非均衡发展"到了难以驾御的程度，按"极差乘数效应"推论，必将出现区域经济体之间的两极分化。

　　社会公正、共同发展、共同富裕是社会主义制度的本质要求，也是社会主义的发展目标。在改革开放初期，让有条件的沿海地区先发展起来，内地要顾全这个大局，这些阶段性安排的实现，自然产生差距。由于"第一个大局"是改革发展的阶段性安排，与市场经济条件下自由竞争出现的非均衡发展本质不同，如果这个非均衡发展超过了"公平"底线，将冒"非社会主义化"的政治风险。所以，邓小平反复强调"先富带后富"，"先发展起来的地方帮助其他地方发展"，"如果出现两极分化，改革就失败了"。邓小平对可能出现的两极分化一直保持高度警惕。可见，在总设计师邓小平的构想里，发展分两步走，第一步是"两个让"，第二步是共同富裕、共同发展。而第一步是基于当时中国国情实际需要作出的阶段性安排，第二步才是目的，体现社会主义制度本质。到 20 世纪末 21 世纪初，东部已经有了长足发展，意味着"让一些地方先发展起来"的目标基本实现，第一个阶段的任务基本完成，实施"第二个大局"的条件基本成熟。此时，按照邓小平的总体设想，国家发展重心将向第二个大局转变，进入第二个阶段。这个转变，从实效上看，就是要体现沿海地区拿出更多的力量帮助内地发展，沿海地区也要顾全这个大局，弥补非均衡发展带来的非公平缺陷。缩小发展差距，就是要促使西部得到跨越发展，促进区域协调发展。

　　但要实现由"第一个大局"向"第二个大局"转变，很难。

---

　　① 陈华、尹苑生：《区域经济增长理论与经济非均衡发展》，网易财经 http：//fi-nance.163.com。

1987 年 7 月，邓小平正式提出"两个大局"构想的时候，虽然中国已经有了市场经济，但计划经济还是占主导地位，中央可以充分运用行政的手段安排第一个大局，要求沿海地区加快对外开放，较快地先发展起来，"内地要顾全这个大局"。而到了转向第二个大局的时候，2000 年，国情已经完全不同，市场经济体制已经初步建成，市场经济已经占主导地位，按"第二个大局"的构想，通过行政的力量"要求沿海拿出更多力量来帮助内地发展，这也是个大局。那时沿海也要服从这个大局"[1]，在市场经济条件下，行政长官会首先考虑本区域经济的发展和本区域的经济利益，要先发地区"拿出更多力量来帮助"后发地区，既不符合百舸争流、竞相发展的现实，又偏离市场经济主流。

市场经济有自己的铁律：竞争、理性、利己。追求利益最大化的企业自然是无利益的事不干。即使是政府引导下的区域合作，企业的资金、技术、人才转移，也只会在能够实现企业利益最大化的前提下才成立。在这种情况下，地区之间的所谓"帮助"，难有实际意义。

何况，市场经济不仅追求利润，也追求效率。继"第一个大局""非均衡发展"的设想实施之后，国家发展市场经济，形成了"效率优先、兼顾公平"的基本原则。前者使得东西部的发展起点不同，后者使得东西部领略不同的"效率优先"的风光，加重了发展的差距。"两个不同"相得益彰，容易形成经济增长中的"黑洞"。"黑洞"能够吸噬其他地区的发展能量。[2] 我们低估了非均衡增长的潜力

---

① 《邓小平文选》（第 3 卷），人民出版社 1993 年版，第 278 页。

② 关于经济增长中的"黑洞"，陈伯君在《中国愿境："效率"与"公平"并重——破解经济增长的"黑洞"》[《体制改革》2006 年第 11 期，（新加坡）《远东中文经贸评论》2006 年第 1 期] 一文里有详尽的论述：（1）它是在经济增长中借助惯性的力量聚集而成的"奇异点"，有明确的走向，可以观察，却难以了解其内部；（2）它具有无比强大的吸力，且只有入口，没有出口；（3）它因为有无比强大的吸噬力而往往是经济增长的"兴奋点"，但由于它只有入口没有出口，不仅没有带动整个经济同步增长，反而因它无比强大的吸噬力而吸噬了其他相连领域经济增长的能量，使经济增长的梯度结构愈加畸形，导致经济在高危状态下增长；（4）它的增长加重了经济矛盾，致使人们对经济增长产生强烈的质疑。在这些特性中，第一点是指它的形成，第二点是指它的性能，第三、四点就是它的效应，即"黑洞效应"。就这些特性而言，"黑洞"不同于"陷阱"，"陷阱"是外在的力量设置的，"黑洞"却是自身的力量形成的。

与惯势，忽视了先发地区对后发地区发展能量的吸噬力。在这些惯势的驱动下和吸噬力的耗散下，"发展很不平衡"的态势更加难以扭转。

如果"发展很不平衡"的态势继续下去，我们将会看到最不愿意看到的"极差乘数效应"所描述的后果。进入21世纪，中国的市场竞争机制已经形成，产业布局已经定型，而历史形成的非公平增长在新的条件下还在发挥影响，西部所面临的非公平经济增长因素越来越多，非均衡发展的态势越来越难以扭转，形势严峻而紧迫。既要西部发展有更大的飞跃，又要西部发展不削弱东部的发展能量，这就需要国家强化公平增长观念，在增强西部发展的动力上着力，促使区域经济发展朝相对均衡方向转变。

一　用阶段论思想看待非均衡发展

我们说东西部发展很不平衡，是国家主导下的分两步走先迈出第一步的结果。历史已经证明：在幅员辽阔、人口众多、经济落后的历史条件下，单纯强调社会公正、共同富裕、共同发展实现不了中华民族的伟大复兴，这样的发展路径走不通。因其如此，在深刻总结历史经验和教训的基础上，邓小平提出了改革开放，并逐渐形成了"两个让"、"两个大局"的发展战略思想。中国改革开放的实践表明，"两个让"、"两个大局"的非均衡发展思想，不仅在当时的国情条件下是唯一实事求是的、理性的、正确的选择，也是今天中国能够持续近30年保持经济高速增长、人民生活总体上实现了由温饱到小康的历史性跨越的保证。由此中国获得了缩小东西部差距的经验和促使西部跨越式发展的能力。如果国家能够顺利引导中国经济的发展趋势向第二个大局转变，那么，西部顾全这个大局是值得的。

西部是怎样顾全第一个大局的呢？换句话说，国家是怎样主导了非均衡发展的形成的呢？为了理清这个过程，我们从促使经济活力迸发的要素出发，把中国改革发展近30年的历史分为制度创新阶段、资本阶段和资源阶段三个依次递进时期。

（一）制度创新资源配置不均

相对于计划经济而言，市场经济在中国是新经济。新经济需要有新的经济制度来支撑和保证。改革促发展。改革就是制度创新。中国"渐进式"改革路径是以点带面，决定了中国改革发展中的制度创新以试点为前驱。而制度创新的试点都安排在东部。

中国由计划经济体制所规定的以公有制为主、集体所有为补充形式的基本经济制度转变为市场经济体制所要求的以公有制为主体、多种所有制经济共同发展的基本经济制度，这一重大的经济制度变革，是中央在东部先设置经济特区，授予这些特区制度创新的试点权，"摸着石子过河"，不断总结经验，再向全国推广完成的。

之所以仅授予东部制度创新资源，主要是基于以下考虑：

国家基本经济制度的转变。这一重大的经济制度变革，必将涉及上层建筑及整个社会结构的重大变化。

历史总是在特定因素的制约下发展的。社会主义制度的本质要求就是共同发展、共同富裕。在苏联模式的影响下，认为实行计划经济体制、以公有制为主、集体所有为补充形式的基本经济制度是实现社会主义理想的根本途径。中国社会主义改造完成之后，建成了与之相应的政治结构、经济结构和社会结构。这些结构服从于公有制经济和集体经济发展。而且，这些结构刚性强，容不得半点私有制经济。接二连三的大规模政治运动，就是在"警惕资本主义复辟"、"铲除资本主义生长的土壤"的思想指导下发动和推进的，由此对"什么是社会主义"在思想观念上也形成了非常强大的定势。乘借批判"四人帮"极"左"思潮的大好时机，发动了解放思想、拨乱反正、实践是检验真理的唯一标准的讨论，定下了中国还处在社会主义初级阶段的基调，为探索中国特色的社会主义铺垫了理论基础。但当时，关于什么是社会主义、如何建设社会主义的认识还没有尘埃落定，传统的政治结构、经济结构、社会结构及"左"的思想仍然有很强的刚性和势力。虽然"以经济建设为中心，坚持四项基本原则，坚持改革开放"确定为党的基本路线，这一基本路线五十年不变，一百年不变，但如何发展经济、发展什么经济、经济发展的目的是什么，的确存在方向问题、原则问题。改革发展既不能再坚持那个已经被证明不适合中国国情的"苏联模式",更不能被视为"资产阶级自由化"在经济领域里的表现。所以,涉及制度创新如此重大的改革,基于能够驾御改革局势的需要,也是基于减弱社会震动的需要,只能先在极小的范围内试点、探索,以点带面,逐渐推进,让事实说话。改革的车轮启动之后,一路风雨,经历了"姓资姓社"、"姓公姓私"、"所有制"问题等一系列思想交锋。这些思想交锋表明,经济制度改革创新,即使是以点带面,"摸着石子过河",让事实说话,也并非一帆风顺。

可见,中央对设置经济特区,如何选点,如何突破传统的经济体制,如何循序渐进,慎之又慎。基于广东、福建等东部沿海一带不仅在地理位置上靠近香港、澳门、台湾,而且广东、福建与香港、澳门、台湾有天然的亲缘关系和经济联系,容易得到外部的支持,收到立竿见影的效果。所以,中央首先在深圳等地设立经济特区。

由于中国改革的路径是循序渐进的,制度创新是极为稀缺的资源。改革之前,尽管国民经济濒于崩溃边缘,不改革只有死路一条,这就是说,传统的经济制度已经极大地桎梏着经济发展,只有制度创新才能解决生产力、发展生产力,但中国是一个大国,经济制度的创新在全国铺开不仅在技术上难有操作性,而且,即使技术上不成问题,全国铺开制度创新,也将大大增加政治风险。

为了稳妥地推进制度创新,也是为了在可控制的前提下推进改革,中央仅授予了经济特区制度创新试点权。这个阶段,制度创新对解放生产力最为重要,是极为稀缺的资源,我们称之为"制度创新阶段"。

制度创新属于上层建筑变革,是政治问题。政治问题必将承担政治风险。回顾深圳经济特区起步的历史,特别能说明这一点。80年代初,中央提出"对外开放,对内搞活经济"。无论是中国引进外商企业,还是中国放开个体私营经济,都意味着中国计划经济及其经济制度的坚冰将被冲破,市场经济将应运而生。当时,"市场经济"还被视为洪水猛兽,"市场经济"的概念都被排斥在主导经济之外。从计划经济到市场经济经历了一个过渡,即"有计划的商品经济"。在这样的大背景下,深圳经济特区搞制度创新,大量引进外企、外商、外资,深圳经济迅速崛起。深圳崛起的事实,足以冲溃几十年苦心经营的计划经济堤防，自然会受到怀疑和责难，如"在深圳这块土地上，除了五星红旗是红的外，其他一切都是'黄'的"了；"辛辛苦苦几十年，一夜之间变成解放前"等等。特区一路坎坷走来，承受过"黑云压城城欲摧"的压力。但经济特区的设置是中央决定的，政治风险由中央分担。① 后来的发展事实证明：两岸猿声啼不住，轻舟已过万重山。在一片质疑声中，由制度创新所形成的动力和吸引力，引来了大量国内外的人才、资金、技术，推动着经济特区以震惊世界的速度发展。经济特区的率先崛起，相当于率先掘起了第一桶金，为后来新制度逐渐定型、发挥市场经济优势奠定了坚实的基础。

制度创新对解决生产力、发展生产力有巨大推动作用。对于处在社会重大转型的中国来说，既有制度结构创新，又有制度安排创新。总的说来，中国计划经济体制所规定的以公有制为主、集体所有为辅的基本经济制度转变为市场经济体制所要求的公有制为主体、多种所有制经济共同发展的基本经济制度，是重大的经济制度改革。制度经济学的集大成者道格拉斯·C.诺斯在其一系列论著中系统地分析了制度变迁对经济增长的决定性作用。以诺斯为代表的新制度经济学家建立了一个包括产权理论、国家理论和意识形态理论在内的制度变迁理论。该理论由于把产权结构、交易费用、有限理性的经济人、信息不对称以及国家（政府）、意识形态等因素作为内生变量纳入了经济增长的分析框架，并论证了制度是影响经济发展的最重要的因素。制度经济学认为：制度创新可分为制度结构的创新和制度安排的创新，

---

① 邓小平同志说："办特区是我倡议的，中央定的，是不是能够成功，我要来看一看。"1984年初，邓小平来到深圳。邓小平在深圳经过两天全面而深入的调查思考后，为深圳经济特区题词："深圳的发展和经验证明，我们建立经济特区的政策是正确的。"即便如此，之后的发展仍然出现了关于深圳特区究竟是姓"资"还是姓"社"的争论，出现了究竟该发展计划经济还是该发展市场经济的争论。1992年邓小平再次来到深圳，发表了著名的"南方谈话"。邓小平说："对办特区，从一开始就有不同意见，担心是不是搞资本主义。深圳的建设成就，明确回答了那些有这样那样担心的人。特区姓'社'不姓'资'。"1月22日下午3时10分，邓小平对深圳市五套班子的负责同志说："改革开放胆子要大一些，敢于试验，不能像小脚女人一样。看准了的，就大胆地试，大胆地闯。深圳的重要经验就是敢闯。没有一点闯的精神，没有一点'冒'的精神，没有一股气呀、劲呀，就走不出一条好路，走不出一条新路，就干不出新的事业。"参见厉有为《世纪伟业·历史丰碑·回忆邓小平》（下），中央文献出版社1998年版。

制度结构的创新是对一个社会基本的资源配置方式的变革，制度安排的创新是对某一具体的交易方式的变革。制度结构的创新是带有全局性的创新，是制度安排的创新的总和，能从根本上决定制度安排创新的方向和进程；制度安排创新的不断积累，也能引起制度结构的创新。当一个社会基本制度比较成熟，能增进社会福利时，其创新的对象主要是制度安排的创新；当一个社会处于变革之中，基本制度不稳定时，就会发生制度结构创新。在制度经济学的影响下，即使如美国这样制度与经济发展结合得相当完美的国家，也会随时对制度安排进行微调。

而对于转型国家来说，既有制度结构创新，又有制度安排创新。就中国的情况而言，由计划经济体制所规定的以公有制为主、集体所有为辅的基本经济制度转变为市场经济体制所要求的公有制为主体、多种所有制经济共同发展的基本经济制度，是重大的经济制度改革和经济制度创新。

借助制度创新，东部在很短的时间内就实现了经济腾飞，这本身就表明制度创新对经济发展具有极大的推动作用。当然，制度创新，经济腾飞，需要一批敢于挑战传统经济制度、承受身败名裂风险的人，需要一批具有拓荒精神、进取精神的人。但是，在生产关系完全不适应生产力发展需要，甚至束缚生产力发展的时期，最稀缺的资源不是人力，不是智慧，也不是资金，因为这些都不能从根本上解决解放生产力的问题。在这个时期，最稀缺的资源是制度创新权。而制度创新权，并非东部自身拥有，是中央基于大局需要的考虑而授予的。

与此同时，西部没有制度创新资源，只能在原有体制的基础上对科技、管理等内容进行创新。虽然这些创新也能够促进经济发展，但没有制度创新，经济组织和经济结构在没有发生重大变革的情况下，科技创新、管理创新的力度不会很大，产生的效率也不会很大。无论是制度改革还是制度建设，西部只能邯郸学步，亦步亦趋。这就注定了西部在中国经济起飞阶段就落后一大截，注定了西部未来发展制度基础薄弱。由于制度创新是先试点，再推广，于是，同样是制度建设，东部更多的是自主内需型，需要什么，创新什么；而西部则更多的是被动外加型，不论需要与否，适宜与否，都要求接受。这就是西部服从"第一个大局"、使东西部的发展协调于"第一个大局"所作出的姿态。东西部在不同的经济制度条件下发展经济,揭开了区域间非均衡发展的第一页。

(二) 对外开放政策受益不均

我们说,当制度创新既是最紧缺的资源,同时又是经济发展的关键环节的时候,这个时期,可称之为"制度创新阶段"。当制度创新问题基本解决之后,紧接着是发展,发展需要资本。但资本紧缺,资本成为经济发展的关键因素。这个时期,可称之为"资本阶段"。

在经济起飞阶段,各地最缺的是资金,怎么办?中国选择了对外开放、招商引资,"开发促发展"。

1980年8月26日,全国人大常委会第十五次会议批准国务院提出的《广东省经济特区条例》①,宣布:为发展对外经济合作和技术交流,促进社会主义现代化建设,在广东省深圳、珠海、汕头三市分别划出327.5平方公里、6.7平方公里、1.67平方公里区域,设置经济特区。同年12月10日,国务院又正式批准成立厦门经济特区,面积为2.5平方公里。② 中国经济特区由此增加为4个。中国经济特区

---

① 《广东省经济特区条例》共六章26条,其中"优惠政策"就有7条。这个《条例》的意义和价值不仅是吸引外商外资参与中国的经济建设,更重要的是,由于外商外资的进入,改变了中国的经济所有制结构,改变了中国社会阶层的结构,拉开了中国探索发展初级阶段的社会主义经济新路的序幕。

② "经济特区"的历史是这样的:1979年1月,邓小平对一份关于香港厂商要求回广州开设工厂的来信摘报批示:"这种事,我看广东可以放手干。"同年4月,在中央工作会议上,广东明确提出要利用毗邻港澳的有利条件,实行特殊政策和灵活措施,加快对外开放和经济发展。邓小平说:"对!办一个特区。过去陕甘宁边区就是特区嘛!中央没有钱,你们自己去搞,杀出一条血路来。"中央工作会议后,受中央、国务院的委派,谷牧带领工作组赴广东、福建考察,同两省的负责同志一起研究办特区的具体问题。6月6日、9日,中共广东、福建省委分别写出关于对外经济活动中实行特殊政策和灵活措施的报告,呈送中央。7月15日,中共中央、国务院发出文件批准广东、福建两省的报告,文件明确指出,"出口特区"先在深圳、珠海两地试办,待取得经验后,再考虑在汕头、厦门两地设置。1980年3月,中央在京召开广东、福建两省参加的会议,正式将"出口特区"定名为"经济特区"。1980年8月26日,全国人大常委会第十五次会议批准国务院提出的《广东省经济特区条例》,宣布在广东省深圳、珠海、汕头设置经济特区。12月10日,中国第一批经济特区的第一特区——深圳经济特区诞生了!总设计师的倡议开始付诸实施。由此,中国打开了对外开放的突破口。

的设置，是中国正式启动经济体制改革和对外开放的重大标志性事件。

1984 年，国家宣布沿海 14 个城市对外开放，从而在我国沿海地区形成了多层次、多方位对外开放的格局。整个八九十年代，东部沿海地区加快发展，历史地成为中央改革发展重点突破的大局，为中国东部率先崛起、率先腾飞奠定了制度基础。经济特区和沿海 14 个对外开放城市，作为对外开放的窗口和经济体制改革试验区充分发挥了制度创新和对外开放、招商引资的重要作用，不仅外资、合资企业得到长足发展，沿海地区乡镇工业也异军突起。

1986 年 10 月 11 日，国务院发布《关于鼓励外商投资的规定》（下称《规定》），在这个《规定》发布的前后五年，对外开放城市主要集中在东部沿海一带，而内地，如成都，这座西部地区特大中心城市，于 1993 年才被国务院确定为内陆开放城市，赋予成都享有沿海对外开放城市的政策。所以，《规定》的各种优惠政策，最初能够收益的仅仅是沿海对外开放城市。曾任中共深圳市委书记的厉有为回忆说：深圳人靠中央给予特区的特殊政策和灵活措施，勇敢地冲破了"左"的思想的种种束缚，大刀阔斧地革除旧的传统计划体制的种种弊端，闯出一条迅速发展社会生产力的路子，靠吸引外资，靠"滚雪球"，靠改革，靠艰苦奋斗，靠深圳人的勤劳和智慧，铺就一条条马路，建起一幢幢大厦，办起一个个企业，开设一个个工厂。[①] 深圳作为中国改革开放的排头兵，"靠中央给予特区的特殊政策和灵活措施"，"靠吸引外资"，成就了自己成为"珠三角"经济区增长极的伟业，由此，"珠三角"经济区成为引领中国经济腾飞的第一个经济区。

中国的第二个经济增长极——"长三角"经济区的形成也大致如此。继 1980 年 12 月 10 日中国第一批经济特区的第一个特区——深圳经济特区诞生十年之后，1990 年 4 月 18 日，国务院总理李鹏在上海宣布：中共中央、国务院同意上海市加快浦东地区的开发，在浦

---

① 厉有为：《世纪伟业·历史丰碑·回忆邓小平》（下），中央文献出版社 1998 年版。

东实行经济技术开发区和某些经济特区的政策。① 这些优惠政策，促进了上海的对外开放、国际经贸和地区经济跨越式地发展。据中国国际广播电台"国际在线"报道：上海浦东国内生产总值（GDP）由 1990 年的 60 亿元起步，到 2002 年达 1251 亿元。1990—2002 年，浦东新区国内生产总值保持了 19.6% 的年均增长速度，占上海市的比重由不足十分之一跃升到五分之一强。实际利用外资 2002 年达 16 亿美元，占全市三分之一强；外贸出口由 1993 年的 12 亿美元增加到 2002 年的 136 亿美元。至 2002 年，浦东新区总体经济实力已相当于 20 年前的整个上海市。浦东新区经济的高速增长和综合经济实力的增强，为上海 20 世纪 90 年代以来国民经济保持两位数的发展提供了坚实的支撑，成为上海新的增长点，对推进上海加快建设经济、金融、贸易和航运中心发挥了重要作用。②

---

① 国务院同意在浦东新区采取以下优惠政策：（1）区内生产性的"三资"企业，其所得税按 15% 的税率计征；经营期在十年以上的，自获利年度起，两年内免征，三年减半征收。（2）在浦东开发区内，进口必要的建设用机器设备、车辆、建材，免征关税和工商统一税。区内的"三资"企业进口生产用的设备、原辅材料、运输车辆、自用办公用品及外商安家用品、交通工具，免征关税和工商统一税；凡符合国家规定的产品出口，免征出口关税和工商统一税。（3）外商在区内投资的生产性项目，应以产品出口为主；对部分替代进口产品，在经主管部门批准，补交关税和工商统一税后，可以在国内市场销售。（4）允许外商在区内投资兴建机场、港口、铁路、公路、电站等能源交通项目，从获利年度起，对其所得税实行前五年免征，后五年减半征收。（5）允许外商在区内兴办第三产业，对现行规定不准或限制外商投资经营的金融和商品零售等行业，经批准，可以在浦东新区内试办。（6）允许外商在上海，包括在浦东新区增设外资银行，先批准开办财务公司，再根据开发浦东实际需要，允许若干家外国银行设立分行。同时适当降低外资银行的所得税率，并按不同业务实行差别税率。为保证外资银行的正常营运，上海将尽快颁布有关法规。（7）在浦东新区的保税区内，允许外商贸易机构从事转口贸易，以及为区内外商投资企业代理本企业生产用原材料、零配件进口和产品出口业务。对保税区内的主要经营管理人员，可办理多次出入境护照，提供出入境的方便。（8）对区内中资企业，包括国内其他地区的投资企业，将根据浦东新区的产业政策，实行区别对待的方针。对符合产业政策、有利于浦东开发与开放的企业，也可酌情给予减免所得税的优惠。（9）在区内实行土地使用权有偿转让的政策，使用权限 50 年至 70 年，外商可成片承包进行开发。（10）为加快浦东新区建设，提供开发、投资的必要基础设施，浦东新区新增财政收入，将用于新区的进一步开发。这些优惠政策由时任上海市市长朱镕基在浦东开发新闻发布会上正式宣布。见中国食品工业网 http：//www.cfiin.com/database/readlaw.asp? id＝79740。

② 国际在线·财经观察 http：//big5.cri.cn/gate/big5/gb.cri.cn/1827/2004/10/01/521@316477.htm。

随着外商外资涌进东部沿海对外开放城市，不仅助推了这些城市的工业改造、产业升级和新的工业布局，而且这些城市也顺势大搞道路、港口、通讯等重大基础设施建设，投资环境、创业环境和发展条件进一步优化，进而又增大了吸引外商外资的能力，有了更大更快发展的经济基础和资本实力。在这个"资本"时期，东部对外开放热火朝天，西部相对沉寂。西部特大中心城市成都，1985 年才出现第一家中外合资企业成都凤凰正大合营有限公司，截至 1988 年底，成都协议外资总额 0.244 亿美元，实际利用外资仅 0.052 亿美元。① 到 1993 年中国内陆包括西部部分城市也获准对外开放的时候，东部在对外开放的路上已经走了很远。

而这一年——1993 年，十四届三中全会召开，通过了关于建立社会主义市场经济体制的《决定》，中国开启了由计划经济体制下发展经济到市场经济体制下发展经济的新时代。市场经济就是竞争经济。西部奋起直追，"浴血奋战"，区域建设也难以匹敌东部的投资环境、创业环境和发展条件。资金短缺仍然是西部发展的软肋，即使西部招商引资到了"村村点火，户户冒烟"的"血拼"地步，西部部分地方出现如果招商引资完不成任务而"一票否决"，使尽浑身解数，也远远不及东部招商引资的实效。比如，尽管"十五"期间是西部发展的最好时期，但就对外招商引资的统计情况看，仍会令人沮丧。仅 2004 年，上海、江苏、浙江、福建、广州五省（市）的外商企业数（户）分别为 26657、29939、17792、17236、55259，外商投资总额（亿美元）分别为 1722、2170、834、689、2610。而同年重庆、四川、贵州、云南、广西五省（市）的外商企业数（户）分别为 1294、3789、641、1761、2336，外商投资总额（亿美元）分别为 72、140、22、79、127。2004 年东部沿海五省（市）的外商企业数合计为 146883 户，是西部五省（市）合计 9821 户的 14 倍多。前者外商投资金额合计为 8025 亿美元，是西部五省（市）合计 440 亿美元的近 20 倍。② 比较这些统计数据，可以看出东部与西部在招商引资方面的巨大差距，说明东西部之间在分享国家政策优惠上受益严重

---

① 刘从政、林成西、许蓉生：《成都对外开放二十年》，巴蜀书社 2001 年版。
② 以上比较根据《中国统计年鉴（2005）》提供的数据整理。

不均。这样，西部在制度创新阶段发展落后一大截，在资本阶段又落后一大截。

（三）生产性自然资源配置不均

为了培育新的增长点及增长极，牵动中国经济腾飞，国家实行"效率优先"的资源配置原则。特别是当东部率先发展起市场经济和形成较成熟的市场治理机制后，又强调市场在资源配置中发挥基础性作用。如此，一方面在改革发展初期，计划经济所形成的中央调控资源的政府行为还占主导地位，另一方面东西部在制度创新上起步不同，市场经济发展的水平也很不平衡，基于东部快速发展是国家发展战略的第一个大局，无论是中央调控资源还是市场配置资源，这两个方面都有利于资源向东部汇集。

资源消耗与经济发展成正比。经济发展越快，资源消耗越多，资源积储量越少。反之，经济发展越慢，资源消耗越少，资源积储量较大。虽然我国是资源大国，但人均占有资源低于世界人均水平。一个区域的迅猛发展，必将很快耗噬资源。中国东部经济持续高速发展，很快就由"资本时代"进入"资源时代"。"资源时代"的特征是资本并非紧缺，紧缺的是"生产性自然资源"。资本不再是推动区域经济发展的重要力量，发挥核心作用的是"资源"。资本的消耗可创造更多的资本，呈递增趋势；而资源的消耗呈递减趋势。如同一些经济发达的国家那样，东部发展很快就受到资源紧缺的制约。

由于"发展很不平衡"，虽然东部发展已进入资源短缺时代，发展缓慢的西部还处在资本短缺的资本时代。西部绝大部分是山区，发展工业基础条件差，如高速公路的密度和长度都远远不及东部，加上经济落后，消费水平低，平均面积的市场额比重不大，但西部有丰富的生产性自然资源，如木材、橡胶、石料、煤、油、气等，这些资源可以转化为资本（资源贱卖）。在"市场配置资源"的情况下，西部的木材、橡胶、石料、煤、油、气等基础性资源源源不断流向东部，支撑东部继续高速发展，东部获得制造品价格收益，西部仅获得资源价格收益或初级产品收益，而制造品价格收益和资源价格收益事实上存在严重的剪刀差。急于脱贫的西部，也是迫于无奈，近乎疯狂乱砍伐、乱开采，西部原本丰富的森林植被遭遇严重破坏，生态链难以恢复；原本丰富的煤矿资源遭遇一个个小煤窑的蚕食，地面塌陷，村庄塌陷；原本郁郁葱葱的青山要为大型水泥厂提供石料，一座座青山劈去大半，就连世界"双遗产"青城山山脉也难免遭遇年产300万吨水泥的都江堰拉法基水泥有限公司大量吞食石料的厄运。① 由此，资源贱卖带来的严重后果使西部的生态环境恶化。

更为严重的是西部还没发展起来就遭遇全国性的资源短缺危机，西部仍处在起飞阶段就将付出远远高于东部起飞阶段的资源价格。东部处在起飞阶段的时候，假定资源价格的基数为 x。如今资源价格已经上涨了 n 倍，意味着西部的起飞，就得付出 x（1+n）的资源价格来支撑经济发展。西部工业发展举步维艰可见一斑。

比如，煤炭作为工业的"粮食"，是工业生产的基础性资源。2006 年，全国共消费 24.5669 亿吨标准煤。1992 年之前，为保证国民经济整体运行水平，我国煤炭产业一直实行价格管制，处于微利或亏损边缘。生产一吨煤的成本大约在 120—130 元之间，国家计划控制价为 90 元。直到 1992 年，为扭转煤炭产业多年亏损的状况，国家对民用商品煤价格实行放开政策，煤炭业局部市场化。随着中国经济的高速发展，煤炭需求量以每年超过 1 亿吨的速度增长，致使煤价持续上扬。2004 年年初每吨煤的现货价格为 250 元，而到了年底就上涨为 400 元，一年间上涨了 150 元。2007 年 1 月 17 日在桂林召开煤炭产运需衔接会，再次拉开了新一年煤价上涨的序幕。非电煤价格平均上涨 10—30 元/吨，上涨幅度达到 3%—5%，电煤价格平均上涨 30 元/吨，上涨幅度高达 8%。从秦皇岛煤炭平仓价的数据来看，2007 年 1 月山西大同优混煤涨幅最大，达 10.75%，价格是 525 元/吨。与 1992 年之前相比，仅煤炭价格就上涨了 5 倍多。西部在起飞阶段就遭遇资源紧缺和资源价格飞涨，必然加大发展的成本。

综上所述，东部的发展，无论是制度创新，还是聚集资本、利用资源，都在国家的主导下先行一步，这就奠定了东部率先发展和东西

① 都江堰拉法基水泥有限公司水泥生产线项目包括：一条日产 3500 吨水泥熟料生产线、一条日产 4000 吨水泥熟料生产线、一座石灰石矿山和一座页岩矿山以及一条长为 2.38 公里的铁路专用线，其水泥生产采用新型干法窑外分解技术，公司总产量增至 300 万吨。这样的生产量，可以想象所耗噬的石料多得惊人。

部非均衡发展的基点。同时也表明，非均衡发展是国家主导下的非均衡发展。

二 用阶段论思想看待非公平经济增长

有一则寓言：狐狸和白鹤同时喝水。水盛在一个碟子里。结果白鹤费尽力气也喝不了多少水，而狐狸几下就把水喝干了。这则寓言说明一些规则貌似公平实则非公平，由于主体之间有差异，虽然规则（政策）相同，彼此获得的收益会有很大的不同。在这种情况下，同一"规则"隐含着非公平。

市场经济讲究公平竞争。而所谓的公平竞争，就是不同的市场主体，遵守相同的竞争规则。而由于发展很不平衡，西部市场主体的综合实力和所依靠的外部条件远远不及东部，遵循相同的竞争规则，隐含着狐狸和白鹤喝水的非公平性。

（一）条件不对等的市场竞争

由于我国市场化改革、对外开放和经济转型、市场治理机制的形成与推广是由东到西梯度推进，形成了差异明显的区域化特征。南京大学商学院理论经济学博士后保建云认为：改革开放初期，中央推行自上而下的、以率先向东部沿海地区转让资源配置权为重点的放权让利市场化改革，东部沿海地区的地方政府和企业在获得中央政府授权与部分资源配置权后，充分利用所享受到的政策优惠和特权，通过引进外资，发展乡镇企业和非公有制企业，初步建立起以产品交易为主的市场规则及其制度安排体系。随着市场化改革与经济转型逐渐引向深入，以产品交易为主要内容的市场交易规则及其制度安排体系，逐渐向生产要素市场交易领域渗透和延伸，促进了生产要素市场治理机制的初步形成，进而使产品市场治理机制与生产要素市场治理机制逐渐融合为统一的市场治理机制。外部市场治理机制引入的区域示范与外资投资地域空间的梯度推进与扩散具有同步性和同方向性，外资进入最早的东部沿海地区也是市场治理机制引入和形成最早的经济区域，广大中西部欠发达地区区域市场治理机制的形成和演进则受到前者的推动和深刻影响。这个深刻影响主要体现在模仿和路径依赖。但我国西部因为企业数量较少、经济实力较弱、获得的资源配置权有限，使得该类经济区域的市场治理机制形成滞后。保建云在研究了中国区域市场治理机制演进中的相互模仿、趋同演进趋势后指出，在我国经济发展过程中，由于各个地区的经济发展基础和地理区位的较大差异，使得在不同的各经济区域中，中央政府、地方政府和企业的讨价还价能力和方式存在着较大差异，企业之间的市场交易规则与制度安排也存在着较大差异，加之，区域市场治理机制演进的路径依赖性，必然导致不同经济区域市场治理机制演进差异。①

可见，由于制度创新、重大经济政策损益不均因素，逐渐拉大了东西部的发展差距，形成了事实上的经济强势地区和经济弱势地区。又由于区域市场治理机制的差异和"资源配置权市场化转移讨价还价的能力和方式"的差异，使得东西部之间在市场条件和市场治理机制等市场竞争条件上有所不同。在"为官一任，造福一方"的神圣职责里，以行政区域为界的经济发展竞争包含了深层次的政治资本积累。经济弱势地区想发展，经济强势地区想有更大的发展。这些既可理解又合理的追求，在市场一体化的驱使下，使中国这片幅员辽阔的土地上形成了两大区域经济体由于制度创新、政策非中立等宏观形势的原因造成的实力迥然不同、条件不对等的竞争。

中国是一个大市场，但却是一个存在博弈各方所依仗的实力不同、条件不同的大市场。由于梯度推进日渐拉大了东西部发展的差距，使东西部的产业质级和产业结构完全不同，彼此拓展和占有市场的实力完全不同。由于"市场一体化"，使产品质级、产业结构、管理水平、市场治理机制完全不在一个级别上的西部迎战东部的"竞争"，如同一个40公斤级别的拳击手迎战80公斤级别拳击手的搏击。这是一场没有悬念的拳击赛。

市场是企业的生命。没有市场，企业就没有了生命。在"市场一体化"的竞争中，东部产品以自己的性价比优势不仅在当地

① 保建云：《转型经济中区域市场治理机制形成与演进分析》，《东部经济评论》2004年第1期。

占有绝对多数的市场份额，而且在中西部也占有绝对多数的市场份额；西部情况正好相反，不仅由于性价比劣势敲不开东部市场的大门，而且在东部性价比优势的冲击下，连本地的市场份额也逐渐丢失。消费心理学谈到了人们爱屋及乌的消费心理。东部的崛起，东部的腾飞，东部的龙头作用，这些事实都会引导人们的消费向东部的产品倾斜。东部的任何产品都会形成强势印象，东部成为价廉质优的代名词。这就加大了西部产品成为名牌、走向全国的难度。①

由此形成一系列可怕的"多米诺骨牌效应"。比如，外商投资选择东部，不仅有历史形成的聚集效益，而且有现实的消费心理效益。在西部投资建厂，这两方面都欠缺。西部"招商引资"，政策优惠再优惠，甚至内部恶性竞争，如土地零租金出让，也难及东部。以2003年为参照，东部如江苏协议注册外资208亿美元，实际利用外资158亿美元。而西部如云贵川（云南、贵州、四川）三省协议实际利用外资分别为1.68亿美元、0.56亿美元和5.8亿美元，3个省合计起来仅8.04亿美元，不及江苏实际利用外资的十九分之一，甚至不及江苏省内一个县级市——昆山市。昆山市2003年实际利用外资12.01亿美元。市场经济又是资本经济。外资集中向东部汇集，不仅快速提升了东部优化外资投资结构水平，可以游刃有余地选择那些最能优化当地产业结构的外资项目，而且加快了东部产业结构升级，使西部的产业、产品更加相形见绌。

"市场一体化"把西部逼上了与东部竞力的拳击场。在"市场一体化"的大势下，一方面，西部人享受了东部产品价廉物美的实惠，同时也刺激了西部产业加快结构调整和升级换代的紧迫感。这是"市场一体化"带来的好处。另一方面，更是工业发展的艰难。既然市场是企业的生命，只要西部市场上琳琅满目的是东部的产品，就如同"洋货"充斥中国市场必将影响民族工业一样，西部工业必然举步维艰。国家"一五"期间就把西部特大中心城市成都布局为西南工业中心，"三线"后又有大批大型企业移迁成都，有雄

---

① 西部也有自己的名牌产品，但凤毛麟角，不如东部多，没有形成区位优势。比如，人们很难以消费或拥有西部产品为自豪。

厚的、西部其他地区不可比拟的工业优势，面对东部咄咄逼人的工业，缺乏能够逐鹿中原的工业来支撑成都经济做大做强，这些年来一直是地方领导的心头之痛，其他西部地区（重庆除外）就更谈不上规模工业了。以自然资源和农业为基本经济形态的西部，在市场比值一点点缩小的趋势下，对振兴地方工业的追求，很带有点"精卫填海"的悲壮。①

西部要实现腾飞，必须有自己的工业来支撑。由于东西部发展的差异，东西部的工业发展水平完全不在同一个层次上。如果说，西部的经济正在由农业型向工业型转变，那么，东部的经济已经在由工业型向"后工业时代"转变。这个巨大差异在"市场一体化"的冲击下，相对贫困的西部人当然乐意消费东部价廉物美的产品。这就极大地阻击了西部工业特别是民用品生产企业的发展。可以说，只要东部工业产品充斥西部市场，就难有西部工业崛起的空间。

为了更简明地表述这一问题，我们把中国现实的生产与消费分为三个层次，即低端产品、中端产品、高端产品与低端消费、中端消费、高端消费。西部地区正在从生产低端产品、消费低端产品向生产中端产品、消费中端产品过渡，而东部已经由生产中端产品、消费中端产品向生产高端产品、消费高端产品过渡。这样，我们就能清楚地看到西部不仅是中端产品生产的资源提供地，而且还是中端产品消费的主要市场。无论是资源的移动还是市场的移动，都会加大成本。因此，这种非均衡的产业分布如果不能与时俱进，不仅不利于国家经济节约式增长，而且不利于西部工业发展。

经济学家秦晖在《关于公正的首要问题》一文里写道："所谓公正就是：竞争过程是公正的，对竞争过程的后果有一个最低限度的控制。简单来说，商业时代的不公正实际上就是：一、全家通赢；二、赢家通吃。其中，全家通赢可能是不公正最重要的一点。""社会公正其实是一个很简单的底线问题，但即使这样简单的底线问题，往往被人为地用理论游戏把它给复杂化。而一经复杂化后，底线就容易迷

---

① 直至 2007 年，成都的政府工作报告和党代会报告都认为"以工业为核心的三次产业发展不够仍然是突出问题"。

失。""我们现在面临的问题，实际上是竞争本身的公正与否的问题，而不是竞争结果到什么程度的问题。在这个问题上，首先要做制度性的改进，在这个过程中知识界也应该有一个自省，不能使得一些常识问题经过理论包装后，不公正被掩盖了。"① 秦晖在这里讲的是市场主体之间、强弱之间的竞争，如果不对后果有一个最低限度的控制，就缺失公正。同理，不同区域经济体之间，由于存在事实上的强弱，存在竞争条件差异，要实现公正，也须设置一个最低限度的控制。这个最低限度应该是有条件的"市场保护"。然而，在同一个国家里，市场保护不利于市场经济发展，就连美国那样实行联邦制的国家，州与州之间有高度的自治权，也反对地方保护。地方保护主义背离建立更加开放的市场经济体系的方向。西部就处在这样一个尴尬的位置上。

但是，在国际贸易活动中，我们会经常接触这些概念：贸易壁垒、贸易保护主义、反倾销等等。这些其实都是国家对本国市场的保护，对本国产业的保护。所以，全球一体化，经济全球化，世贸组织，在实际交易中，各个国家都存在程度不同、产业不同的市场保护。

发展中国家，如中国，与发达国家，如美国、欧盟，有市场保护带来的贸易摩擦和谈判、协商。就是发达国家之间的贸易往来，仍然有市场保护、贸易摩擦、贸易谈判。如 2007 年 4 月 2 日美国政府与韩国达成《美韩自由贸易协议》。国际舆论评论是继《北美自由贸易协议》之后美国最重要的贸易协议。韩国是美国的第七大贸易伙伴，2006 年双边贸易额高达 740 亿美元。如果《美韩自由贸易协议》协议条款完全落实，美韩将在三年内取消 90% 的关税，届时双边贸易额有望增至 1000 亿美元，并能减少美国现在每年高达 95 亿美元的贸易逆差。协议的内容包括：美国向韩国开放汽车和纺织品市场，包括对排气量小于 3000cc 的汽车以及韩国的纺织品和衣服取消关税。韩国则向美国开放农产品市场，包括进口美国牛肉，并承诺在 15 年内逐步取消美国牛肉的关税。考虑到过于高

---

① 秦晖：《关于公正的首要问题》，天益网 http：//www.tecn.cn/data/detail.php？id=14206。

昂的政治成本，大米仍不在开放之列。就这个已经达成的协议，美韩两国之间的政治家和学者仍然表示质疑。可见，市场总是有条件开放的。

中国的入世谈判实质上是市场开放与产业保护的谈判。中国入世谈判如果从 1986 年申请恢复关贸总协定成员国地位开始算起，历时 15 年之久才敲定。为什么会如此之久，为什么在维护中国利益的原则问题上寸步不让，就是为了在分享国际大市场的机会利益的同时，力争中国的利益损失最小化，减轻"文明的掠夺"的损害。故而即使入世谈判敲定下来，中国也争取了对部分幼稚产业的 5 年保护期。如果没有这 5 年的缓冲期和奋发图强，中国的幼稚产业会经得起入世的冲击吗？入世 5 年来中国外贸飞速发展，2001 年中国进出口贸易总额为 5100 亿美元，至 2005 年已经猛增到 14221 亿美元；2001 年中国出口产品占世界的份额是 3.9%，到 2005 年已经占据 7.5% 份额，同时也面临新问题。全国政协委员、"自然之友"会长梁从诫先生认为，中国在成为世界工厂的时候，实际上也变成了世界厨房。我们做好了饭菜，送到国际大餐桌上去，让外国的消费者来享受。但是在生产过程中，鸡毛、蒜皮、肉骨头、刷锅水、剩菜、剩饭全留在我们自己的厨房里了。中国就是这样变成了世界厨房。[①]

在中国，东西部市场主体的竞争，是明显的强势与明显的弱势之间的竞争。竞争结果，西部难免成为"中国的厨房"、"东部的厨房"。"厨房经济"绝不可能使东西部经济发展的差距缩小。我们面临两难选择，一方面，市场竞争、市场一体化，打破市场壁垒，是中国市场经济发展不可或缺的条件，是中国市场经济发展的大势所趋；另一方面，由于存在区域之间市场主体的实力不同、所依仗的条件不同，竞争的结果，必将加重西部发展的代价。

（二）"东西连动"的非公平性

区域合作是另一种方式的竞争。不同层次的合作必将产生不同

① 王义伟：《告别入世保护期，中国和世界继续磨合》，《中华工商时报》2006 年 12 月 8 日。

层次的收益。一位经济学家说："资本能协助劳动创造价值固然不错，但这部分附带的价值却属于资本所有者。""资源在开发初期即被低价出售给外国资本，使得本国的资源优势被剥夺。""发展中国家在建设初期资金紧张，往往将土地、矿藏等资源出售或出租。将来资源价格上升之后，后悔莫及。"他说的是国际经济交往与合作的非公平现象，我们借此来分析"东西连动"、"优势互补"现象。

东部的优势是什么呢？资金、技术、人才。西部的优势是什么呢？资源和廉价的劳动力。东部的进一步发展需要资源和劳动力，资金、技术、人才需要扩张。而西部的发展需要资金、技术、人才，丰富的资源可以迅速转化为资本，丰富的劳动力资源也需要输出，解决剩余劳动力的就业问题。在这种情况下，"东西连动"、"优势互补"成为必然趋势。然而，这一趋势，不过是不同层次的分工，西部出资源、出市场，东部出资金、技术、人才，结果必将是不同层次的收益。

剖析"泛珠江三角洲合作"（简称"9+2"）事例，可以看到区域合作所隐含的非公平性。

2004年6月，在广东省的倡议下，内陆9省（区）与香港、澳门（"9+2"）共同召开了经济合作与发展论坛，"9+2"政府领导人在广州签署了"泛珠三角区域合作框架协议"，标志着"泛珠三角"经济区的形成。其中，广东、福建、海南、广西、湖南、江西、四川、云南、贵州等9省区，位于我国的南部地区。这一区域地域辽阔，相互联系密切，面积200.5万平方公里，占全国的20.9%。2003年，人口4.5亿人，占全国的34.8%；GDP为38846.3亿元，占全国的33.3%；地方财政收入2962.9亿元，占全国的30.1%；进出口商品总额3400亿美元，占全国的39.9%；实际利用外资246亿美元，占全国的46.0%，社会消费零售总额14715.2亿元，占全国的32.1%。如果加上香港和澳门两个特别行政区，"泛珠三角"的经济总量占全国的4成，接近东盟10国的总和；国土面积相当于欧洲英、法、德、意、西五大国的总和；人口数量超过西欧各国的人口总和。因此，无论从国内还是从国外来看，"泛珠三角"经济区都是一个不可小视的经济体。①

"9+2""泛珠三角"经济区的合作框架强调"互补互利共赢"原则。那么，这个标志着中国区域合作创造了一个东、中、西部连动的新模式，究竟是怎样构思"互补互利共赢"呢？回答这一问题，我们得先理清"泛珠三角"区域合作构想是在什么样的背景下提出的，弄清楚倡导者和回应者各自的意图。

2001年，我国加入WTO，为推动香港和澳门的繁荣稳定，2003年6月和10月，中央政府分别与香港和澳门签订了CEPA协议，加快推进内地与港澳经济的紧密联合。CEPA协议，首先改变了"珠三角"原来以广州、深圳为中心的经济格局，形成了以香港为核心的"大珠三角"新格局。此时此刻，"长三角"借助上海浦东开发后又一轮新的发展势头，掀起了以上海为核心的合纵连横的高潮，致使一直以"急先锋"、"探路者"的响亮名字领跑中国改革开放二十多年、肩负中国改革开放排头兵重任的广东，面临着来自"长三角"咄咄逼人的竞争，经受着前所未有的挑战。正是在CEPA协议的形成和"长三角"奋起直追这两大趋势的影响和威逼下，广东省政府提出"泛珠三角"区域合作的设想，一是可以借助CEPA协议的安排，将大珠三角打造成"世界级"制造业基地，发展成为中国经济最繁荣的地区之一；二是为了克服自身发展腹地狭小的劣势，与长三角相比，珠三角自身面积不大，外围山地环绕，基础设施延伸与发展空间拓展存在较大阻力，与周边省份的广泛协作尚未形成。《人民日报》的评论是：推动"泛珠三角"区域合作与发展，可以发挥港澳在这一区域合作中的独特优势，拓展港澳发展空间，对促进香港和澳门的繁荣与稳定具有重要的战略意义，体现了珠三角经济能量集聚亟须扩大释放腹地的内在要求。② 这才是"泛珠三角"经济合作最本质的东西。这个最本质的东西决定了"互补互利共赢"的原则是有差别的。中西部能够参与合作的是"资源、市场、劳动力"，在利益分享中只

① 参见丁任重《论中国区域经济布局新特征——兼评梯度推移理论》，《经济学动态》2006年第12期。

② 《"泛珠三角"独特魅力展现》、《"9+2"的共同选择》，《人民日报》2004年5月27日。

能是最少的，东部参与合作的是"资金、技术、管理、高级产品及口岸"，所分享的利益必定是最多的。

对这个最本质的东西的理解，"9＋2泛珠三角经济区"的三个主角广东、香港、澳门的考虑最能说明问题。

——时任广东省省长黄华华说：广东要谋求新的更大发展，迫切需要进一步加强区域合作。发展区域经济取决于市场需求放大要素、资源互补要素和制度协调要素的有机整合。大珠三角寻找发展空间与腹地，增加持续增长的后劲，需要寻找突破口。《南方日报》的评论是：原来靠近珠三角的粤东、粤西和粤北山区会否担心因此减少了承接珠三角产业转移的机会呢？这种担心看来并不必要。因为这些地区也在调整自己的区域发展。过去处于广东边远地带、珠三角的外围地区，如今成了泛珠三角的核心层，是"9＋2"省区"无间隙"合作的必由之路。近水楼台先得月，随着跨界交通穿山越岭，在大珠三角向周边省区辐射过程中，在泛珠三角区域经济互动中有望首先分享"发展红利"。

——时任香港特别行政区行政长官董建华在"泛珠三角区域合作与发展论坛"上指出，泛珠三角区域合作将把香港经济腹地放大到占全国三分之一以上面积的泛珠三角地区，大大增加香港的商机和吸引力。[①]《南方都市报》的评论是："大珠三角"的最新发展需要市场，需要整合经济腹地，这个腹地将为"大珠三角"提供市场、资源与能源以及产业转移的空间等等。首届"泛珠三角"论坛在粤港澳三地举办，不仅有利于扩大"泛珠三角"区域合作在国际上的影响，更有利于突出港澳在区域合作中的特殊地位和作用。"泛珠三角"的崛起，为香港提供了最为广阔的服务腹地。香港经济结构是服务型的经济体，这种结构决定了它必须有经济腹地。它与经济腹地的互动，不仅是生产基地的营运指挥，更重要的是要使香港的优势及高增值的产业能随时进入腹地，为腹地提供服务。"泛珠三角"将极大地扩展香港服务业的腹地范围，使香港服务业的发展得到空前的增长空间，并且为其提供持续发展的条件。

---

① 《"催生多赢格局"，泛珠三角构筑中国经济高速增长极》，《南方日报》2004年6月4日。

——澳门特别行政区行政长官何厚铧也表示：泛珠三角区域合作将拓宽澳门的发展腹地，长远而言，必将为澳门带来重大的机遇。澳门在目前的"大珠三角"和"泛珠三角"的崛起中，面临着开埠以来前所未有的历史性机遇。"大珠三角"的下一个增长高潮的聚合地，应该是位于珠江口西岸的地区，而澳门正是置身于这个地区之中。过去"大珠三角"的增长核心是珠三角的东岸地区，经过二十多年的发展，这个地区已经成为了成熟的经济区。其土地与资源利用已经达到了顶点，必须考虑产业与结构的升级换代问题。而西岸地区则是一个正在发育的新兴增长区，土地和资源较为丰富，具有极大的增长空间与潜力。随着港珠澳大桥的贯通，广州—佛山—江门—中山—珠海—澳门一线西岸地区的发展将出现一个超越东岸经济成长速度的黄金成长期。澳门是西岸地区、粤西南与中国大西南地区唯一的国际自由港，也是粤西南地区唯一的具有国际机场的城市。可以预见，澳门将在泛珠三角中作为沟通粤西南、大西南地区与欧盟、葡语国家的中介与经贸服务平台，作为"大珠三角"地区国际性的旅游中心，同时，作为连接大西南与东盟国家的一个经济枢纽，其发展前景是不可低估的。

而积极响应的中西部几个省（区）在"论坛"上的发言，袒露的心境正好是，本地有丰富的资源、市场和劳动力，通过合作希望获得资金和先进的技术与管理水平。

不同主体间的合作是市场竞争的另一种方式。合作的公平性不在于主体之间平分利益，而是"各尽其力，各得其所"。这里的"各得其所"，西部出了资源，就只有资源收益；出了劳动力，就只有工资收益；出了市场，就只有税费收益。所以，"互补互利共赢"是有层次差异的。

强势的东部占主导地位，在"互补"上提供的资本、技术等高附加值的东西，而且这些东西可无限增长，同时在"互利共赢"上占据绝对优势。弱势的中西部处依附地位，在"互补"上主要是提供资源、市场、劳动力等低附加值的东西，而且资源和市场并非无限，将加大资源紧缺和市场竞争酷烈的程度，同时在"互利共赢"上只能分到一杯羹。如同茅于轼先生所言：资本能协助劳动创造价值，但这部分附带的价值却属于资本所有者；资源在开发初期即被低价出售，使得资源优势被剥夺；建设初期资金紧张，往往将土地、矿藏等资源出售或出租。后来资源价格上升之后，追悔莫及，导致代际不公。

西部发展借助外力也是一个两难选择。一方面，西部需要市场，需要资金和先进的技术与管理，如同中国需要加入世贸组织那样；另一方面，东部企业移师西部后，虽然给西部带来了资金、技术、管理，改变了西部的产业结构，刺激了西部企业的奋发图强，同时也带来了原材料（资源）的快速耗噬、环境污染加重等"厨房效应"。因为移师西部的企业，往往是资源消耗大、环境污染重的企业。

"市场一体化"、区域合作是不可抗拒的大潮。发展中地区急于挣脱贫困，要实现跨越式增长，区域合作不乏是一条捷径。正是这种挣脱贫困、实现跨越式增长的需求，迸发出与发达地区合作的强烈冲动。发达地区正是利用了这些冲动，实现着扩张的理想。但如果在"区域合作"、"市场一体化"的背景下，东西部的合作是以西部提供资源、市场和劳动力这样的分工，那么，缩小东西部发展差距就将是渐行渐远的理想。

（三）"溢出效益"没有得到公平补偿

市场竞争，说到底就是成本与收益的竞争。在经济发展领域，一般情况是投资、生产或建设，收益最大的区域在支付成本最大的区域，然后呈辐射状向周边扩散，边际收益渐行渐弱。这是投资与收效成正比增长的常态。综观国际经济现象，为什么"经济全球化"这个皆大欢喜的经济浪潮给发展中国家带来的会是爱恨交织？为什么发展中国家在经济全球化潮流中会常常对发达国家说"不"，要讨价还价，对国内市场、资源利用要有步骤、有条件地开放？就因为不附加其他补偿条件的强弱合作隐含着侵占市场和掠取资源；就因为以出售资源以及初加工产品的落后国家实际上是在透支子孙的生存与发展之资源，牺牲代际公平；就因为从基础资源到终极产品的各个效益链中，即使进入资源紧缺阶段，支付资源成本的欠发达国家总是获得很少的比较收益，占据资金优势、技术优势、人才优势和管理优势的国家获得很多的比较收益。这种被各种力量延伸后的边际收益越来越大。这种"逆向边际收益"的结果，会使世界强弱之间的差距越来越大，在貌似公平的合作中隐含着深刻的不公平。

1. 资源价格的"溢出效益"

"西部地区拥有丰富的自然资源，特别是土地、能源、矿产和生物资源等，西部地区也因此被专家们喻为我国经济发展的资源库。"[①] 所谓"我国经济发展"，主力在东部，故而东部是消耗资源库资源最多的区域。由于多年来对外开放很不平衡、"发展很不平衡"，造成东西部之间经济结构、产业质级和创新实力的巨大差异，东西部之间形成了不同的产业分工。西部地区成为"我国经济发展的资源库"，意味着西部主要是为东部发展提供丰富的自然资源以及初级产品（包括初加工产品），为东部的发展提供源源不断的资源；东部承担起中国经济腾飞的龙头责任，以自己的高速、高水平发展辐射西部，同时，也是在高速地耗噬西部资源。

最重要的是，为了保证发展中的经济继续持续、快速增长，我国许多资源价格由国家控制，比如，煤炭价格到 1993 年才略略放开，这些资源价格低于市场实际水平，从而保证了我国经济平稳、持续发展，保证了城乡居民特别是城市居民生活水平平稳提高。而资源控制价与市场价之间的价差，也可以视为"溢出效益"，纳入东部经济蒸蒸日上的"红利"了。

世界的发展是中国的缩影。考察世界经济的分工情况，可以窥见西部的隐痛。"经济全球化"促进和加快了资源在世界范围内流动。由于历史的积累和现实发展的格局，世界经济的发展是区域分工越来越细，越来越定势化。区域经济之间的合作虽然能够打破这种分工的界线，却使区域分工越来越细，定势化更加明显。而分工必然是以不同的经济收益为前提和结果的，所以，分工的结果必然是加大区域之间发展的差距。发展的差距最终会导致发展的前端也滞缓下来，尽管人们完全能够感知差距加大的后果，但区域分工的定势化致使这一趋势依然惯性发展。半个世纪以来诸如联合国之类的国际组织在消除贫困、扶持贫困地区发展方面做了大量工作，但依然没有解决世界发展差距难题。

---

① 《特色产业破解西部"富饶的贫困"》，《中国产经新闻》2007 年 2 月 27 日。

我们在世界经济交往中身居发展中国家，对这种不公平，有着深切的感受。我们可以理直气壮地指出分工带来的不公平，指出不公平的分工会使一个国家的经济结构发展畸形，而且会导致代际不公，影响可持续发展。而为什么我国会对本国区域经济体之间的非公平分工所带来的发展受益不均会长期熟视无睹呢？按传统说法，中国是一个利益共同体，中国经济发展是一个大局，区域分工正好顺应了这个大局。但市场经济的公平原则是义务、责任与利益对等原则。在"为官一任、造福一方"、以行政区域计算 GDP 和分享社会财富及社会保障这个既定事实的情况下，东部由于经济发展快，人均收入、公共产品供给以及社会保障诸多方面都远远超过经济落后的西部。这就表明：经济发展的大局与分享收益的大局不对等。所谓利益共同体，其实是有差别的。

2. 比较收益"逆向扩大"

西部的一些重大开发项目，收益最大的地方不是项目所在地，比较收益由弱渐强向终段发展，"逆向扩大"。

被列为"西部大开发的标志性工程"的"西气东输工程"的整个投资情况和整体效益，特别能说明"逆向扩大"是怎么回事。"西气东输工程"能够给新疆带来 200 多亿元的气田开发建设投资，增加四分之一的工业增加值，使地方的财政收入能够增加 10% 左右，[①] 这对新疆来说，值得欢天喜地。不过，这仅仅是整个工程的一部分。当我们看它的延伸工程，再称之为西部大开发的标志性工程，就有点名不符实了。首先，这项工程静态投资 1400 多亿元。这项工程包括上游气田开发、输气管道建设和下游天然气利用三个部分，上中下投资比例是 2:4:6。输气管道建设投资 400 多亿元，下游天然气利用投资 600 多亿元。鸟瞰"西气东输"全局，一个西部，获得投资 200 多亿元，一个东部，将获得投资 600 多亿元。还不说其中这 200 多亿元的气田开发建设订单"飞"到哪里？400 多亿元的输气管道建设工程订单，西部能拿到多少？比如钢管是面向国际招标。东部有更强大的实力与西部企业竞标。至于"谁受益最

①　"西气东输工程"给新疆带来的这些工业增加值和地方财政收入，仅仅是理论测算的结论。

多",600 多亿元的天然气利用建设资金全部安排在东部,能够把东部地区的经济结构调整提升到一个新的高度。这还仅仅是显性受益,还有难以用资金来计算的隐性受益。比如,上海每年大概消耗4200 万吨煤,环保部门对上海和华东地区的酸雨发生率统计是,上海在 11% 左右,江苏大概是 12%,杭州地区最高的时候曾经到过 50%。改用天然气后,将在较大程度上改善华东地区的大气环境。所以,从"西气东输"整个工程的成本(主要是资源与资金)、效益上看,与其把它视为"西部大开发"的标志性项目,不如把它看成是国家建设发展项目。在西气东输工程即将全线正式商业运营前夕,新华社报道:"举世瞩目的西气东输工程不仅为中国的经济中心带来了清洁高效的能源,还引导上海对天然气进行重新战略定位,进而成为上海先进制造业加快发展的新契机。""世界上技术要求最高的船舶——液化天然气(LNG)运输船在上海沪东中华造船公司开工建造。由于能生产这类船的国家屈指可数,而液化天然气运输船又被看作是全球造船业最后一块有待开垦的'处女地',因此,上海建造液化天然气运输船被看作是中国进军'造船强国'征途上的一次重大突破。""代表着当今装备制造业最高水平的燃气轮机项目,也正在上海电气集团股份有限公司与德国西门子股份公司合资新成立的企业中悄然孕育。中国东部沿海地区一批由西气东输工程'催生'的天然气发电厂,将有 9 台 35 万千瓦燃气轮机由上海制造。""燃气轮机面对的市场更为诱人。预计到2020 年,中国天然气发电装机将达 6000 万千瓦,总投资高达 270亿美元。这些占全国电力装机总容量 6% 左右的天然气发电厂,绝大多数都为新建项目。""中国工程院院士、国家燃气轮机电站建设与技术引进项目招标团联合办公室顾问蒋洪德解释说,燃气轮机就是将天上的航空发动机移植为地面发电站,属于高温、高速、精密的重大装备和尖端技术,对新材料、信息控制等行业的辐射力和带动性很强,环保效益明显,是上海发展先进制造业具有里程碑意义的一件大事。""为加快西气使用、净化城市空气,上海最近还成立了一家专业生产天然气加气站设备的中英合资企业,计划到2010 年上海世界博览会举办时,让越来越多的天然气汽车更为方便地补充能源。而早在西气东输工程建设之时,宝钢就成功跻身

X70 高等级管线钢管的招投标市场，并因此提升了自身生产高附加值钢材的技术水平。"[1] 因为固然西部受益，而东部受益更大，大到超过西部人的想象力。这样的视角，能够更清楚地看到这个"西部大开发"的标志性工程如何由西部承担资源资本所带来的"逆向边际收益"[2]。那么，油气产地新疆究竟在多大程度上改变了长期落后的局面呢？国家发改委《2006 年中国居民收入分配年度报告》在"各地区城镇居民收入位次及其变化"一节里写道："需要特别指出的是，近两年，新疆位次持续大幅下降，由 2003 年的第 17 位下降到 2004 年的第 24 位，2005 年降到最后一位。"另据国家统计局发布的《2007 中国统计摘要》，2006 年新疆地区生产总值同比增长 11%，位居西部 12 个省区市最后一名。可见，尽管这项静态投资 1400 多亿元的西部大开发的标志性工程，并没有使新疆经济和城镇居民收入带来根本性的变化，并没有使"这些地区的资源优势向经济优势转变"[3]，却给上海等地的发展带来重大变化，带来了新一轮的产业结构调整和升级。这类比较收益"逆向扩大"现象，也是一种特殊的"溢出效益"。

3. 局部承担成本与全局受益

受自然地理因素影响，西部在国家可持续发展和环保建设上占有举足轻重的地位。可以说，绝大多数涉及国家可持续发展和环保事业大局的事，往往需要西部作出奉献或牺牲。西部的奉献或牺牲，会使国家整体受益，特别是东部受益。这一点，我们已经在如"西气东输"、"三峡工程"、"天保工程"等一系列国家级重大建设项目的整体效益中清楚地看到。

比如"三峡工程"建成后，就可以减轻下游洪水造成的巨大损失，使能够抗拒 50 年一遇洪水的抗洪工程提升到 60—80 年。同时，也加大了上游发生特大洪灾的几率，使原来可以抗拒 50 年一遇的抗

---

① 《西气东输 12 月 30 日全线运营》、《助推上海制造升级》，《每日经济新闻》2004 年 12 月 28 日。

② 《对"西气东输工程"的评述》，参见陈伯君《解开西部发展的死结》，《改革内参》2004 年第 31 期。

③ "扶持中西部地区优势产业项目，加快这些地区的资源优势向经济优势转变"，见《中共中央关于构建社会主义和谐社会若干重大问题的决定》。

洪工程下降为 40—30 年。

比如上游治理污染，任务特别艰巨。不仅资金安排上捉襟见肘，而且加大了发展与治理的矛盾。毫无疑问，如果上游也如下游那样走先发展后治理之路，对下游的影响可能是灾难性的，已成事实的有"淮河污染"。为此，上游西部地区不仅要肩负起超负荷的、兼顾下游的环保重担，同时还会使正处在工业经济积累阶段的地方工业更加举步维艰。表面上看来，西部山青了，水绿了，西部人直接受益。从全局看，受益的就不仅是西部了，还包括东部。东部不仅可以减轻诸如洪灾等直接经济损失，还包括间接受益如健康、生活、生产等。

比如"天保工程"，受损的是西部，而全国受益。东部沿海一带充分利用丰富海岸资源优势，大修港口、仓储，发展外向型经济，挖出了第一桶金，为经济起步奠定了经济基础和物质基础，如此"靠水吃水"。西部有深山、丘陵，"靠山吃山"。那些工业、商业以及交通都不发达的地区，自然赋予了西部有森林资源，砍伐森林成为当地百姓收入和当地政府财政收入的重要来源。森林是大地的肺，是水土的保护神。这些年国家经济的持续高速增长，木材的消耗量大大超出森林自身的再生长速度。而西部是黄河、长江的发源地，森林生态系统打乱后，水土流失严重，不仅影响西部自身的发展，而且影响下游地区的发展。由此，国家实施"天保工程"，退耕还林，对当地农民给予粮食补贴。这项工程虽然控制了森林的砍伐速度，维系了西部脆弱的生态环境，但当地农民和政府的收入受到损失。东部沿海可以充分享受大自然的赐予，"靠水吃水"；西部却难以"靠山吃山"。从长远计，无论以什么方式，什么途径，"天保工程"是一定要坚持的，但西部牺牲"靠山吃山"的大自然赐予，甚至当地政府也予以财经支撑，创造的"溢出效益"却未得到公平的补偿。

经济增长讲究成本与收益结算。无论是奉献还是牺牲，都是支付成本；无论是避免损失还是减少其他开支，都是获取收益。当支付成本与获取收益不在同一方，获取收益方就享用了成本支付方的"溢出效益"。遵循公平原则，享用"溢出效益"方就应该回报以相应的补偿。如果这类"溢出效益"是在国家干预下为了服从大局需要才出现的，那么，国家也就有责任促使补偿得以实现。无论是资源价格的溢出效益，还是资源开发利用的边际收益，都存在溢出效益的补偿问题。

由此我们看到，在没有保护性措施或补偿性措施的情况下，东西部市场竞争实力和条件是不对等的；在地方政府搭桥的东西部联动、优势互补并没有体现公平意义上的互利和当年邓小平提出的"帮助"；在西部创造的一系列"溢出效益"里，并没有得到合理的补偿，这些非公平因素加重了"发展很不平衡"的程度。

三　推动区域经济的公平增长

中国在经济起飞阶段，由于百废待兴，力量有限，只能集中力量先发展最能见到效益的地方，政策和措施取向只能是"效率优先，兼顾公平"，选择"非均衡发展"路径。所以，区域经济的非均衡发展、"非公平经济增长"是服从改革发展的第一个大局需要而形成的历史必然，因而制度创新资源配置不均、重大经济政策损益不均，以及市场竞争条件不同、"溢出效益"没有得到公平的补偿，等等，都是可以理解和接受的，西部必须顾全这个大局。

现在的问题是，我们是否继续沿用"非均衡发展"的方式推进中国经济增长？[①]

如果我们在配置国有资源时继续将"公平"放在次要的位置上，或者发挥市场对资源配置的主导作用，那么，无疑，中国经济将会继续保持高速增长，但同时，区域经济发展方面的差距必定继续拉大。所谓改革发展面临关键时刻，其中就体现在，我们是选择又快又好的发展方式，还是选择又好又快的发展方式？换句话说，是选择"快"字当头，还是选择"好"字当头？"鱼与熊掌不可兼得"。

选择"快"字当头的，大有人在。2003 年 3 月 24 日，中国发展高层论坛主会场上，财政部某官员发表了《中央—地方财政关系与地区协调发展》讲演，说："资源、环境、人力、资本、技术和制度等生产要素的有效组合的实际不平衡，决定了区域经济增长及地区发

---

① 我们关于均衡与非均衡的认识是：非均衡发展是永远存在的客观事实，即使在强调均衡发展的计划经济时期，也不可能有绝对均衡，所以，均衡是一个相对概念。当非均衡是一种不可改变的客观情况时，是加重非均衡还是缩小非均衡，才是真问题。如果是缩小非均衡，即向均衡发展倾斜，我们称之为均衡发展。这种均衡发展，仍然存在非均衡的前提，均衡仅仅是方向。

展的不均衡是难以避免的……中央政府不应该、也不可能长期通过财政赤字的方式对欠发达地区增加投资，以保持经济的增长，否则，将影响财政的可持续性，结果呢，只能增加税收，或扩大政府的债务规模，进而就可能使民间的资金减少，或者使利率提高；反回来，财政的不可持续性，又会影响经济增长的可持续性……不断向欠发达的地区投资，人为完成经济布局是否可行还值得探讨。"① 显然，就连这些能够影响国家财政支持取向的领导看来，西部发展的落后是没有必要着力解决的。首先，从投资效益上看，把国家大量的资金投向发达地区，产生的经济效益会远远超过欠发达地区。这样，中国经济将保持快速增长。

但是，国家的基本职能是维护公平。国家把资金投入到最能产生效益的地方，为先发地区锦上添花，只能是特殊情况下的选择。著名经济学家樊纲认为："政府资金的目的，并不在于追求最大程度的回报，更重要的是提供公共物品，创造社会平等。政府在西部投资基础设施，一方面可以改善当地投资环境，让市场多一些选择；另一方面，这也是政府的责任所在，使中国公民都能享有一定的公共设施。即使政府投资以后吸引不到外来投资，政府也必须进行这样的投入。"②

中央提出"又好又快"，显然是"好"字当头。把"好"放在首位，就是转变发展观，就是要树立和落实科学发展观，促使区域经济协调发展，公平增长；就是解决日益加重的"发展很不平衡"，促使区域经济相对均衡发展；就是坚持邓小平"两个大局"的战略安排，促使中国区域经济发展完全进入"第二个大局"。

中国西部集中了全国90%左右的少数民族，有西藏、新疆这样的战略要地，有绵延1万多公里的陆上边境线，有复杂的周边环境，推动西部跨越发展，具有民族大团结和边疆稳定的意义。同时，就中国经济增长的可持续性而言，促使西部跨越发展，增加西部人的收入，也具有全局意义。

① 楼继伟：《中国财政到底能干什么?》，《中国经济时报》2003年3月26日。

② 樊纲：《中国经济为什么没有"崩溃"》，本力主编：《崛起?! 中国未来10年经济发展的两种可能》，社会科学文献出版社2007年版。

经济增长需要消费来支撑，而消费与收入成正比。由于"发展很不平衡"，我国地区之间的收入差距逐年增大，导致我国消费很不饱和且消费结构畸形。而消费很不饱和、消费结构畸形必然导致市场需求结构畸形，是"产能过剩"提前到来的原因之一。"产能过剩"将降低企业利润，使我国的就业形势更加严峻。①

从国家发改委发布的《2005 年中国居民收入分配年度报告》公布的数据可以看到：2005 年，全国城镇居民人均可支配收入首次超万元，达到 10493 元，但东西部地区之间城镇居民的收入差距还在拉大。东部与西部地区城镇居民人均可支配收入分别为 13375 元、8783 元，东部是西部的 1.52 倍。收入高省份集中在东部地区，收入低省份集中在西部地区。城镇居民人均可支配收入超过万元的 9 个省份有 8 个集中在东部地区。城镇居民人均可支配收入位于后四位的省份均为西部地区。2005 年，西部地区贫困人口占全国的比重增加，西部地区农村绝对贫困人口占全国农村绝对贫困人口的比重为 50.8%，比上年增加 0.8 个百分点；西部地区农村低收入人口占全国农村低收入人口的比重为 52.1%，比上年增加 4 个百分点。东部地区与西部地区农村居民收入的差距由 2004 年的 1.91∶1，提高到 2005 年的 1.92∶1。2005 年底，我国居民金融资产总量为 206564 亿元。但不同地区居民金融资产分布极不均衡。截至 2005 年底，储蓄存款最多的 5 个省份，分别是广东、江苏、山东、浙江和北京，占全国储蓄存款的 40%，主要在东部，其中广东占全国储蓄的 14.2%；储蓄存款最少的 5 个省份，分别是西藏、青海、宁夏、海南和贵州，主要在西部，占全国储蓄的 2%。收入差距扩大加速居民金融资产聚集在少数人手中，加大了地区间居民金融资产的差距。

---

① 长年研究中国经济的日本瑞穗综合研究所铃木贵元研究员在《中国经济的四大障碍》一文里指出：中国民间消费对 GDP 的比例 2005 年也仅仅达到 38.7%，根本没有挽回 2000 年开始就一直持续的低迷状况。民间消费对 GDP 比例较低的原因有二：一是富裕阶层消费的不振；二是中低收入阶层对增加收入信心不足。在中国的收入再分配政策中，财政的"增收部分"只是被分配到农业、就业和低收入地区。但并没有触及目前的不均衡现状。这对拉动消费来说，显得心有余而力不足。参见铃木贵元《中国经济的四大障碍》，[日本]《东洋经济周刊》2007 年 2 月 3 日，转引自《日本学者说中国经济须克服四大障碍以维持高速增长》，新华社新闻信息中心《高管信息》2007 年第 8 期。

比较 2006 年各地国民经济和社会发展统计《公报》公布的数据，还可以看出：都是中央直辖市，东部的上海市与西部的重庆市城市居民人均可支配收入分别是 20668 元、11570 元，收入相差 9098元，收入之比为 1.8∶1；农村居民可支配收入分别是 9213 元、2874元，收入相差 6339 元，收入之比为 3.2∶1；固定资产投资总额分别是 3925.09 亿元、2451.84 亿元，相差 1473.25 亿元，投资总额之比为 1.7∶1；社会消费品零售总额分别是 3360.41 亿元、1403.58 亿元，相差 1956.83 亿元，零售总额之比为 2.4∶1；进出口贸易分别是 2274.89亿美元、54.7 亿美元，相差 2220.19 亿美元，上海是重庆的 42 倍。都是人口大省，东部的广东省与西部的四川省城市居民人均可支配收入分别是 16015.58 元、9550.1 元，相差 6465.48 元，收入之比为1.7∶1；农村居民人均可支配收入为 5079.8 元、3013 元，相差2056.8 元，收入之比为 1.6∶1；固定资产投资总额分别是 8116.89 亿元、4524.5 亿元，相差 3582.39 亿元，投资总额之比是 1.8∶1；社会消费品零售总额分别是 9118.08 亿元、3421.6 亿元，相差 5696.48 亿元，零售总额之比为 2.7∶1；进出口贸易分别是 5272.24 亿美元、110.2 亿美元，相差 4962.04 亿美元，广东是四川的 48 倍。这些比较表明，由于发展很不平衡，带来地方城市居民、农村居民收入差距较大，同时也带来地方财政收入和地方企业利润的差距以及产业结构不同，使地方的固定资产投资总额、社会消费品零售总额及进出口贸易差距很大。

多年困扰中国经济改革发展的突出问题就是"发展很不平衡"问题。贫富差距、城乡差距、东西部差距，不是随着中国经济的增长而缩小，而是随着中国经济的增长在加大，症结就是我们在追求经济高速增长的时候往往对公平兼而不顾。三大差距日益扩大使中国经济在"地震多发地带"驰行，速度越快，风险越大。2003 年 9 月世界银行发表的研究报告主题是《中国：推动公平的经济增长》，指出中国经济改革发展面临日益严重的受益差距扩大的挑战，由于非公平使得经济增长对减少贫困的作用在弱化，因而就中国经济改革发展的现状而言，政策措施上注重公平尤其重要，并且明确指出应把"改善欠发达地区经济增长的条件"作为中国改革政策措施应该注意的三大方面之一。

（一）区域经济公平增长的原则

受"极差乘数效应"的影响，区域经济非均衡发展必然加大强弱之间的差距，加重非公平分量，加深强弱之间的矛盾，最后也会因弱者过弱阻止消费需求而导致整个中国经济出现滞涨。解决强弱差距、消除贫困、破解经济滞涨难题，几乎是 20 世纪下半叶的世界性话题。由此，我们看到了一个个扶持发展中国家挣脱贫困的国际组织，甚至看到了富人俱乐部成员国也基本上达成共识——"把牛养大了再挤奶"，对特别落后的国家减免债务、增加低息或无息贷款以及提供一些必要的公共物品援助等。

中国是社会主义国家，改革初期国际社会对中国的评价是"极为平等的社会"（当然，这是低水平的平等），世界银行曾经预测中国经济改革发展会自动消除发展过程中出现的差距，因为社会主义制度与资本主义制度的根本区别就是有社会制度来保证公平，能够抑制经济非公平增长，换个角度讲，就是在促进经济增长的同时，有制度的力量来补充和提高经济增长缓慢一方的增长实力。所以，他们认为：随着中国经济的发展和现代化程度的提高，发展过程中的贫富差距、地区差距趋势会自动或自然而然地缩小。显然，他们忽视了转型期中国的经济体制缺陷、经济政策缺陷和增长潜力。在实际存在体制缺陷和政策缺陷的情况下，在"市场一体化"的强势冲击下，在事实上国家既重视"西部大开发"同时更重视中国经济龙头东部发展的牵引作用、辐射作用的情况下，西部人顽强拼搏、开拓进取，虽然实现了"旧貌换新颜"，实现了长足发展，但与东部更快速度发展相比，不过是"风筝飘带"。

进入新阶段后，落实邓小平"第二个大局"的发展战略构想，推动区域经济的公平增长，历史地成为这个时代最突出的主题之一。基于中国的国情，基于中国仍处在重大发展机遇期，发展仍是"第一要务"，区域经济的公平增长需要遵循三大基本原则：

一是确立国家是西部大开发的主体的原则。谁是西部大开发的主体？是一个根本性问题，重大原则问题。长期以来，人们在思想上有一个误区，认为西部大开发主要是西部自己的事务。从我们检索的文献看，绝大多数研究主体的文章，要么认为西部企业是主体，要么认为是以西部政府、企业为主的双重或多重主体，要么认为是以西部政府、企业、投资者为主体。我们认为，西部大开发的主体是国家，西部仅仅是践行者。实施第一个大局，选择非均衡发展，是国家整体发展战略的阶段性安排；而进入第二个大局，选择区域经济协调发展，也是国家整体发展战略的阶段性安排。国务院成立西部地区发展领导小组办公室，发布《西部大开发"十一五"规划》，就是国家作为西部大开发的主体的体现。

推动经济的公平增长，要实现西部大开发的目标，实现改革发展的总体目标，需要国家在改革发展的大政方针上从过去的"非均衡发展"、"非公平经济增长"向"均衡发展"、"公平经济增长"转变，需要国家在发展市场经济过程中如何通过国家宏观调控的力量协调东西部的关系和促进西部发展。第一个阶段留下的问题：制度创新资源配置不均，重大经济政策损益不均，条件不对等的市场竞争，以及"溢出效益"没有得到合理补偿，是缩住西部发展的四个死结。这四个死结，非西部的努力所能化解，只有国家才有能力解开。

二是不影响东部"三大经济增长极"[①]继续发挥龙头作用的原则。按照当年邓小平"两个大局"的构想，在东部沿海地区"发展到一定的时候，又要求沿海拿出更多力量来帮助内地发展，这也是个大局。那时沿海也要服从这个大局"[②]，这样做，势必削弱东部沿海发达地区的龙头作用，势必削弱东部日益提高的国际竞争力。何况，在市场经济条件下，这样做也难有操作性。

三是有条件地借助中央资金支持的原则。综观世界发达国家或发

---

① "三大经济增长极"即珠江三角洲经济区、长江三角洲经济区和京津冀经济区。珠江三角洲经济区，指广东省珠江流域的14个市、县、区组成的区域，包括广州、深圳、珠海、佛山、江门、东莞、中山等7市，以及惠州市区和惠阳、惠东、博罗3县，肇庆市区和高要、四会两市。长江三角洲经济区，由16个城市组成，以上海为中心，包括了15个地级以上城市，即苏州、无锡、常州、扬州、南京、镇江、南通、杭州、嘉兴、湖州、绍兴、宁波、舟山、温州、台州。京津冀经济区，包括北京市、天津市和河北省。这三个经济区土地面积合计为37.17万平方公里，占国土面积的4.1%，2004年创造的GDP共为59043亿元，占全国GDP总量的41.56%。本数据根据《中国统计年鉴（2005）》资料和相关地方统计资料整理。

② 《邓小平文选》（第3卷），人民出版社1993年版，第278页。

展中国家，对落后地区的开发，都离不开国家的重金投入。如美国落后的西部和南部地区之所以能在近几十年中迅速崛起，缩小与发达的东北部和中北部地区的经济差距，除了得益于美国政府60年代初制定各种法案，以法律形式确保促进后进地区的经济开发外，联邦政府财政的转移支付也功不可没。仅1975年就有308.49亿美元从东北部和中北部流入西南部。到1984年，在联邦政府财政支出中，各地区所占比重分别为西部占22.6%，南部占34.5%，东北部占21.6%，中北部占21.3%。通过财政资金大量向西部和南部地区倾斜，使区域经济得以均衡发展，避免长期存在"极差乘数效应"。

西部的落后，主要是基础设施落后、重大项目少。中央加大对西部的财政支持，主要是在重大基础设施建设和有利于全国发展的重大项目上。有专家统计，启动西部大开发后的前三年间，中央共投入国债资金1600亿元，加上其他资金，总投资达到6000多亿元。"这些资金约有40%左右用于采购设备和材料，而且主要是在东部和中部实现的。说明西部大开发对实现全国扩大内需的方针、带动全国经济的发展已经起了并在起着重要作用。"[①] 可见，加大中央财经对西部的支持力度，有利于扩大内需，有利于减轻对进出口的过分依赖，有利于促进经济增长方式的转变。

（二）解开西部发展的死结

东西部地区抽样调查结果，居民收入基尼系数从改革开放初期的0.2发展到今天扩大为0.42，[②] 是长期非均衡发展的结果，也是"极差乘数效应"曲线图的必然反应。总结东部腾飞的经验，审视转型期的中国，以及改革发展指导思想向科学发展、协调发展、"第二个大局"转变，提高西部发展的内趋力，存在很大的空间。

制度创新资源配置不均、重大经济政策损益不均、条件不对等的市场竞争、"溢出效益"没有得到合理补偿，是缩住西部发展的四大死结。提高西部发展的内趋力，重点在于解开缩住西部发展的四大

---

① 林凌、刘世庆：《审视西部大开发》，学说连线 http：//www.xslx.com/htm/jjlc/hgjj/2003－12－11－15654.htm。

② 见第二章"从经济增长因素分析东西部差距基尼系数走势"。

死结。

1. 在新一轮改革发展进程中，重点考虑西部的制度创新

制度创新对经济发展具有决定性作用。第一轮制度创新改革，具体表现在设置经济特区方面。新一轮制度创新改革，具体表现在设置国家级体制综合改革试验区方面。如上海浦东被设定为国家级综合体制改革试验区，旨在增强第二个经济增长极，天津海滨新区被设定为第二个国家级综合体制改革试验区，旨在培育第三个经济增长极。这样，在我国东部，上、中、下都有经济增长极。在新一轮制度创新热潮中，西部应受到高度重视。

西部制度创新的热望很高。继广西提出建立国家级"泛北部湾区域经济合作区"① 之后，重庆、成都提出建立"城乡统筹综合改革发展试验区"②，努力打造第四个经济增长极——成渝经济带。这些提议都具有地缘优势和实践优势，理应得到国家的支持。

能不能授予西部制度创新的试点权，是西部经济发展突破制度瓶颈的关键。既然西部不可能也不应该把自己的发展建立在东部发达地区"手拉手式帮助"的基础上，那么，西部发展要实现重大突破，必须走制度创新之路。

当然，这里的"走制度创新之路"，绝不是以往由于改革相对滞

① 所谓"泛北部湾经济合作区"，指的是广西的北部湾沿海地区，地处华南经济圈、西南经济圈和东盟经济圈的结合部，是中国大西南最便捷的出海大通道，是中国与东盟开展海上合作的前沿和纽带，面临着多区域合作的新兴机遇，发展潜力巨大，合作前景广阔。加快北部湾（广西）经济区的开放开发以及推进泛北部湾区域经济合作，对广西乃至整个大西南，对国家实施西部大开发战略，形成中国沿海新增长极以及中国—东盟经贸合作的新增长极，具有极为重要的意义。与大湄公河陆路区域经济合作相呼应的是中国—东盟围绕北部湾及南中国海进行的海上区域经济合作，而"一轴两翼"新格局是指在以上述两大陆路和海路合作为"两翼"，以南宁至新加坡经济走廊为"一轴"组成的中国—东盟一个新的次区域经济合作板块。对此，自治区党委书记刘奇葆提出，广西要主动融入和推动泛北部湾经济合作，加快北部湾（广西）经济区开放开发，努力把广西沿海发展成为中国经济发展新的一极，把广西打造成为中国与东盟的区域性物流基地、商贸基地、加工制造基地和信息交流中心。见《广西日报》南宁讯（记者赵歧阳　实习生刘婷婷）2006 年 11 月 30 日和新华网南宁 11 月 8 日电（记者刘伟　梁思奇）。

② 成都从 2003 年起实施"城乡一体化"的综合改革，4 年来，成就斐然，在国内外引起广泛关注。2007 年 3 月"两会"期间，重庆市代表团向"两会"提交了《关于批准在重庆设立国家级统筹城乡发展综合改革试验区的建议》。重庆希望在试验区内获得中央在行政、土地、财政、金融等领域的制度创新的支持或放权。

后把东部创新的制度移植过来的路径依赖式创新，而是根据西部的区域优势和经济特点，敢为天下之先，"闯出一条血路"。制度创新要承担政治风险。曾经，中央把制度创新的试点布置在东部时，"胆子再大一点"，改革就是"试错"，允许"试错"，"错了纠正"即可，这些都是我们耳熟能详、当年邓小平对东部改革的寄语和厚望。没有这些由中央分担政治风险的背景，"经济特区"制度改革、产权交易等曾经被视为"洪水猛兽"、带有重大制度变迁、事实上极大地促进了地方经济发展的尝试恐怕早就半途而废。如今，东部制度建设已经相对成熟、经济社会发展的态势已经基本稳定，继续推进改革开放，中央应该把制度创新的试点转移到西部，像当年支持东部一样支持西部改革创新。没有这个转移，西部注定落后东部。

西部人是高度顾全中央改革发展这个大局的。正因为西部人顾全这个大局，所以只有中央授予西部制度创新试点权，分解制度创新的政治风险，西部人才可能充分施展自己的聪明才智，闯出一条敢为天下先的发展新路。

2. 国家宏观经济政策要适度向西部倾斜，体现损益均等

既然中国改革发展进入"科学发展"、"公平发展"、"统筹发展"新阶段，那么，国家新出台的重大宏观经济政策应有利于区域经济的公平发展。一方面，过去主要体现服从"第一个大局"需要的政策（如"对外开放"只能先在沿海开放城市进行的政策）应当终止；另一方面，对地区发展具有重大促进作用的特殊行业、特殊部门，布点时要充分考虑西部。如过去国家级的证券交易中心均布点在东部的上海、深圳。其实，20世纪90年代就被国务院确立为西南地区"三中心、两枢纽"的成都就很有基础。比如，成都曾经是新中国成立以来的民间证券交易的发源地，成都的资本交易一度成为中国的热点。成都金融业一直稳居西南地区首位。外资金融机构发达，继2006年11月23日，荷兰银行成都分行正式开业之后，12月1日，新加坡大华银行成都分行开业。此前，新加坡华侨银行、东亚银行、香港汇丰银行、英国渣打银行、美国花旗银行先后在成都设立分行。德国银行参股南充商业银行，法国巴黎银行和三菱东京日联银行在成都设立代表处。2006年11月30日，欧洲保险巨头安联入川，中德安联四川分公司开业。至此，四川外资保险公司继海尔纽约、中宏人

寿、中英人寿、安盟保险后一举增至 5 家，高居西部第一。四川保险公司突破 30 家，达到 31 家。① 成都证券市场稳步发展。2006 年末有证券营业部 82 个，证券从业人员达 1807 人。证券投资者 216 万人，比上年增加了 39 万人；全年证券交易额达 3654.4 亿元，增长了 87.2%。② 成都在 90 年代就提出建立柜台交易资本市场。当时条件不成熟，如今《关于完善社会主义市场经济体制若干问题的决定》明确提出了建立多层次资本市场，多层次资本市场离不开地方的柜台交易（场外交易）市场，国家可考虑在西部成都试点。

　　未来的世界将是淡水资源极度匮乏的世界。不仅中国的两大母亲河——长江、黄河都发源于西部，而且由于中国的大小河流普遍是由西向东，所以，建设生态西部，涵养水源，具有全局意义。在这个大框架下，未来支撑西部发展的重大项目应着重于生态产业和新型工业及第三产业领域。发展生态产业，西部既有基础又有前景。西部的地势、气候的多样性决定了西部的生物的多样性。西部有 127 个国家级自然保护区、11 处世界文化自然遗产、65 个国家重点风景区、223 个国家森林公园、52 个国家地质公园。③ 这是建设生态西部的基础。而生物产业正朝着引发世界新一轮产业革命的方向发展。据有关统计表明，全球生物产业的销售额约 5 年翻一番，增长率高达 25%—30%，在西方发达国家生物技术相关产业一般占 GDP 的 20%—30%，其投资利润高达 17% 以上，是信息产业（8.1%）的两倍。美国只有一个硅谷，却有 5 个"生物谷"。美国兰德咨询公司为美国政府提交的生物技术专题报告称：未来生物技术仅在医学领域增加的财富，给美国大概有 57 亿美元，是美国 20 世纪 80—90 年代 GDP 的 6 倍。美国《时代周刊》预言：2020 年世界将进入生物经济时代。④ 2005 年 3 月，《中国生物产业发展战略研究》报告发布，同年 10 月，国家发

① 《外资金融机构在成都：短兵相接"冲关"倒计时》，四川省人民政府门户网站 www.sc.gov.cn，2007 年 1 月 15 日。
② 《成都市 2006 年国民经济和社会发展统计公报》，《成都日报》2007 年 3 月 19 日。
③ 以上数据来自《西部大开发"十一五"规划》。
④ 参见张其佐《关于把生物技术作为抢占新产业革命和我国跨越式发展"突破口"的建议》，四川省社会科学界联合会编：《四川省哲学社会科学重要成果专报文集》（2006 年）。

改委正式认定石家庄、深圳和长春三个城市为首批国家生物产业基地城市。专家们建议尽快建立国家级生物高技术产业开发区，按照世界产业集聚以开发区发展模式的作法，构建我国现代生物技术产业化平台。《西部大开发"十一五"规划》确立了退耕还林还草、退牧还草、天然林保护、京津风沙源治理、防护林体系、湿地保护与恢复、青海三江源自然保护区生态保护和建设、青海湖周边生态治理、水土保持、野生动植物保护及自然保护区建设和石漠化地区综合治理等11项生态保护重点工程。为此，国家应首先考虑在西部有条件的特大中心城市设置生物高技术产业开发区，给予充分的政策支持。把生物产业的发展重点安排在西部，有利于西部的生态建设和经济增长，有利于涵养淡水资源，有利于中国的可持续发展。

投融资难，是制约西部发展的一大瓶颈。为鼓励外商、国内企业和私人资本到西部欠发达地区投资设厂，参与基础设施建设，有必要借鉴一些市场经济发达国家的经验，借助集财政性与金融性于一身的政策性投融资，刺激落后区域经济起飞。如日本经济进入高速增长后，为振兴边远落后地区的发展，先后于1956年和1972年建立了北海道东北开发金融公库和冲绳振兴开发金融公库；美国联邦政府为支持落后地区的经济发展，对在经济开发区投资且符合条件的项目提供大约三分之一的投资补助；荷兰政府为鼓励工商业扩散到兰斯塔德大城市区以外的地区，对在北部和南部地区扩建的企业提供10%—30%的奖励金，而对新建企业提供15%—35%的奖励金；英国政府则对落后地区实行多种形式的资本补贴。① 综观市场经济发达国家从非均衡发展到均衡发展转变的历史，实现这个转变，无一例外不配之以对落后地区的政策性投融资倾斜政策。

3. 将区域间经济公平竞争纳入完善社会主义市场经济体制的重要内容

即使西部综合竞争力远不及东部，我们也不认同如国际间那样搞地方保护的行为。我们深知自由竞争这只"看不见的手"对发展市场经济的极端重要性。建成更加开放的市场经济体系，是推进市场经

---

① 以上各国情况参见詹正华《促进西部开发的财税政策研究》，《江西财经大学学报》2000年第4期。

济发展、深化市场经济体制改革的题中之义。《西部大开发"十一五"规划》再次强调促进东中西区域协调互动，提出："以市场为导向，打破行政区划的局限和市场分割，引导和支持东中部地区各类生产要素向西部地区跨地区、跨行业、跨所有制流动。鼓励东中部地区设立各类区域合作专项资金，建立和完善各类跨行政区的区域经济协作组织和行业性组织，引导东中部地区企业向西部地区实行产业转移，积极参与西部地区国有企业改组改造、优势产业发展和特色资源加工基地建设。"

市场经济天然地需要不断拓展市场，天然的优胜劣汰，市场竞争"不相信眼泪"，其惨烈度不言而喻。这是一只"看不见的手"。市场是由一个个具体的市场主体组成的。在市场竞争这条既宽广又狭窄的路上，实力又强又走在前面的肯定比实力较弱走在后面的更占据竞争优势。东部是前者，西部是后者。彼此间的区位优势和竞争实力完全不对等，任何"公平"竞争都掩饰不了"狐狸和白鹤喝水"所告知的非公平竞争的实质。如保建云所论述的那样："中央政府、地方政府和企业的讨价还价能力和方式存在着较大差异，企业之间的市场交易规则与制度安排也存在着较大差异。"[①] 这些差异的客观存在，特别是企业讨价还价能力和方式存在着较大差异，印证了这样的自由竞争隐含了非公平性。

西部要发展，也需要市场、需要区域协作。但大势已定，即东部的产品，不仅占据了东部市场，还在继续向西部扩展；而西部的产品，不仅没有打进东部市场，而且西部自己的市场份额还在缩小。所以，"打破行政区划的局限和市场分割，引导和支持东中部地区各类生产要素向西部地区跨地区、跨行业、跨所有制流动"，同时维护公平，是个两难选择。破解这个两难选择的难题，我们寄希望于进一步完善社会主义市场经济体制。

发展市场经济，建成更加开放的市场经济体系，保障自由竞争固然重要，而完善社会主义市场经济体制，通过市场经济体制"看得见的手"，矫正非公平结果的缺陷，同样重要。十六大报告指出：在

---

① 保建云：《转型经济中区域市场治理机制形成与演进分析》，《东部经济评论》2004 年第 1 期。

社会主义条件下发展市场经济，是前无古人的伟大创举。这就是说，中国的市场经济，是社会主义市场经济，不能完全照搬西方模式，更不能完全以西方市场经济理论作为制定重大经济政策的理论支点。目前，市场经济理论的盲点是：过分强调市场经济这只"看不见的手"，强调竞争和市场开放；忽视市场经济体制这只"看得见的手"。事实上，西方的市场经济体制已经由单纯强调竞争向既强调竞争同时也重视公平方面发展了。比如，自由竞争，优胜劣汰，必然形成强势集团。"反垄断"，就内在价值而言，就是分化强势集团的能量，对弱势行业、弱势地区给予适当的关照和保护，尽量缩小地区之间、行业之间、市场主体之间竞争实力的差距。这些，在市场经济体制完善的国家，已成为制度性安排。即使是倡导充分竞争的新自由主义也同时强调制度性安排的优先原则。所谓优先原则，就是：在社会上客观存在不平等的情况下，平等自由原则优先于机会平等原则，在承认差异仍然鼓励自由发展的同时，政府优先考虑弱势群体如何实现机会平等。所以，市场经济体制，这只"看得见的手"，包括了制度性安排对不对等竞争等非公平现象的矫正。

我们深知市场开放和自由竞争的必要性。但我们无法忽视由于东西部发展很不平衡、强弱对比差距大这一客观事实，在对弱势的西部产业没有适当的扶持和采取保护性措施的情况下，简单地强调市场一体化，西部只有屡战屡败的悲壮。那么，既要开放市场、充分竞争，又要减轻西部发展不对等竞争造成的伤害，怎么办？只有完善社会主义市场经济体制，用制度的力量维护公平。在社会主义条件下发展市场经济，特别是在"公平"成为时代主题的新阶段，需要国家高度重视西部遭遇的非公平市场竞争问题，将如何保障公平竞争、实现区域经济统筹发展作为完善社会主义市场经济体制的重要内容来考虑。

比如，在国家统一税率的情况下，建立对西部企业给予适度的税率返还或补偿机制。实行差异性税率，扶持特定行业或企业，这在改革开放以来就一直存在。在国家实施企业所得税法统一税率为25%之前，外资企业、港澳台企业税率一直是15%。东部外企、港澳台企业数量、规模都比西部大，显然，这项优惠政策东部受益最大。即使将来实行统一的企业所得税法，国内所有的企业都是25%的税率，国家仍考虑了对外资企业、港澳台企业优惠政策的过渡性。财政部部长金人庆解释说：我们同时仍保留了对一些产业的优惠税率，比如说高科技企业继续实行 15% 的税率，所以港澳台高科技企业同样可以享受这个优惠税率。另外，我们照顾到港澳台企业很多是小企业，大概 60% 都是小企业的情况，我们专门设置了一个小型微利企业 20% 的税率。这类企业实际上占大多数，它们真正的税率就提高了 5 个百分点。把这两类企业去掉以后，真正从 15% 提高到 25% 税率的企业是很有限的。并且我们还设计了一个很优惠的过渡期，比如说小企业从 15% 的税率增加到 20% 的税率，可以通过 5 年时间来逐步达到，每年就增加 1 个百分点。从 15% 的税率增加到 25%，也就是 10 个百分点，分 5 年时间，1 年也就增加 2 个百分点。包括原来承诺的"两免三减半"的没有享受完的企业，还可以继续享受完这些优惠政策。初步测算后，外资企业从 15% 增加到 25%，增加的税收负担总量一年就是 430 亿元。所以，分 5 年过渡时期，每年仅仅增加 80 亿元。至第五年以后，才能达到 430 亿元这样一个税收负担。对于外资企业，包括享受外资待遇的港澳台企业来讲，和它们丰厚的利润相比，这个负担对企业不会造成很大的影响，也不会影响它们投资的积极性。① 既然国家能够充分考虑外资企业、港澳台企业的特殊利益，在深入推进西部大开发、实现区域协调发展的今天，理应考虑西部发展的市场竞争不对等的特殊情况，对西部企业给予适度的税率返还或补偿。同时，还需要国家通过政策性扶持减少西部企业因发展需要的贷款利率。建议尽快组建政策性西部发展银行，或在政策性银行——中国发展银行增设西部企业（无论何种所有制，无论企业大小）贷款项目。通过适度减轻西部企业的税率负担和降低贷款利率，可相对平衡非对等竞争所带来的损失，变相扩大西部企业的利润空间，有更多的资金投入设备更新和产品换代，使西部的发展有更强劲的后劲。

4. 建立"溢出效益"的补偿机制

西部生物物种资源、矿产资源丰富，但却是我国最贫困的地区，演绎着"富饶的贫困"。造成这种后果，原因之一就是，长期以来西

---

① 《财政部部长金人庆就财政工作答记者问》，新华网 http：//news. xinhuanet. com/ misc/2007 - 03/09/content_ 5822653. htm。

部地区向发达地区输出资源，承担生态破坏成本，却没有得到相应补偿，导致地区生态不断恶化。由此，西部是我国重要的生态屏障区，也是我国生态脆弱区。西部地区的人民群众为保护和建设我国西部生态屏障和江河源头区域的生态环境，付出了巨大成本，损失了许多发展机会。2007 年 3 月"两会"期间，全国人大代表、陕西省安康市委书记黄玮对《中国绿色时报》的记者说，西部地区为生态建设作出的巨大努力和牺牲，一般人是难以想象的。以南水北调中线工程为例，为了"一江清水送北京"，水源区各级政府近年投入大量资金用于植树造林修复生态，并进行了艰难的产业布局和结构调整，给水源区的经济社会发展带来了一定制约和影响。如不抓紧建立相应的补偿机制，长此下去，西部地区开展生态建设怎么会有积极性？"上游牺牲，下游得益"，"少数人负担，多数人得利"，这种社会不公平现象，已严重影响了生态保护区人民的积极性。牛文元委员认为，生态受益区应当在享受生态效益的同时，拿出享用"外部效益"溢出的合理份额，对生态保护区实施补偿，这将对社会公平和构建和谐社会起到积极作用，必须引起重视。①

对西部生态建设与保护所产生的"溢出效益"给予补偿，保障社会公平、区域协调发展，专家学者们早就提了出来。如 2002 年中国科学院院士孙鸿烈就提出了生态补偿原则。一方面要求西部的企业和居民在搞好经济开发的过程中，必须对生态环境的损失作出经济上的补偿；另一方面，对于长江和黄河流域中上游地区生态建设付出的代价，中下游受益地区应该适当地分担。只有把生态建设的经济外部性成本内部化，才能保证公平，保证中上游地区生态建设的积极性、稳定性和持久性。②

四川是西气东输、西电东送的重要基地之一，同时川西高原还是规划中的南水北调西线工程的主要调水区。四川各界官员、学者要求为西部资源输出地区构建资源补偿、分享机制。一是要求用立法手段保护资源输出地区的权益。目前我国出台的法律法规均未论及资源输出地和环境保护承担地的补偿问题，建议国务院组织专题调研，尽快

---

① 《生态补偿：区域协调发展的重要手段》，《中国绿色时报》2007 年 3 月 16 日。
② 孙鸿烈：《为西部生态建设号脉》，《人民日报》（海外版）2002 年 10 月 14 日。

制定《资源环境补偿条例》的行政法规，条件成熟后再进一步考虑制定《资源环境补偿法》。二是建议建立资源有偿使用制度。由于长期缺乏健全的水电资源有偿使用制度，地方政府和当地居民未能充分享受水电开发成果。同时，主导水电开发的业主均为央属大型企业，地方仅能在短暂的建设期间得到少量地方税，绝大部分产品增值税和企业所得税均上缴中央财政。四川达州大气田开发也是这样。没有补偿机制的资源开发，更容易产生一系列生态问题，如耕地占用、环境污染、地质灾害、生态移民安置及后期扶持难度加剧等问题。三是建议国家出台政策调整"总部经济"造成的税收东流现象。西部地区水电、石油、天然气、优势矿产等资源都是由国家大型企业主导，企业注册地大多在北京、上海等地，西部地区仅仅注册非法人机构，西部资源输出地仅可以得到少量的流转税、资源税，大量的资源开发收益通过所得税流向东部地区，制约了西部地区财力发展，使富者更富、穷者更穷。希望国家出台政策要求在西部地区投资的企业必须在资源产地注册法人企业，培育当地税源。四是请求国家考虑给西部地区留下发展工业所需的资源，实现资源就地加工转化，并在价格上给予一定的优惠。①

如今，国家"十一五"规划已将我国划分成四类主体功能区，补偿的责任主体也更加清晰，研究建立生态补偿机制的时机已经成熟。《西部大开发"十一五"规划》也明确提出了建成"资源合理开发机制"。"健全矿产资源有偿占用制度和矿山环境恢复补偿机制，增强地方经济发展的活力和动力，实现可持续发展。完善重要资源产品价格形成机制，合理调整煤炭、石油、天然气等资源产品价格。加快改革资源税征收制度，理顺资源税费关系。"② 看来，这些弥补公平缺失的政策建议，已经受到国家的重视和采纳，下一步是如何实施和实现。③

为了能够解开绾在西部经济发展头上的上述四大死结，需要将西

---

① 《西部资源输出地区要求构建资源补偿、分享机制》，新华社新闻信息中心《高管信息》2007 年第 13 期。

② 《西部大开发"十一五"规划》。

③ 关于建立"溢出效益"补偿机制的问题，本书有专章阐述，这里不再赘述。

部作为一个区域整体来考虑。《中共中央关于构建社会主义和谐社会若干重大问题的决定》在阐述区域发展总体战略时明确划分了西部、东北地区、中部和东部四个区域经济体,国家发展和改革委员会、国务院西部地区开发领导小组办公室制定了《西部大开发"十一五"规划》,意味着西部十二个省(市、区)是一个有共同利益诉求的共同体。在这个共同体里,尽管各自的地缘优势、资源优势不同,为全国发展作出的贡献也有所不同,仍需要结为利益均沾的利益共同体。因为只有这样,才能同心协力,做好西部大开发。比如,争取"北部湾区域经济合作区"、"成渝城乡统筹发展实验区"等成为国家战略;因为只有这样,才能内外有别,处理好区域之间公平竞争问题;只有这样,才能更好地建立"溢出效益"的补偿机制;只有这样,才能从大局上解决非均衡发展问题。2007年3月"两会"期间,重庆提出建立长江上游生态补偿基金。因长江生态保护涉及国家战略安全,此一责任过去均由上游省市承担,因此,重庆"以西南地区代言人"身份提出,应从三峡总公司发电收入以及中下游南水北调受益城市上缴中央税中,提取一定比例的资金,设立生态补偿基金,并由重庆、四川和云南共同分享。[1] 重庆的提议体现了区域经济利益共同体的思想。2007年5月27日,"中国西部国际旅游区域战略联盟与协作论坛"在成都闭幕,西部12省市区和新疆生产建设兵团旅游局长或代表在论坛上签署了《中国西部地区旅游区域合作协议书》,通过了《成都宣言》,标志着西部为组建利益共同体揭开了第一页。

(三) 坚定不移地推进区域经济协调发展

温家宝总理在2007年政府工作报告中提出,要将东部、西部、中部、东北四大经济区域的协调发展提到一个史无前例的高度。2007年6月7日,国家发展和改革委员会下发《国家发展改革委关于批准重庆市和成都市设立全国统筹城乡综合配套改革试验区的通知》,要求成都市和重庆市从实际出发,根据统筹城乡综合配套改革试验的要求,全面推进各个领域的体制改革,并在重点领域和关键环节率先突破,大胆创新,尽快形成统筹城乡发展的体制机制,促进城乡经济社

---

① 《重庆:城乡统筹试验区》,《21世纪经济报道》2007年4月6日。

会协调发展，为推动全国深化改革，实现科学发展与和谐发展，发挥示范和带动作用。中新社的评点是：改革开放以来，中国广东深圳、上海浦东、天津滨海三大经济改革试验区都在东部沿海地区，以此带动了东部沿海地区的快速发展。中西部地区是中国相对不发达地区，在中西部选择具有重大影响和带动作用的特大中心城市设立国家统筹城乡发展综合配套改革试验区，对重大政策措施先行试点，凸显了国家在新的历史时期加快中西部发展、推动区域协调发展的决心。

改革发展二十多年来，国家在广东深圳、上海浦东、天津滨海设置了三大经济改革试验区，不仅带动了东部沿海地区的快速发展，而且催生了中国经济的三大增长极。如今国家首次将西部的重庆市和成都市设立为全国统筹城乡综合配套改革试验区，对重大政策措施先行试点，旨在成渝两个西部特大中心城市的综合配套改革，为西部的跨越式发展创造出新经验、新模式，进而形成中国经济的第四个增长极，牵引西部在更高的平台上起步腾飞。

2003年，成都实施城乡统筹、"四位一体"科学发展的总体战略，开启了一场涉及思想观念、体制机制、利益关系和领导方式方法全方位的深刻变革。四年来成都在城市化突飞猛进的基础上，致力于城市的服务功能、管理功能向农村延伸，打破城乡界隔的同时也整合了城乡资源，促使城乡资源整合效益最大化，不仅使城乡差距扩大的态势得以扭转，而且使成都的经济增速不断刷新历史纪录，闯出了一条完全不同于其他地区的发展新路，受到中央、省委及国内外专家学者的广泛关注。成都能成为我国第三个国家级综合配套改革试验区，有坚实的实践基础。

确立成渝两个西部特大中心城市为综合配套改革试验区，是将协调发展提到一个史无前例的高度的重大举措。广州开发区升级为"新区"的提案、辽宁沈北新区由"省级"升为"国家级"的提案、湖南长株潭从"一体化"升级为"新特区"的提案以及海南特区吁请国务院将海南列为全国综合配套改革试验区的提议均暂缓一步，凸显国家对西部大开发的高度重视。综合配套改革试验区的确立，为西部制度创新、政策创新提供了资源，为经济发展添加更强劲的动力。中国人民大学区域经济研究所教授、博士生导师孙久文撰文指出：我国市场经济改革虽然已经触动了很多方面的矛盾，但中央掌控资源配置权限、自上而下配置资源的体制并没有触动，并且集中表现在金融、土地、税收、财政等政策资源上。一个地区如果设立为"国家综合配套改革试验区"，在上述政策环境方面就会有极大的改善，可以更多地发挥地方的自主性，这无疑是促进区域经济发展的一种政策需要。目前中央与地方的关系中，随着一些关键部门管理权的逐步上收和事权的逐步下放，地方的政策创新十分有限，地方政府在政策实施上普遍趋于保守。"国家综合配套改革试验区"能够给予地方政府很大的经济和社会发展的自主权。① 显然，在西部成渝设立综合配套改革试验区，是国家采取积极地干预政策来刺激落后地区快速发展，填补累积性因果循环所造成的经济差距。

将成渝两个西部特大中心城市确立为国家级综合配套改革试验区，使成渝经济区担负起创新区域发展模式、提升区域竞争力的使命，是实现邓小平构想的从实现"第一个大局"的政策取向（非均衡发展）向实现"第二个大局"的政策取向（均衡发展）重大转变的关键环节，为继续实施西部大开发战略揭开了崭新一页。随着这个转变的完成，随着制度创新资源配置均衡、重大经济政策受益均衡、弥补非公平竞争缺陷的市场经济体制进一步完善，以及"溢出效益"得到合理补偿，绾在西部发展上的死结就有了解开的现实条件，西部发展速度就有可能大幅度提高，"极差乘数效应"所潜伏的两极分化的风险就有可能化解。

---

① 孙久文：《新特区：中国市场经济的一场更深刻、更全面的改革》，《中国经济周刊》2007 年 5 月 15 日。

第二章

从经济增长因素分析东西部
差距基尼系数走势

　　本章从经济增长及其要素与基尼系数关系入手，通过对广东、山东、四川三个有代表性省份的实证分析，得出了经济增长的差距带来了收入分配上的差距，基尼系数将不断扩大的结论。测算表明，三省间基尼系数由改革开放初期的不到 0.2 扩大到 0.42 左右，经济增长的过程也是差距及基尼系数扩大的过程，印证了发展经济学关于经济增长并不一定带来收入分配的均等以及经济增长与经济发展不一定同一的观点。研究认为，进入 21 世纪，我国东西部事实上处于各自不同的发展阶段，即东部进入了工业化后期，现代经济增长和全要素贡献率对经济增长作用越来越大阶段，西部总体上仍处在工业化中期的传统经济增长即主要依靠投资拉动阶段。这一阶段东西部的增长要素不同，将使东西部差距保持一种扩大趋势。当然，在国家层面，缩小东西部差距的因素在增加。由于中国的西部开发具有两重任务、两重矛盾：区域开发与环境保护，经济增长与克服非经济因素的影响。因此，落实科学发展观，促进东西部协调发展，构建和谐社会，不断有效缩小东西部差距，应是我们不懈坚持的政策取向，尤其是要求西部进行服务全国的生态恢复和生态屏障建设，以及由此而放弃的一些产业发展机会的利益牺牲，国家及受益地区应当给予补偿。

我国存在城乡之间、区域之间、行业之间、不同社会群体之间收入差距和贫富不均的事实。研究表明，收入的差距即基尼系数形成的经济实质是经济增长和发展的差距，是由现阶段促进经济增长的因素决定的，而且在改革开放以来一段时间，决定经济增长的资源要素配置又是由国家主导下实施非均衡发展战略的结果。作为最大的发展中国家，我国东西部差距的存在是必然的，但不能长期持续扩大。从相对均衡发展到非均衡发展，我国又到了新的历史发展阶段，即邓小平同志提出两个大局设想中，由第一个大局实现向第二个大局转变时期。这里试图从形成东西部差距的经济增长因素入手，探讨进入新阶段即落实科学发展观、促进中国经济的公平增长的问题，分析东西部差距因素及其形成机理，为推进区域经济公平增长、实现社会和谐与经济社会环境可持续协调发展提供借鉴。

一　经济增长与基尼系数

研究表明，反映一个国家或地区收入分配均等化程度的基尼系数，决定于一国或地区的经济发展水平和经济总量 GDP。促进地区经济增长的因素是多维的，不同国家或地区的 GDP 增长因素因资源要素投入产出的不同而各异，形成国家或地区间收入分配差距，即国家或地区间基尼系数的变化。

（一）基尼系数概念

基尼系数，是 20 世纪初意大利经济学家基尼根据洛伦茨曲线找出的判断分配平等程度的指标（如图 2-1），设实际收入分配曲线和收入分配绝对平等曲线之间的面积为 A，实际收入分配曲线右下方的面积为 B。并以 A 除以 A + B 的商表示不平等程度。这个数值被称为基尼系数或洛伦茨系数。如果 A 为 0，基尼系数为 0，表示收入分配完全平等；如果 B 为 0 则系数为 1，收入分配绝对不平等。该系数可在 0 和 1 之间取任何值。收入分配越是趋向平等，洛伦茨曲线的弧度越小，基尼系数也越小，反之，收入分配越是趋向不平等，洛伦茨曲线的弧度越大，基尼系数也越大。如果个人所得税能使收入均等化，那么，基尼系数即会变小。联合国有关组织判断收入平等的尺度是：若低于 0.2 表示收入绝对平均；0.2—0.3 表示比较平均；0.3—0.4 表示相对合理；0.4—0.5 表示收入差距较大；0.6 以上表示收入差距悬殊。

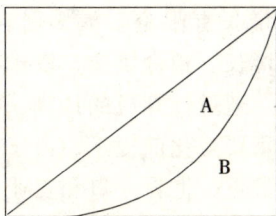

图 2 – 1

（二）经济增长及其促进要素

经济增长是发展经济学的重要概念，也一直是经济学研究的中心议题。一般定义，经济增长是社会物质财富不断增加的过程。[①]

早期经济增长理论认为，经济增长的决定因素是资本。突出的是美国经济学家哈罗德首次提出的经济增长概念，并提出了哈罗德模型：

$g = s/k$　（g = 产出增长率，s = 储蓄率，k = 投入 – 产出比率）

其基本思想是：资本存量和流量的不断增加，是保证经济稳定增长的唯一源泉。其后，随着经济的发展，经济学家发展了经济增长理论。

现代经济增长理论发端于 20 世纪凯恩斯的《就业、利息和货币通论》。20 世纪 50 年代，美国经济学家索洛（R. Solow）、米德（J. E. Meade），澳大利亚经济学家斯旺（T. Swan）等在对哈罗德—多马模型进行批评的基础上，提出了资本—产出比可变的新古典经济增长模型。与后凯恩斯主义新古典综合派相对立，英国剑桥大学的罗宾逊（J. Robinson）、卡尔多（N. Kaldor）等人提出了储蓄率可变的新剑桥经济增长模型，把经济增长与收入分配联系了起来。50—60年代，库兹涅茨（S. Kuznets）、肯德里克（J. W. Kedrick）、丹尼森（E. Dennison）提出了"经济增长因素分析"。

20 世纪 60 年代末 70 年代初，美国经济学家梅多斯（D. H. Meadows）等人在福雷斯特（J. W. Forrester）系统动态学基础上，于 1972 年出版了《增长的极限：罗马俱乐部关于人类未来困境

[①]　周文骞、许庆明：《发展经济学》，浙江大学出版社 1995 年版，第 41 页。

的报告》一书，提出了增长有限论。梅多斯在书中建立了一个世界模型系统，把世界人口增长、粮食供应、资本投资、环境污染和资源消耗五种因素作为系统。通过计算机的计算，提出在世界自然的、经济的和社会的关系没有重要变化前提下，由于世界粮食短缺，不可再生资源的耗竭和污染的日重，世界人口和工业生产能力将会发生突然和无法控制的崩溃，将早于 2100 年到来之前，增长就会停止，即所谓世界经济"悲观论"，震动了世界，也受到质疑。

表 2 - 1　　　　　　　　　丹尼森经济增长核算体系

经济增长	总要素投入量增长	劳动投入量增长	就业人数	
			工时	
			就业者年龄和性别构成	
			就业者受教育年限	
		资本投入量增长	存货	
			非住宅性建筑和设备	
			住宅	
			国际资产	
	总要素生产率增长	长期因素	知识进展	技术知识、经营管理知识
			规模经济	
		过渡性因素	资源再配置	农业劳动力转向工业
				非农独营者转向其他企业
		短期因素	气候对农业影响	
			劳资争议	
		环境因素	人类环境	治理污染
				工人健康和安全
			立法环境	不诚实和犯罪

资料来源：转引自周文骞、许庆明《发展经济学》，浙江大学出版社 1995 年版，第 61 页。

内生经济增长理论在 20 世纪 70 年代诞生。到 70 年代末期，一种反索洛传统的、以内生经济增长理论为主流的"新增长理论"兴起。美国最权威的经济杂志之一《政治经济学杂志》1990 年末出版新增长理论研究专辑以及英国《经济学家》周刊 1992 年初发表的述评文章等介绍，新经济增长理论学者共同的特点是一致认为：促进经济增长的动力是技术进步（即知识），而不是传统经济增长论所说的投资；政府应把注意力从完全集中在商业周期上早日转向更加重视教育、新技术研究和开发（R&D）以及贸易改革方面。只有这样，才能摆脱经济增长停滞的困境。促进经济增长的内部力量主要因素有：（1）人力资本；（2）技术的外在经济性；（3）学习效应；（4）专业化经济。西方经济增长的新理论正在兴起，但还不成熟。"只有用经验数据估计和分析出内生增长因素究竟在经济增长中作了多大的贡献，这一理论才能被称为名符其实的理论，否则便只是一种假说。"①直到现在，包括技术进步因素的 GDP 和环境生态因素的绿色 GDP 核算体系尚未建立。②

表 2-2　先行工业化国家的经济增长阶段和相关的增长理论

时间	增长阶段	主要内容	驱动因素	主导产业	增长理论
1770 年以前	（1）起飞阶段	对自然资源的开发	更多自然资源投入	农业	"马尔萨斯陷阱"
约 1770—1870 年	（2）早期经济增长	大机器工业代替手工劳动	资本积累	重化工业	哈罗德—多马增长模型
约 1870—1970 年	（3）现代经济增长	效率提高	技术进步	与服务业一体化的制造业	索洛的新古典外生增长模型
1970 年以后	（4）信息时代	用信息技术改造国民经济	信息化	信息通信产业	新增长理论的内生增长模型

资料来源：吴敬琏：《中国增长模式抉择》，上海远东出版社 2006 年版，第 44 页。

现代经济中，技术进步因素对发达国家经济增长的贡献更明显，表现在包括技术进步等在内的全要素生产率贡献值不断提高，特别是

---

① 周文骞、许庆明：《发展经济学》，浙江大学出版社 1995 年版，第 47 页。
② 《中国首次发布绿色 GDP》，《2004 年因污染损失 5118 亿元》，新浪网 http：//www.sina.com.cn2006-9-7。

进入知识和信息时代后。美国 1898—1929 年全要素生产率的贡献为 60%，1929—1957 年，全要素生产率的贡献是 96%，① 20 世纪 70 年代后，依靠高新技术尤其是电子信息技术，美国实现了对后起发达国家日本的再次超越。

（三）经济增长与基尼系数

经济增长率与基尼系数和经济总量 GDP 有关。一些西方学者认为，经济增长是生产的增长，是产值和经济总量 GDP 的增加。美国经济学家 K. E. 凯斯、R. C. 费尔认为，当我们设计出新的更好的生产方法来生产我们现在所使用的物品，并且开发新的产品和劳务来满足我们的需要时，生活水平就会提高。衡量这一增加的一个非常粗糙的尺度是一个经济社会的人均总产量。经济增长是人均总产量的增加。② 同样是美国的经济学家西奥多·舒尔茨更是绝对地说：经济增长，不需要空想其他的定义：这个词只是意味着实际国民收入的增加。③ 美国的爱德华·夏皮罗也认为，经济增长可以简单地规定为经济的产量的增加。④ 另外，他们还认为，经济增长是劳动生产率的提高。

经济增长是一个国家或地区经济总量的增加，一般用 GDP 增幅即经济增长速度来表示。GDP 是衡量一个国家或地区生产水平的一个重要指标，反映一个国家或地区的综合实力和发展规模，是比较国家或地区间综合实力和发展规模的重要指标。我国统计上采用三种方法计算 GDP。

一是生产法，GDP 生产额 = 总产出 − 中间投入；

二是支出法，GDP 使用额 = 最终消费 + 资本形成总额 + 货物和服务出口 − 货物和服务进口；

三是收入法，收入法 GDP = 劳动者报酬 + 生产税净额 + 固定资本折旧 + 营业盈余。

在分析经济增长的研究中，人均 GDP 具有重要的意义。它既反

---

① 吴敬琏：《中国增长模式抉择》，上海远东出版社 2006 年版，第 42 页。

② 周春彦主编：《经济学精要》，新疆科技卫生出版社 2003 年版，第 154 页。

③ 同上。

④ 同上书，第 154—155 页。

映地区经济发展状况，更用于地区间经济的分析比较，是研究基尼系数的重要指标。统计上用人均 GDP 反映地区经济发展和社会福利状况，也用人均 GDP 比较地区间经济发展差距并测算基尼系数。在我国国民经济核算中，在进行地区比较时，用平方变异系数计算地区人均 GDP 差距，其公式：

$$(cv)^2 = \frac{1}{n}\sum_{i=1}^{n}\left(\frac{y_i}{\bar{y}}-1\right)^2, \quad \bar{y} = \frac{\sum_{i=1}^{n}y_i}{n}$$

式中，y_i 为地区 i 的人均 GDP，$\bar{y}$ 为所有地区人均 GDP 的平均值，n 为地区个数。平方变异系数越大，表明地区间人均 GDP 差距越大，反之亦然。另外，还可以利用各地区人口占全国总人口的比重（w_i）作为权重对平方变异系数进行加权，从而得到如下平方加权变异系数：

$$(cv_W)^2 = \frac{1}{n}\sum_{i=1}^{n}\left(\frac{y_i}{\bar{y}}-1\right)^2 w_i, \quad \bar{y} = \sum_{i=1}^{n}w_i y_i$$

用基尼（Gini）系数反映地区间收入分配差距，其计算公式为：

$$G = \frac{2}{n}\sum_{i=1}^{n}i x_i - \frac{n+1}{n}, \quad x_i = \left. y_i \middle/ \sum_{i=1}^{n}Y_i \right.$$

式中，x_i 为地区 i 的人均 GDP 占所有地区的人均 GDP 之和的比重。基尼系数越大，表明地区间人均 GDP 差距越大。地区间人均 GDP 差距越大，反映地区间收入分配差距程度的基尼系数越大。

改革开放以来，我国东西部经济增长的差距，带来了我国基尼系数的不断扩大。经济增长并不会自然而然地带来地区间收入分配的均利。相反，经济增长可能带来区域间、城市间、不同利益群体间的收入差距扩大。在经济增长的同时，实现收入的普遍增加、社会福利的普遍提高和基尼系数保持合理范围，是经济发展社会进步的要求。

（四）我国东西部经济增长与基尼系数的变化

我国东西部差距当从 20 世纪 80 年代开始。东西部经济增长与收入差距，即基尼系数在改革开放以来的变化，大致可以分为以下几个阶段。

1. 1978 年以前，中国区域收入差距相对均衡

新中国成立后，经过三年国民经济恢复阶段，我国经济很快进入

社会主义建设时期，从 20 世纪 50 年代（1956 年）实施第一个五年计划到 1978 年，国家实行计划经济体制，中国各省区市经济保持了均衡发展。1978 年，地区间收入差距相对平均，是世界公认的平均主义严重的国家。1980 年，全国人均 GDP 462 元，东部为 818 元，西部为 370 元。中国的人均日收入水平不到 1 美元。中国没有解决基本温饱问题。"据世界银行研究，中国的基尼系数在 20 世纪 80 年代为 0.2 左右，如果和其他经济转轨国家相比，1978—1990 年期间，东欧国家的基尼系数为 0.23，到 1996—1998 年期间上升为 0.33，独联体由 0.28 上升为 0.46。"① 当时中国农村基尼系数为 0.26，南亚国家是 0.30—0.35；中国东西部之间人均收入的差距基尼系数在 0.3以下，全国的基尼系数也不超过 0.3。

2. 20 世纪 80 年代，东西部差距逐渐扩大

表 2 - 3　　　　　1980—1990 年东西部人均 GDP 变化

	1980 年			1990 年		
	GDP（亿元）	平均人口（万人）	人均 GDP（元）	GDP（亿元）	平均人口（万人）	人均 GDP（元）
全国	4517.8	98124	460	18530	112762	1643
东部 11 省市	1678.9	29784	563.6	7433.3	32210	2307.8
西部 12 省区	888.5	27816	319.4	3652	32099	1137.7

资料来源：根据《中国统计年鉴》和各省市统计年鉴整理。

进入 20 世纪 80 年代，随着全党工作重心转移到以经济建设为中心，中国经济进入了快速发展阶段。在区域发展上，国家实施非均衡发展战略，尤其是邓小平同志提出"两个大局"的战略构想，沿海地区率先实行了对外开放战略，东部加快了发展，也拉开了东部与西部经济发展的差距。1990 年，全国人均 GDP 由 1980 年的 460 元上升到 1643 元，同期，东部地区人均 GDP 由 563.6 元提高到 2307.8 元，西部地区人均 GDP 由 319.4 元提高到 1137.7 元。东西部差距绝对额

① 胡鞍钢：《中国：推动公平的经济增长·序》，世界银行：《中国：推动公平的经济增长》，清华大学出版社 2004 年版，第 9 页。

由 1980 年 244.2 元提高到 1170.1 元，扩大了 3.8 倍。全国基尼系数由 80 年代初的 0.2 逐步上升到 0.28，到 90 年代初达到 0.38，比 80 年代初上升了 0.18 个百分点。

3. 20 世纪 90 年代，东西部差距不断扩大

进入 90 年代，在邓小平同志南方讲话精神指导和鼓舞下，我国结束了对市场经济体制姓"社"还是姓"资"的讨论，开始了全面的经济体制转轨，沿海地区在进一步实施对外开放政策的同时，率先在全国进行社会主义市场经济体制试点，经济进入了快速发展期，进一步拉大了与内地尤其是与西部的发展差距。2000 年，全国人均 GDP 由 1990 年的 1643 元提高到 7086 元，同期，东部地区人均 GDP 由 2307 元上升到 11334 元，西部地区人均 GDP 由 1137 元上升到 4687 元，东西部差距由 1170 元提高到 6647.46 元，扩大了近 4.7 倍。1993 年全国基尼系数为 0.42，1999 年达到 0.437，比 20 世纪 80 年代末又提高了 0.057 个百分点。在所有国家中升幅是最大的。此时，"中国的基尼系数明显高于印度（1997 年为 0.378）、印度尼西亚（2000 年为 0.303）、孟加拉（2000 年为 0.318）、巴基斯坦（1998—1999 年为 0.33），但低于巴西（1998 年为 0.591）"[①]。

表 2-4　　　　　　　1990—2000 年东西部人均 GDP 变化

	1990 年			2000 年		
	GDP（亿元）	平均人口（万人）	人均 GDP（元）	GDP（亿元）	平均人口（万人）	人均 GDP（元）
全国	18530	112762	1643		7086	
东部 11 省市	7433.3	32210	2307.8	55689.58	49133	11334.46
西部 12 省区	3652	32099	1137.7	16654.42	35531	4687

资料来源：根据 1991 年、2001 年《中国统计年鉴》整理。

4. 进入 21 世纪之后，东西部差距扩大趋缓

世纪之交，我国基本建立了社会主义市场经济的基本框架。国家实施西部大开发战略，促进西部经济加快发展因素增加，遏制东西部

---

① 世界银行：《中国：推动公平的经济增长》，清华大学出版社 2004 年版，第 10 页。

差距持续扩大成为国家的重要政策，东西部差距缩小出现了希望。但不可否认，进入 21 世纪后，东西部差距仍然在扩大，只是扩大的趋势减缓。2004 年，全国人均 GDP 为 10561 元，东部地区人均 GDP 为 19392 元，西部地区人均 GDP 为 7728 元，东西部差距扩大为 11902 元，西部仅为东部的 38%，为全国的 71.3%。四川省社会科学院刘世庆研究员指出：东西部投资差距呈现一种难以突破的"超稳定结构"。[①]

表 2 - 5　　　　　　　　东西部人均 GDP 与基尼系数变化

人均 GDP（元）	全国	东部	西部	基尼系数变化
1980 年 人均 GDP	462	818	370	20 世纪 80 年代初：0.2
1990 年 人均 GDP	1643	2307.8	1137.7	20 世纪 90 年代初：0.38
				1993 年：0.42
2000 年 人均 GDP	7086	10768	4606	1999 年：0.437
				2000 年：0.45 以上
2004 年 人均 GDP	10561	19392	7728	2004 年：0.465
				2005 年：0.47

资料来源：（1）人均 GDP 根据《中国统计年鉴》；（2）基尼系数根据相关研究和世界银行报告《中国：推动公平的经济增长》。

由表 2 - 5 可以看出，以人均 GDP 来看，我国东西部收入差距呈现一种持续扩大的趋势。以西部为 1，1980 年东部与西部差距之比为 1:2.2；1990 年为 1:2.02；2000 年扩大为 1:2.65；2004 年为 1:2.51。但从差距绝对值来看，则存在一种极差扩大的倍数关系，1980 年绝对值差距为 448 元，1990 年扩大为 1169.3 元，是 1980 年的 2.61 倍；2000 年绝对值差距为 6162 元，是 1990 年的 5.27 倍，是 1980 年的 13.7 倍；2004 年绝对值差距扩大为 11664 元，是 2000 年的 1.89 倍，是 1990 年的 9.7 倍，是 1980 年的 26 倍。

----

① 参见刘世庆、罗望、任治俊等《西部大开发资金战略研究报告》，经济科学出版社 2005 年版。

二 东西部经济增长差距实证考察

——四川与广东、山东比较

（一）东西部经济发展差距

东西部差距，具体表现在各省市的经济发展差距上。改革开放以来，东部与西部一些省份的增长差距发展轨迹是一个差不多从同一起点不断分离的曲线（见图2－2）。

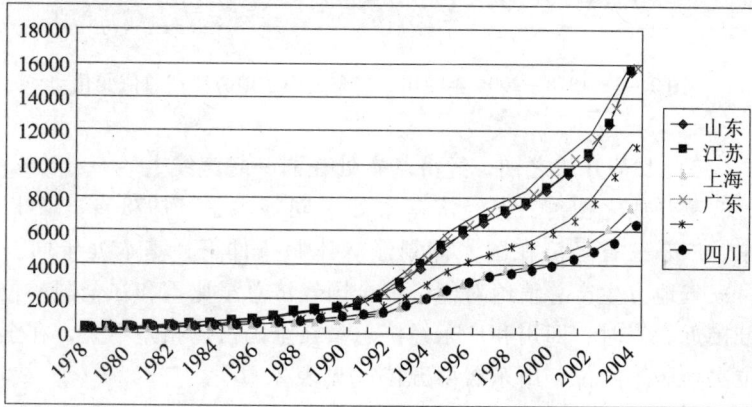

图 2－2　1978—2004 年四川与东部省份 GDP 情况比较示意图

这里选取四川、广东、山东三省进行实证分析，是因为：第一，三省具有一定的可比性。在改革开放初期，三省在人口、经济总量上都差不多。第二，三省改革开放以后差距不断拉大轨迹十分明显（见图2－3）。第三，三省改革开放的发展各有代表性特征。广东是全国最早对外开放的沿海省份，且有三个最早设立的经济特区：深圳经济特区、珠海经济特区和汕头经济特区；山东省应该是沿海经济的另类典型，是没有经济特区的沿海代表省份；四川省是西部地区经济最发达、经济总量和人口最多的省份。三省进行实证比较，我们或可找到一些近30年来东西部差距形成具有共性的基本原因。

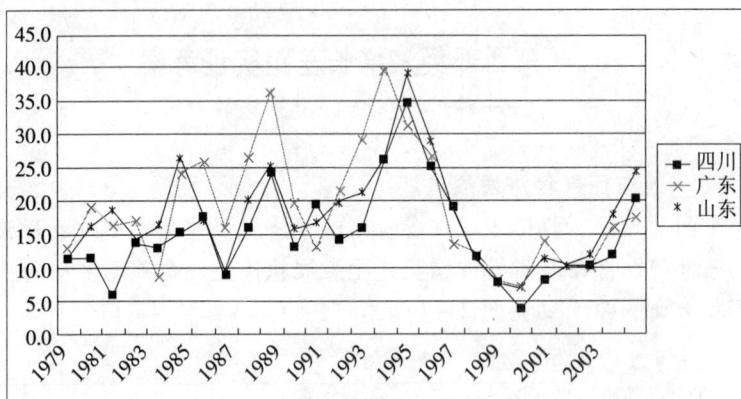

图 2 - 3　1978—2004 年四川、广东、山东地方生产总值变化

(二) 改革开放之初, 经济基本处在同一起跑线上

改革开放之初, 三省经济基本处于同等水平。1978 年, 四川和山东、广东三省经济在国家计划经济体制条件下, 基本处于同一水平。三省地方生产总值绝对额、占全国经济总量比重和在全国的位次十分接近。当时, 四川和广东经济总量在全国占比相差不大, 在全国的位次均居第六位, 山东居第五位 (见表 2 - 6)。

表 2 - 6　　　　　　　　　1978 年三省经济总量比较

	全国	四川省	山东省	广东省
GDP 总量 (亿元)	3624.1	184.6	234	184.73
占全国比重 (%)	100	5.094	6.46	5.097
在全国位次	6	5	6	

资料来源: 根据《中国统计年鉴 (1978)》和林凌主编《东南沿海地区的经济起飞》整理。

四川和山东省比较, 1978 年四川地方生产总值绝对额比山东低 49.4 亿元, 占全国的比重四川比山东低 1.366 个百分点, 在全国的位次四川比山东仅低 1 个位次。四川与广东省比较, 四川地方生产总值绝对额比广东低 0.13 亿元, 占全国经济的比重四川仅比广东差

0.003 个百分点，两省并列全国第六位。1978 年，四川、山东、广东三省地方生产总值比为 1:1.27:1.0007（以四川为 1），绝对额相差不大。

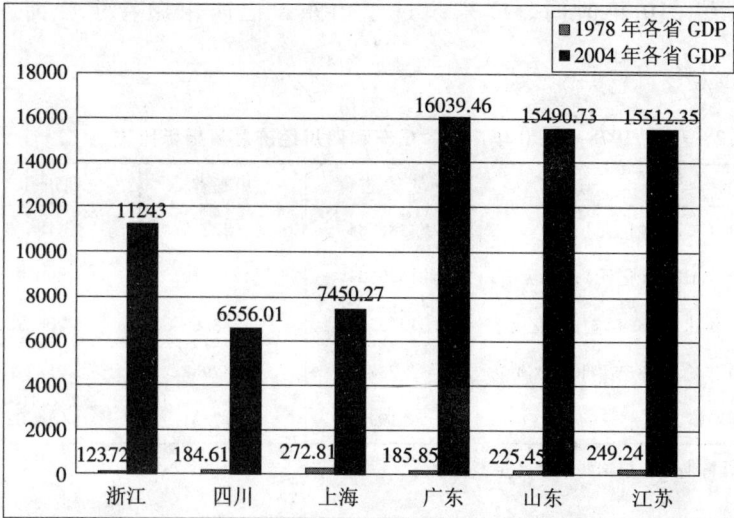

图 2 - 4 1978 年和 2004 年四川等省 GDP 比较

（三）20 世纪 80 年代的广东率先突破，四川与广东、山东差距拉开

广东毗邻香港，历来是中国对外开放的前沿地区。由于政治的原因，新中国成立后，国家对广东基本没有大的项目安排和产业投资，到 1978 年，广东仍是一个基础十分薄弱的省份，主要经济指标处于全国平均水平之下。[①] 1978 年，广东省的经济总量比山东省少 36.65 亿元，比四川省高 1.25 亿元，基本相当，人均生产总值也差不多。但到了 1990 年，广东国内生产总值达到 1559.03 亿元，按可比价格计算，是 1978 年的 8.4 倍，平均年增幅 19.39%。而同期山东省国内生产总值 1511.19 亿元，是 1978 年的 6.7 倍，年均

---

① 《中国改革与发展报告》专家组：《中国改革与发展报告——中国东南沿海的经济起飞》，上海远东出版社 1996 年版，第 20 页。

增幅 17.31%；四川地方生产总值 890.95 亿元，只是 1978 年的 4.8 倍，年均增幅 14.02%。三省比较，经济总量上，广东已比山东高 47.84 亿元，比四川高了 668.08 亿元；年均增幅，广东省比山东省高出 2.08 个百分点，比四川省高 5.37 个百分点。从经济总量上看，10 年时间，广东超过了山东，把四川抛在了后面。见表2－7。

表 2－7　　1978—1990 年广东、山东和四川经济总量指标比较

	广东省	山东省	四川省
1978 年 GDP（亿元）	185.85	222.5	184.6
1990 年 GDP（亿元）	1559.03	1511.19	890.95
1990 年比 1978 年增加（亿元）	1373.18	1288.69	706.35
1990 年比 1978 年增长（%）	738.8	579.2	382.6
年均增幅	19.39	17.31	14.02

资料来源：根据各省统计年鉴整理。

（四）20 世纪 90 年代山东的追赶，四川与广东、山东差距进一步扩大

进入 20 世纪 90 年代，山东省实施赶超战略，到 2000 年，山东经济虽然在总量上一直没有超过广东，但从 1990 年开始，在经济增幅上，山东开始了对广东的赶超。1993 年，山东经济总量 2779.49 亿元，比上年增长 26.5%，增幅比广东低 13.7 个百分点；1994 年，山东经济总量达到 3872.18 亿元，比 1993 年增长 39.3%，增幅比广东高 7.7 个百分点，之后几年，山东年经济增幅高于广东或与广东交替上升。而同期四川经济的年增长率均在广东和山东之下，经济发展的差距进一步扩大。四川与广东相比，经济总量的差距绝对额由 1990 年的 668.08 亿元，扩大到 2000 年的 5651.98 亿元；与山东的极差由 1990 年的 620.24 亿元扩大到 2000 年的 4532.19 亿元。见表 2－8。

表 2 - 8　　　1990—2000 年广东、山东和四川经济总量指标比较

	广东省	山东省	四川省
1990 年 GDP（亿元）	1559.03	1511.19	890.95
2000 年 GDP（亿元）	9662.23	8542.44	4010.25
2000 年比 1990 年增加（亿元）	8103.2	7031.25	3119.3
2000 年比 1990 年增长（%）	519.7	465.3	350.1
年均增幅	20.01	18.91	16.23

资料来源：根据各省统计年鉴整理。

（五）世纪之交广东、山东并驾齐驱，四川与广东、山东的差距趋缓

世纪之交，我国基本建立了社会主义市场经济体制，加入了世界贸易组织，依靠政策和制度安排的政府主导的区域倾斜政策效应接近尾声，区域经济的发展和经济增长更多是经济实力的竞争和市场化配置资源，经济增长更多是依靠技术的进步和效率的提高。期间三省经济进入了正常发展轨道。四川经济的发展在国家实施西部大开发战略的推动下，也进入了快速发展，但不可否认，由于起点和基数的原因，四川与东部广东、山东经济发展差距保持了一种等差，难以超越和缩小，三省经济发展水平差异呈现明显固化现象。2004 年，四川省地方生产总值达到 6556.01 亿元，占全国的比重为 4.79%，比 1978 年下降了 0.3 个百分点，在全国的位次由第六位下降为第十位；广东地方生产总值 16039.46 亿元，占全国的比重为 11.72%，上升了 6.62 个百分点，在全国的位次由第六位上升到第一位；山东地方生产总值 15490.73 亿元，占全国的比重为 11.32%，上升了 4.86 个百分点，在全国的位次由第五位上升到第二位。三省地方生产总值之比为 1:2.36:2.45。

从绝对额看，山东和广东都达到了四川的两倍以上，也就是说，三省经济在同步增长的同时，四川经济总量比之山东、广东两省相差了一倍还多。

表 2 - 9   2004 年三省经济总量比较

	全国	四川省	山东省	广东省
GDP 总量（亿元）	136875.9	6556.01	15490.73	16039.46
占全国比重（%）	100	4.79	11.32	11.72
在全国位次		10	2	1

资料来源：根据《中国统计年鉴（2005）》整理。

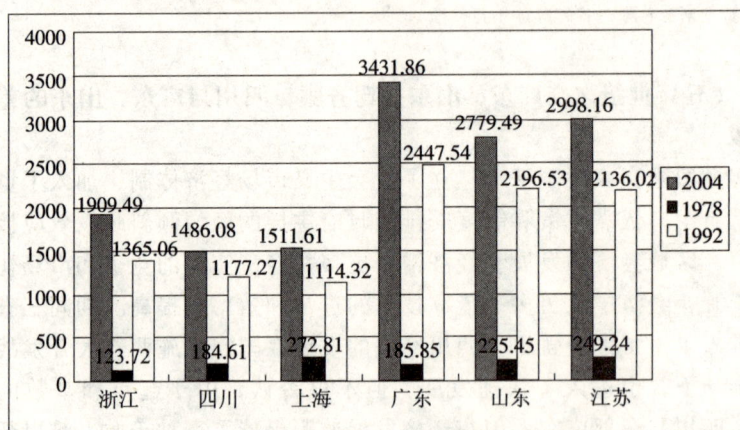

图 2 - 5　1978 年和 2004 年四川省 GDP 比较

　　把人口的因素考虑进去，四川与山东、广东的差距会更大。如表 2 - 10，四川和山东比较，两个省的人口数量对比 20 多年来变化不大。扣除重庆后，1978 年山东和四川人口基本相当，分别为 7016 万和 7071 万。1978 年四川人均 GDP 是山东的 83.5%，到 1990 年下降为 62.9%，到 2000 年更跌为 50.6%，到 2004 年则仅为 44.5%。也就是说，四川人均 GDP 收入，在 26 年后，仅为山东省的半数不到。四川和山东人均收入差距不断扩大。见表 2 - 10。

表 2 - 10   四川和山东主要年份 GDP 比较

年份	项目	山东	四川	四川/山东（%）
1978	GDP（亿元）	225.45	184.61	81.9
	人口（万人）	7016	7071.9	98.8
	人均 GDP（元）	314.9	263.4	83.5
1990	GDP（亿元）	1511.19	890.95	58.95
	人口（万人）	8424	7892	93.7
	人均 GDP（元）	1793.9	1128.9	62.9
2000	GDP（亿元）	8542.44	4010.25	46.9
	人口（万人）	9079	8407.5	92.6
	人均 GDP（元）	9409.0	4769.8	50.6
2004	GDP（亿元）	15490.7	6556.01	42.3
	人口（万人）	9180	8725	95.0
	人均 GDP（元）	16874.4	7514.0	44.5

资料来源：四川、山东两省 2005 年统计年鉴；人口为户籍人口；1990 年以前四川人口是剔除了重庆直辖市后的调整数。

四川与广东人均 GDP 比较。1995 年，四川人均 GDP 仅为广东省人均 GDP 的 36.8%，2000 年是 42.7%，比 1995 年有所上升，到 2004 年又下降为 38.9%，差距再度扩大。见表 2 - 11。

表 2 - 11   四川和广东主要年份人均 GDP 比较

年份	项目	广东	四川	四川/广东（%）
1995	GDP（亿元）	5733.97	2504.95	43.7
	人口（万人）	6868	8161.2	118.8
	人均 GDP（元）	8347.4	3069.3	36.8
2000	GDP（亿元）	9662.23	4010.25	41.5
	人口（万人）	7642	8407.5	110
	人均 GDP（元）	11180.5	4769.8	42.7
2004	GDP（亿元）	16039.46	6556.01	40.9
	人口（万人）	8304	8725	105.1
	人均 GDP（元）	19315.3	7514.1	38.9

资料来源：四川和广东两省 2005 年统计年鉴；人口为户籍人口。

（六）经济增长带来的人均收入分配差距

1978 年，四川和广东、山东三省人均收入水平差距不大。到 20 世纪 90 年代，四川和广东、山东两省的人均收入有了相当大的变化。据林凌教授的研究，1994 年，东部地区人均 GDP 为 5437.6 元，中西部地区仅为 2594.2 元，东部高出中西部地区 1.09 倍；与东南沿海人均 6905.1 元相比，东南沿海地区省份更高出 1.66 倍；与全国人均 3841.1 元比较，西部仍低 48%。[①] 其中，四川省人均 1911 元，而广东珠三角地区人均达到 9145 元，山东人均达到 4473.2 元。

到 2004 年，东部 11 个省份经济总量达到 116614.3 亿元，占全国的比重为 69.6%，西部地区 12 省区市经济总量 33360.3 亿元，占全国的比重为 16.9%。人均 GDP，全国 10561 元，东部 19351 元，西部 7728 元，东部是西部的 2.5 倍，比 1994 年的 1.09 倍提高了 0.41 倍；城镇居民人均年收入，全国 9422 元，东部 11523 元，西部 8031 元；农村居民人均年收入，全国 2936 元，东部 4565 元，西部则仅为 2192 元。东西部差距进一步扩大。[②]

西部地区城镇居民人均年收入与全国比较，自 20 世纪 90 年代以来，呈现下降趋势，从 2003 年到 2004 年，差距趋缓。如表 2 - 12 所示。

表 2 - 12　　　　　西部 12 省（区、市）城镇居民人均收入

年份	年均收入（元）	占全国（全国 = 1）
1990	1401.74	0.92
1995	3773.5	0.88
2000	5516.95	0.87
2003	7742.68	0.85
2004	8601.17	0.85

资料来源：根据《中国统计年鉴（2005）》整理。

---

① 《中国改革与发展报告》专家组：《中国改革与发展报告——中国东南沿海的经济起飞》，上海远东出版社 1996 年版，第 78 页。

② 《2005 东西部经济发展差距及其走向》，中国网 2006 年 10 月 25 日。

西部农村居民人均年收入，总体是上升的，但与东部省份比较，差距是扩大的。

表2-13　　　　　广东、山东和四川农民人均年收入比较

年份	全国	广东	山东	四川
1990	686.31	1043.03	680.18	557.76
1995	1577.74	2699.24	1715.09	1158.29
2000	2253.42	3654.48	2659.20	1903.60
2001	2366.64	3769.79	2804.51	1986.99
2002	2475.63	3911.90	2947.65	2107.64
2003	2622.24	4054.58	3150.49	2229.86
2004	2936.40	4365.87	3507.43	2518.93

资料来源：《中国统计年鉴（2005）》。

由表2-13可以看出，1990年，四川农民年人均纯收入比全国农民年人均纯收入低128.55元，是全国平均的81.2%；到2004年，四川农民年人均收入比全国人均水平低了418元，是全国平均的85.7%，差距扩大了4.5个百分点。与广东比，1990年四川是广东水平的53.4%，2004年为57.6%，上升了4.6个百分点，但绝对差额则由486元提高到1847元，14年间提高了2.8倍。与山东比，1990年四川农民年收入水平是山东农民年收入水平的81.9%，2004年四川则为山东的71.8%，下降了10.1个百分点，绝对额由1990年123元提高到989元，14年间提高了7倍。

从全国县域经济单位的基本情况看。2004年全国县域经济单位共2012个，其中东部486个，占24.1%，东北151个，占7.5%，中部499个，占19.9%，西部876个，占43.5%。西部地区县域经济单位占全国县域经济单位43.5%，比东部高19.4个百分点；人口占全国县域经济单位人口30.5%，比东部低0.6个百分点，而GDP总量仅占全国县域经济单位总量的19.6%，比东部低29.8个百分点。其差距显而易见（见表2-14）。

表 2 – 14 　 2004 年全国东部、东北、中部、西部县域经济部分数据

	县域经济单位（个）	县域人口规模（万人）	县域地区生产总值规模（亿元）	县域地方财政收入规模（亿元）	县域人口占全国县域人口比例（％）	县域 GDP 占全国县域 GDP 比例（％）
东部	486	58.70	65.50	2.51	0.311	0.494
东北	151	44.90	35.10	1.08	0.074	0.082
中部	499	56.80	29.40	1.03	0.309	0.227
西部	876	31.90	14.50	0.60	0.305	0.196

资料来源：《中国县域经济年鉴（2004）》。

　　成都市政府研究室何彬女士对四川与东部部分省份的差距基尼系数进行了测算。结论是：四川省与广东、山东两省的基尼系数变化是一种扩大的趋势，由 20 世纪 80 年代初的 0.18 扩大到 2004 年的 0.412（见表 2 – 15）。

表 2 – 15 　 四川、山东、浙江、广东、江苏五省的人均 GDP

单位：万元

年份	四川	山东	浙江	广东	江苏	五省人均 GDP 之和
1978	253	316	332	368	430	1699
1980	329	402	472	474	541	2218
1990	1103	1815	2144	2379	2042	9483
1993	1897	3222	4492	4912	4321	18844
1994	2489	4473	6231	6379	5801	25373
1995	3069	5747	8161	8349	7296	32622
2000	4770	9409	12906	11181	11539	49805
2004	7514	16874	23820	19315	20870	88393

　　根据前述人均 GDP 基尼系数的计算公式（1），我们利用表 2 – 15 以及相应的人均 GDP 从小到大的排序来测算五省的基尼系数。测算结果见表 2 – 16。

表 2 – 16   五省人均 GDP 的基尼系数变化情况

年份	1978	1980	1990	1993	1994	1995	2000	2004
基尼系数	0.0956	0.0927	0.122	0.155	0.150	0.159	0.161	0.165

由于数据采集不全，表 2 – 16 的结果不一定准确，但可以看出基尼系数即使在数据不全的情况下，仍呈现不断扩大抬高的趋势。

人均 GDP 基尼系数计算方法：

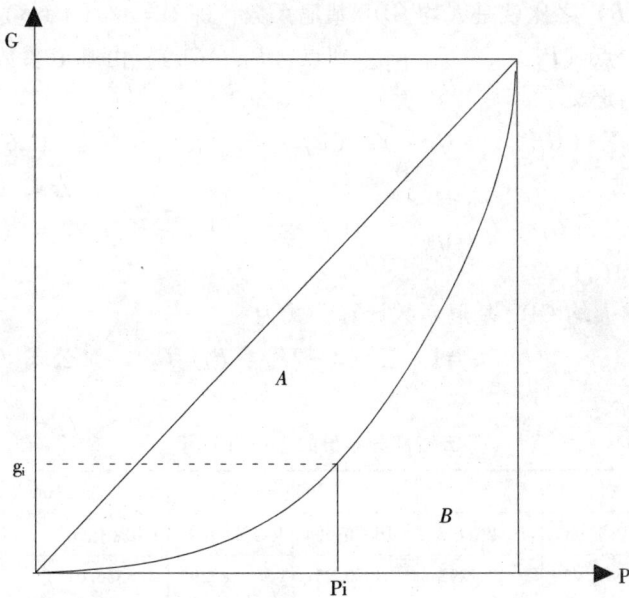

根据基尼系数性质，在计算人均 GDP 基尼系数中，我们设实际人均 GDP 分布曲线（洛伦茨曲线）和人均 GDP 绝对无差异曲线之间的面积为 A，实际人均 GDP 分布曲线右下方的面积为 B。如上图：

以 A 除以 $(A+B)$ 的值表示不平等程度，我们称这个数值为人均 GDP 基尼系数，该系数值域为 $(0, 1)$。如果人均 GDP 基尼系数越逼近 0，表示地区经济发展程度平衡度越高；如果系数越逼近 1，表示地区经济发展程度平衡度越差。

我们用 G_I，$I=1, 2, \cdots, N$ 表示全省或地市的 N 个组成部分的地区生产总值（GDP），（全省为 11 个地级市，地级市为所辖的各县），P_I 表示各部分的年平均人口数，$A_I = G_I/P_I$ 为各部分的人均生产总值。定义 I 的编号以 A_I 从小到大的次序排列。设 $G_I = G_I/G$，$P_I = P_I/P$，其中 G 和 P 分别表示 GDP 之和与人口之和，即 $G = \sum G_I$，$P = \sum P_I$，设累计变量 $G_{IS} = \sum G_I$（$S = 1, \cdots n$），$P_{IS} = \sum P_I$（$S = 1, \cdots, n$）。

在平面坐标中，（P_{IS}，G_{IS}）集合点顺序连接的曲线即为洛伦茨曲线。在图中，洛伦茨曲线和 45 度线之间的面积 A 和 45 度线下的面积（$A + B$）之比就是人均 GDP 基尼系数，即 $G = A/(A + B)$。

连接点（$P_{(I-1)S}$，$G_{(I-1)S}$）到点（P_{IS}，G_{IS}），由基尼系数的原理我们可以定义

$B = \sum (G_{(I-1)S} + G_{IS})/2(P_{IS} - P_{(I-1)S}) = (\sum(2G_{IS} + G_I)P_I)/2$ 或　　　　　　　　　　　　　　　　　　公式（1）

$B = \sum (G_{IS} - G_{(I-1)S})(1 - P_{(I-1)S} + 1 - P_{IS})/2 = (\sum(2 - 2P_{IS} + P_I)G_I)/2$　　　　　　　　　　　　　公式（2）

得出人均 GDP 基尼系数计算公式为

$$G = 1 - \sum(2 - 2P_{IS} + P_I)G_I \quad 公式（3）$$

表 2 - 17　　　　　　　　　五省部分年份的人口与 GDP

	1990 年		2000 年		2004 年	
	GDP(亿元)	人口数(万人)	GDP(亿元)	人口数(万人)	GDP(亿元)	人口数(万人)
四川	890.95	7893	4010.25	8329	6556.01	8725
山东	1511.19	8493	8542.44	9079	15490.73	9180
江苏	1416.5	6706	8582.73	7438	15512.35	7433
浙江	897.99	4104	6036.34	4677	11243	4720
广东	1559.03	6246	9662.23	8642	16039.46	8304
总计	6275.66	33442	36833.99	38165	64841.55	38362

根据人均 GDP 基尼系数的计算公式（3），以 2004 年的数据为例测算五个地区的基尼系数。

表 2 – 18　　　　　　　2004 年四川及东部部分省份有关指标

	GDP（亿元）	占比（%）	人口数（万人）	占比（%）
四川	6556.01	0.1011	8725	0.2274
山东	15490.73	0.2389	9180	0.2393
广东	16039.46	0.2474	8304	0.2165
江苏	15512.35	0.2392	7433	0.1938
浙江	11243	0.1734	4720	0.1230

将表 2 – 18 中的数据代入公式（3）中，得

$G = 1 - 1 - \sum (2 - 2P_{IS} + P_I) G_I$

$= 1 -$（$2 - 2 \times 0.2274 - 0.2274$）$\times 0.1011 -$（$2 - 2 \times 0.2274 -$
0.2393）$\times 0.2389 -$〔$2 - 2 \times$（$0.2274 + 0.2393$）$- 0.2165$〕$\times$
$0.2474 -$〔$2 - 2 \times$（$0.2274 + 0.2393 + 0.2165$）$- 0.1938$〕$\times$
$0.2392 -$〔$2 - 2 \times$（$0.2274 + 0.2393 + 0.2165 + 0.1938$）$-$
0.1230〕$\times 0.1734$

$= 1 - 0.1792 - 0.3120 - 0.2103 - 0.1052 - 0.0213$

$= 0.172$

同理，可测算 1990 年、1995 年、2000 年全国基尼系数，测算结果如表 2 – 19 所示。[①]

表 2 – 19　　　　　　　　　测算结果

年　份	1990	2000	2004
基尼系数	0.141	0.151	0.172

采取同样的方法，依据 2004 年各地区的数据计算全国人均 GDP 基尼系数为 0.412，由于是计算器手工操作，可能存在一定误差。

---

① 由于只采用了五个省份的数据，而且五个省份中有四个省份处于东部优先发展区，人均 GDP 差距不大，只有四川与其余四个省的差距比较大。

表 2 - 20　　　　　　　　全国各地区 2004 年人口与 GDP

	GDP（亿元）	占全国比重	总人数(万人)	占全国比重	人均 GDP（元）
北　京	4283.31	0.0262	1493	0.0115	28689
天　津	2931.88	0.0180	1024	0.0079	28632
河　北	8768.79	0.0537	6809	0.0526	12878
山　西	3042.41	0.0186	3335	0.0258	9123
内蒙古	2712.08	0.0166	2384	0.0184	11376
辽　宁	6872.65	0.0421	4217	0.0326	16297
吉　林	2958.21	0.0181	2709	0.0209	10920
黑龙江	5303	0.0325	3817	0.0295	13893
上　海	7450.27	0.0456	1742	0.0135	42768
江　苏	15512.35	0.0944	7433	0.0574	20869
浙　江	11243	0.0689	4720	0.0365	23820
安　徽	4812.68	0.0295	6461	0.0499	7449
福　建	6053.14	0.0371	3511	0.0271	17241
江　西	3495.94	0.0214	4284	0.0331	8160
山　东	15490.73	0.0949	9180	0.0709	16874
河　南	8815.09	0.0540	9717	0.0751	9072
湖　北	6309.92	0.0387	6016	0.0465	10489
湖　南	5612.26	0.0344	6698	0.0518	8379
广　东	16039.46	0.0983	8304	0.0642	19315
广　西	3320.1	0.0203	4889	0.0378	6791
海　南	769.36	0.0047	818	0.0063	9405
重　庆	2665.39	0.0163	3122	0.0241	8537
四　川	6556.01	0.0402	8725	0.0674	7514
贵　州	1591.9	0.0098	3904	0.0302	4078
云　南	2959.48	0.0181	4415	0.0341	6703
西　藏	211.54	0.0013	274	0.0021	7720
陕　西	2883.51	0.0177	3705	0.0286	7783
甘　肃	1558.93	0.0095	2619	0.0202	5952

续表

	GDP（亿元）	占全国比重	总人数（万）	占全国比重	人均 GDP（元）
青 海	465.73	0.0029	539	0.0042	8641
宁 夏	460.35	0.0028	588	0.0045	7829
新 疆	2200.15	0.0135	1963	0.0152	11208
全 国	163240.4	1.0000	129415	1.0000	

需要说明的是，人均 GDP 基尼系数的计算结果还应该考虑如下两个因素：一是因为从计算人均 GDP 基尼系数的公式定义分析，如果将计算公式中的 N 个组成部分增加到 $N+1$ 个组成部分，则 $N+1$ 计算的基尼系数大于或等于 n 计算的基尼系数，这是因为在洛伦茨曲线中其他曲线都没有变化，而第 M 个分为两部分 M_1 和 M_2，容易证明此时面积 $A(n+1)$ 大于或等于面积 A_n，即以 $n+1$ 计算的基尼系数一定大于或等于以 n 计算的基尼系数。由此归纳为，我们在计算基尼系数时，如果将各组成部分进一步分解为更多部分，则细分后的基尼系数一定大于原来分组的基尼系数。二是由于以收入法核算的 GDP 是劳动者报酬、生产税净额、固定资产折旧和营业盈余四项合计，因此收入差距不能完全反应人均 GDP 的差异状况，故对于人均 GDP 基尼系数这样的综合指标在达到 0.4 以上时应该是比较高的数值，具体的判别标准有待进一步的分析研究。

表 2－21 1978—2004 年山东省和江苏省地区生产总值情况　　单位：亿元

年份	山东				江苏				
	GDP	环比增幅（%）	一产业	二产业	三产业	GDP	环比增幅（%）	一产业	二产业	三产业
1978	225.45		75.06	119.35	31.04	249.24		68.71	131.09	49.44
1979	251.6	11.6	91.12	127.68	32.8	298.55	19.8	104.04	141.14	53.37
1980	292.13	16.1	106.43	146.11	39.59	319.8	7.1	94.24	167.41	58.15
1981	346.57	18.6	132.21	155.41	58.95	350.02	9.4	109.39	178.01	62.62
1982	395.38	14.1	154.07	166.05	75.26	390.17	11.5	135.15	185.52	69.5

续表

年份	山东				江苏				
	GDP	环比增幅（%）	一产业	二产业	三产业	GDP	环比增幅（%）	一产业	二产业	三产业
1983	459.83	16.3	185.57	178.75	95.51	437.65	12.2	150.41	210.81	76.43
1984	581.56	26.5	222.13	239.27	120.16	518.85	18.6	179	250.39	89.46
1985	680.46	17.0	235.96	293.07	151.43	651.82	25.6	195.66	339.56	116.6
1986	742.05	9.1	252.73	313.21	176.11	744.94	14.3	224.26	376.32	144.36
1987	892.29	20.2	287.31	384.57	220.41	922.33	23.8	246.86	493.69	181.78
1988	1117.66	25.3	331.94	497.1	288.62	1208.85	31.1	319.18	586.82	302.85
1989	1293.94	15.8	359.14	579.65	355.15	1321.85	9.3	324.18	657.06	340.61
1990	1511.19	16.8	425.29	635.98	449.92	1416.5	7.2	355.17	692.59	368.74
1991	1810.54	19.8	521.85	745.9	542.79	1601.38	13.1	345.14	793.92	462.32
1992	2196.53	21.3	534.62	999.11	662.8	2136.02	33.4	393.82	1119.26	622.94
1993	2779.49	26.5	596.63	1358.94	823.92	2998.16	40.4	490.59	1598.05	909.52
1994	3872.18	39.3	775.03	1900.46	1196.69	4057.39	35.3	671.94	2186.77	1198.68
1995	5002.34	29.2	1010.13	2372.67	1619.54	5155.25	27.1	848.35	2715.26	1591.64
1996	5960.42	19.2	1200.17	2810.72	1949.53	6004.21	16.5	965.29	3074.12	1964.8
1997	6650.02	11.6	1195	3185.05	2269.97	6680.34	11.3	1008.41	3411.86	2260.07
1998	7162.2	7.7	1215.81	3457.03	2489.36	7199.95	7.8	1016.27	3640.1	2543.58
1999	7662.1	7.0	1221	3705.44	2735.66	7697.82	6.9	1003.51	3920.15	2774.16
2000	8542.44	11.5	1268.57	4244.4	3029.47	8582.73	11.5	1031.17	4435.89	3115.67
2001	9438.31	10.5	1359.49	4654.51	3424.31	9511.91	10.8	1082.43	4907.46	3522.02
2002	10552.06	11.8	1390	5309.54	3852.52	10631.75	11.8	1054.63	5604.49	3972.63
2003	12435.93	17.9	1480.67	6656.85	4298.41	12460.83	17.2	1106.35	6787.11	4567.37
2004	15490.73	24.6	1778.3	8724.52	4987.91	15512.35	24.5	1315.38	8770.32	5426.65
总计	108345.4		18406.23	53961.34	35977.83	109060.66		14839.53	57375.17	36845.96
年平均增幅	17.8					16.7				

资料来源：相关省份统计年鉴。

表 2 - 22　　1978—2004 年上海市和广东省地区生产总值情况

单位：亿元

年份	上海				广东				
	GDP	环比增幅（%）	一产业	二产业	三产业	GDP	环比增幅（%）	一产业	二产业	三产业
1978	272. 81		11	211. 05	50. 76	185. 85		55. 31	86. 62	43. 92
1979	286. 43	5. 0	11. 39	221. 21	53. 83	209. 33	12. 6	66. 62	91. 65	51. 06
1980	311. 89	8. 9	10. 1	236. 1	65. 69	249. 64	19. 3	82. 97	102. 53	64. 14
1981	324. 76	4. 1	10. 58	244. 34	69. 84	290. 35	16. 3	94. 3	120. 34	75. 71
1982	337. 07	3. 8	13. 31	249. 32	74. 44	339. 93	17. 1	118. 17	135. 37	86. 39
1983	351. 81	4. 4	13. 52	255. 32	82. 97	368. 75	8. 5	121. 24	152. 27	95. 24
1984	390. 85	11. 1	17. 26	275. 37	98. 22	458. 73	24. 4	145. 25	187. 55	125. 93
1985	466. 75	19. 4	19. 53	325. 63	121. 59	577. 38	25. 9	171. 87	229. 82	175. 69
1986	490. 83	5. 2	19. 69	336. 02	135. 12	667. 53	15. 6	188. 37	255. 88	223. 28
1987	545. 46	11. 1	21. 6	364. 38	159. 48	846. 69	26. 8	232. 14	330. 35	284. 2
1988	648. 3	18. 9	27. 36	433. 05	187. 89	1155. 37	36. 5	306. 5	460. 17	388. 7
1989	696. 54	7. 4	29. 63	466. 18	200. 73	1381. 39	19. 6	351. 73	554. 13	475. 53
1990	756. 45	8. 6	32. 6	482. 68	241. 17	1559. 03	12. 9	384. 59	615. 86	558. 58
1991	893. 77	18. 2	33. 36	551. 34	309. 07	1893. 3	21. 4	416	782. 67	694. 63
1992	1114. 32	24. 7	34. 16	677. 39	402. 77	2447. 54	29. 3	465. 83	1100. 32	881. 39
1993	1511. 61	35. 7	38. 21	900. 33	573. 07	3431. 86	40. 2	559. 67	1700. 92	1171. 27
1994	1971. 92	30. 5	48. 59	1143. 24	780. 09	4516. 63	31. 6	694. 65	2242	1579. 98
1995	2462. 57	24. 9	61. 68	1409. 85	991. 04	5733. 97	27. 0	868. 99	2876. 74	1988. 24
1996	2902. 2	17. 9	71. 58	1582. 5	1248. 12	6519. 14	13. 7	941. 73	3269. 35	2308. 06
1997	3360. 21	15. 8	75. 8	1754. 39	1530. 02	7315. 51	12. 2	986. 82	3647. 82	2680. 87
1998	3688. 2	9. 8	78. 5	1847. 2	1762. 5	7919. 12	8. 3	1004. 92	3991. 97	2922. 23
1999	4034. 96	9. 4	80	1953. 98	2000. 98	8464. 31	6. 9	1021. 3	4264. 32	3178. 69
2000	4551. 15	12. 8	83. 2	2163. 68	2304. 27	9662. 23	14. 2	1000. 06	4868. 75	3793. 42
2001	4950. 84	8. 8	85. 5	2355. 53	2509. 81	10647. 71	10. 2	1004. 35	5341. 61	4301. 75
2002	5408. 76	9. 2	88. 24	2564. 69	2755. 83	11735. 64	10. 2	1032. 79	5935. 63	4767. 22

续表

年份	上海					广东				
	GDP	环比增幅(%)	一产业	二产业	三产业	GDP	环比增幅(%)	一产业	二产业	三产业
2003	6250.81	15.6	92.98	3130.72	3027.11	13625.87	16.1	1093.52	7307.08	5225.27
2004	7450.27	19.2	96.71	3788.22	3565.34	16039.46	17.7	1245.42	8890.29	5903.75
总计	56431.54		1206.08	29923.71	25301.75	118242.26		14655.11	59542.01	44045.14
年平均增幅	13.7						19.0			

资料来源：相关省份统计年鉴。

表 2-23   1978—2004 年浙江省和四川省地区生产总值情况

单位：亿元

年份	浙江					四川				
	GDP	环比增幅(%)	一产业	二产业	三产业	GDP	环比增幅(%)	一产业	二产业	三产业
1978	123.72		47.09	53.52	23.11	184.61		82.20	65.55	36.86
1979	157.64	27.4	67.56	64.07	26.01	205.76	11.5	91.95	72.31	41.50
1980	179.68	14.0	64.61	84.07	31	229.31	11.4	101.68	81.05	46.58
1981	204.45	13.8	69.06	94.68	40.71	242.32	5.7	108.02	83.36	50.94
1982	233.41	14.2	84.88	98.44	50.09	275.23	13.6	125.36	92.84	57.03
1983	256.23	9.8	82.89	113.12	60.22	311.00	13.0	138.17	105.69	67.14
1984	322.07	25.7	104.4	141.48	76.19	358.06	15.1	156.11	121.68	80.27
1985	427.5	32.7	123.88	198.91	104.71	421.15	17.6	172.90	148.11	100.14
1986	500.06	17.0	136.29	230.89	132.88	458.23	8.8	181.20	160.62	116.41
1987	603.71	20.7	159.41	281.47	162.83	530.86	15.9	202.25	187.88	140.73
1988	765.76	26.8	195.68	354.39	215.69	659.69	24.3	241.95	238.32	179.42
1989	843.72	10.2	210.95	386.25	246.52	744.98	12.9	263.15	266.16	215.67
1990	897.99	6.4	225.04	408.18	264.77	890.95	19.6	321.41	313.64	255.90
1991	1081.75	20.5	245.22	494.11	342.42	1016.31	14.1	339.00	378.48	298.83
1992	1365.06	26.2	262.67	653.43	448.96	1177.27	15.8	372.04	441.57	363.66
1993	1909.49	39.9	317.84	980.42	611.23	1486.08	26.2	449.38	580.38	456.32

续表

年份	浙江					四川				
	GDP	环比增幅（％）	一产业	二产业	三产业	GDP	环比增幅（％）	一产业	二产业	三产业
1994	2666.86	39.7	443.87	1388.06	834.93	2001.41	34.7	597.37	782.77	621.27
1995	3524.79	32.2	559.8	1834.47	1130.52	2504.95	25.2	725.46	980.91	798.58
1996	4146.06	17.6	609.18	2200.19	1336.69	2985.15	19.2	860.02	1156.01	969.12
1997	4638.24	11.9	637.48	2509.56	1491.2	3320.11	11.2	919.28	1295.32	1105.51
1998	4987.5	7.5	631.31	2709.08	1647.11	3580.26	7.8	941.24	1411.01	1228.01
1999	5364.89	7.6	631.94	2902.81	1830.14	3711.61	3.7	941.02	1442.63	1327.96
2000	6036.34	12.5	664.16	3183.47	2188.71	4010.25	8.0	945.58	1580.49	1484.18
2001	6748.15	11.8	667.4	3487.5	2593.25	4421.76	10.3	981.68	1756.86	1683.22
2002	7796	15.5	694	3982	3120	4875.12	10.3	1047.95	1982.44	1844.73
2003	9395	20.5	728	4941	3726	5456.32	11.9	1128.61	2266.06	2061.65
2004	11243	19.7	816	6045	4382	6556.01	20.2	1394.26	2690.00	2471.75
总计	76419.07		9480.61	39820.57	27117.89	52614.76		13829.24	20682.14	18103.38
年平均增幅	18.4					14.7				

资料来源：相关省份统计年鉴。

三　东西部差距的经济增长因素分析

决定地区经济增长的因素是多方面的，区位条件、资源禀赋、要素配置、技术进步、结构因素等，都构成一个地区经济增长的基本要件。

作为最大的发展中国家，改革开放以来，中国经济保持了9％左右的速度增长，创造了"中国奇迹"，带来了人民生活水平的普遍提高（解决了13亿人口的温饱问题，中国的贫困人口由初期的近3亿下降为2005年的不到3000万），国家进入了全面建设小康阶段。但中国经济增长呈现明显的东西部差距也是事实。分析其中的原因，资源要素供给和利用即配置上存在区域不同，而这种不同，又带有明显的政府主导性，即国家实施非均衡发展战略，对东西部差距的形成起到了重要推动作用，尤其是在改革开放初期，从而带来了东西部差距。

（一）东部充分利用三大比较优势促进加快发展拉大了与西部的差距

相对于西部而言，东部具有三大比较优势，沿海区位条件、经商文明和华人华侨三大优势。问题的关键，还在于东部地区充分利用这三大优势，加快了自己的经济发展，从而拉大了与西部的差距。

一是沿海区位比较优势。东部省份地处东南沿海，与世界市场靠近。广东毗邻港澳和东南亚，福建面对台湾岛、上海、江苏、浙江地处长三角，山东与韩日隔海相望……东部沿海，与国际市场有时空临近优势，有参与国际市场的比较优势；面对亚太前沿，有联系国际市场、参与国际市场分工的地缘比较优势；紧邻港澳台，有利用港澳台资本比较优势。这些比较优势，对地区收入差距必然带来较大的影响。在地理因素方面（生产性资源、生产中心和市场的分布与距离，以及组织生产经营的成本），除了东北地区，落后地区与其他地区相比都具有当地市场规模小、距跨地区市场距离远的特征。东部省份直接面对国际市场的区位优势西部不可比，也是不可改变的。西部如四川地处内陆，距边境最近口岸也在1000公里左右。据世界银行的分析，用从中国到美国西海岸的简单运输成本说明了地理位置带来的差异，在投入成本相同，而运输成本不同的假设下，如中国西部兰州这样的内陆城市，可能的最大附加值只有沿海城市如上海的60%。内陆省份的劳动力报酬只有沿海地区的43%，只是国际工资水平的33%。例如在大多数服装加工行业，投入品主要是进口的，而从港口到内陆地区的陆路交通成本往往占到了总运输成本的三分之二以上，这就相当于向内陆地区双重征税。[1] 西部在区位上的劣势，使西部地区在产品出口、设备进口、人才引进、招商引资的成本高于东部，东西部差距也由此形成。

二是历史文化因素。历史上，东部沿海省份的人有经商的传统，一直是我国对外开放的窗口和重要门户。自郑和下西洋，到近代与列强抗争，东部人练就了经商意识和竞争能力，经商文化优势是西部地

---

[1] 世界银行：《中国：推动公平的经济增长》，清华大学出版社2004年版，第39页。

区和西部人短期内无法超越的，也因此而成为东西部经济增长和收入差距的重要人文因素。

三是华人华侨华籍人口因素。全球华人华侨近 5000 万，分布在世界各地。在未加入世界贸易组织以前，由于东西方意识形态影响和发达国家的贸易保护主义、技术封锁等，我国与世界的联系和引进国外资金、技术、设备、管理等，主要通过爱国华人华侨。由于历史的原因，我国华人华侨祖籍大多在沿海省份，又以广东、福建省为多。改革开放初期，每年有数万大陆学子出国留学，沿海地区居多；学成归来，大多投向了沿海地区。林凌教授在分析 20 世纪东南沿海地区经济时就认为，当时中国经济存在三大板块四股力量：三大板块是港澳台板块、东部沿海地区板块和中国内陆除沿海广大地区板块；四股力量首推大陆以外的港澳台及华侨华裔华人经济力量，其次是中国东南沿海地区经济力量，第三是中国沿边地区的经济力量，第四是地处内陆、急求改变封闭落后状态的内地经济力量。① 东部华人华侨华裔人缘优势，有台属港属澳属亲情优势，有利用其资本技术人才发展经济、发家致富的优势，这成为东部经济的强烈推动力，也成为东西部差距形成的重要推动力。

（二）资本要素投入差异带来东西部经济增长差距

凯恩斯理论和哈罗德—多玛增长模型表明，投资是经济增长的第一推动力。对于改革开放初期的中国，缺资金是最大的经济发展制约因素。改革开放以后，东西部投资差距，是形成东西部经济增长差距的主要因素。1978 年到 2004 年，四川年均投资增长率 19.9%，同期山东 22.2%，江苏 24.7%，上海 19.8%，广东 23.1%，浙江 23.9%。

1. 全社会固定资产投资一直保持东高西低

我们将山东、江苏、上海、广东、浙江和四川六个地区的 GDP 数据与固定资产投资情况的数据分别进行了回归分析：②

---

① 林凌：《中国经济的区域发展》，四川出版集团、四川人民出版社 2006 年版，第 731—733 页。

② 在分析数据时，将固定资产投资（简写为 GDZC）作为自变量，GDP 作为因变量。

山东省的分析结果如下：

$$y = 2.204x + 1321.119 \qquad (R^2 = 0.919, \ t = 14.720)$$

y 为山东省的 GDP 值，x 为山东省固定资产投资值。

计算结果如下：

Model Summary

Model	R	R Square	Adjusted R Square	Std. Error of the Estimate
1	0.959（a）	0.919	0.915	1273.32759

a Predictors：（Constant），GDZC

Coefficients（a）

Model		Unstandardized Coefficients		Standardized Coefficients	t	Sig.
		B	Std. Error	Beta		
1	（Constant）	1321.119	376.708		3.507	0.002
	GDZC	2.204	0.150	0.959	14.720	0.000

a Dependent Variable：GDP

江苏省的分析结果如下：

$$y = 2.371x + 695.769 \qquad (R^2 = 0.979, \ t = 29.639)$$

y 为江苏省的 GDP 值，x 为江苏省固定资产投资值。

计算结果如下：

Model Summary

Model	R	R Square	Adjusted R Square	Std. Error of the Estimate
1	0.989（a）	0.979	0.978	655.79846

a Predictors：（Constant），GDZC

Coefficients （a）

Model		Unstandardized Coefficients		Standardized Coefficients	t	Sig.
		B	Std. Error	Beta		
1	（Constant）	695.769	206.203		3.374	0.003
	GDZC	2.371	0.080	0.989	29.639	0.000

a Dependent Variable：GDP

上海市的分析结果如下：

$y = 2.147x + 86.349$　　　　　$(R^2 = 0.924，t = 15.165)$

y 为上海市的 GDP 值，x 为上海市固定资产投资值。

计算结果如下：

Model Summary

Model	R	R Square	Adjusted R Square	Std. Error of the Estimate
1	0.961 （a）	0.924	0.920	613.25394

a Predictors：（Constant），GDZC

Coefficients （a）

Model		Unstandardized Coefficients		Standardized Coefficients	t	Sig.
		B	Std. Error	Beta		
1	（Constant）	86.349	212.901		0.406	0.690
	GDZC	2.147	0.142	0.961	15.165	0.000

a Dependent Variable：GDP

广东省的分析结果如下：

$y = 2.730x + 160.567$　　　　$(R^2 = 0.983，t = 32.998)$

y 为广东省的 GDP 值，x 为广东省固定资产投资值。

计算结果如下：

Model Summary

Model	R	R Square	Adjusted R Square	Std. Error of the Estimate
1	0.991 (a)	0.983	0.982	639.01798

a Predictors: (Constant), GDZC

Coefficients (a)

Model		Unstandardized Coefficients		Standardized Coefficients	t	Sig.
		B	Std. Error	Beta		
1	(Constant)	160.567	214.811		0.747	0.464
	GDZC	2.730	0.083	0.991	32.998	0.000

a Dependent Variable: GDP

浙江省的分析结果如下：

$$y = 1.891x + 756.879 \qquad (R^2 = 0.968,\ t = 23.925)$$

y 为浙江省的 GDP 值，x 为浙江省固定资产投资值。

计算结果如下：

Model Summary

Model	R	R Square	Adjusted R Square	Std. Error of the Estimate
1	0.984 (a)	0.968	0.966	594.85078

a Predictors: (Constant), GDZC

Coefficients (a)

Model		Unstandardized Coefficients		Standardized Coefficients	t	Sig.
		B	Std. Error	Beta		
1	(Constant)	756.879	175.538		4.312	0.000
	GDZC	1.891	0.079	0.984	23.925	0.000

a Dependent Variable: GDP

四川省的分析结果如下：

$$y = 2.465x + 455.919 \qquad (R^2 = 0.979, \ t = 29.624)$$

y 为四川省的 GDP 值，x 为四川省固定资产投资值。

计算结果如下：

Model Summary

Model	R	R Square	Adjusted R Square	Std. Error of the Estimate
1	0.989（a）	0.979	0.978	282.40170

a Predictors：（Constant），GDZC

Coefficients（a）

Model		Unstandardized Coefficients		Standardized Coefficients	t	Sig.
		B	Std. Error	Beta		
1	（Constant）	455.919	90.926		5.014	0.000
	GDZC	2.465	0.083	0.989	29.624	0.000

a Dependent Variable：GDP

　　从上面回归分析的结果，我们可以看出：在这六个省份中，固定资产投资对各省经济增长的相关性系数差距不大，对经济的贡献是差不多的，并没有太大的差别，四川省的固定资产投资的贡献性并不小。但四川省的 GDP 值与东部省份相差较大，就在于固定资产投资的绝对值相比差异较大，四川省与东部省份经济增长的投资因素中，形成差距的原因在于固定资产投资额远低于东部。我们从数据中可以看出，四川省的固定资产投资数据从 1986 年开始就小于其他五个省份，而且随着时间的推移，绝对值的差距越来越大，这就使得四川省的 GDP 值与东部省份相比少了很多。可见，东西部地区固定资产投资的东高西低是导致东西部地区经济增长的重要因素。

　　2. 利用外来资金情况不同

　　一是利用外资一直保持东多西少。从数据上，我们也发现四川省在利用外资数量上徘徊不前，没有形成递增趋势。而东部五省市在利用外资方面总体上不断增长。二是利用港澳台投资东富西寡。改革开放最初的十年，我国引进外资的80%来自港澳台投资，80%也集中

表2-24　　　　1978—2004年山东等省固定资产投资情况比较

年份	山东		江苏		上海		广东		浙江		四川	
	固定资产投资	环比增幅（%）	固定资产投资	环比增幅（%）	固定资产投资	环比增幅（%）	固定资产投资	环比增幅（%）	固定资产投资	环比增幅（%）	固定资产投资	环比增幅（%）
1978	41.87		21.75		27.91		27.23		23.23		0	
1979	61.35	46.5	26.75		35.58	27.5	28.29	3.9	26.11	12.4	0	0.0
1980	69.97	14.1	34.73	29.8	45.43	27.7	38.29	35.3	33.25	27.3	0	0.0
1981	79.6	13.8	60.5	74.2	54.6	20.2	60.4	57.7	34.16	2.7	0	0.0
1982	85	6.8	76.21	26.0	71.34	30.7	84.73	40.3	41.72	22.1	0	0.0
1983	96.46	13.5	105.27	38.1	75.94	6.4	88.71	4.7	44.04	5.6	0	0.0
1984	140.15	45.3	130.98	24.4	92.3	21.5	130.37	47.0	64.89	47.3	70.09	0.0
1985	194.33	38.7	191.93	46.5	118.56	28.5	184.59	41.6	102.2	57.5	109.66	56.5
1986	223.08	14.8	241.23	25.7	145.93	23.1	216.5	17.3	127.39	24.6	112.76	2.8
1987	297.77	33.5	317.12	31.5	186.3	27.7	251.01	15.9	156.2	22.6	140.18	24.3
1988	369.82	24.2	371.87	17.3	245.27	31.7	353.59	40.9	188.96	21.0	158.51	13.1
1989	305.54	-17.4	320.23	-13.9	214.76	-12.4	347.34	-1.8	179.49	-5.0	152.40	-3.9
1990	335.66	9.9	356.3	11.3	227.08	5.7	381.47	9.8	186.96	4.2	162.66	6.7
1991	439.82	31.0	439.98	23.5	258.3	13.7	478.2	25.4	239.75	28.2	204.28	25.6
1992	601.5	36.8	711.7	61.8	357.38	38.4	921.75	92.8	361.18	50.6	304.78	49.2

续表

年份	山东		江苏		上海		广东		浙江		四川	
	固定资产投资	环比增幅(%)	固定资产投资	环比增幅(%)	固定资产投资	环比增幅(%)	固定资产投资	环比增幅(%)	固定资产投资	环比增幅(%)	固定资产投资	环比增幅(%)
1993	892.48	48.4	1144.2	60.8	653.91	83.0	1629.87	76.8	683.83	89.3	459.40	50.7
1994	1108	24.1	1331.13	16.3	1123.29	71.8	2141.15	31.4	1006.39	47.2	573.43	24.8
1995	1320.97	19.2	1680.17	26.2	1601.79	42.6	2327.22	8.7	1357.9	34.9	677.34	18.1
1996	1558.01	17.9	1949.53	16.0	1952.05	21.9	2327.64	0.0	1617.53	19.1	803.79	18.7
1997	1792.22	15.0	2203.09	13.0	1977.59	1.3	2298.14	-1.3	1694.57	4.8	949.30	18.1
1998	2056.97	14.8	2535.5	15.1	1964.83	-0.6	2668.13	16.1	1847.93	9.1	1184.80	24.8
1999	2222.17	8.0	2742.65	8.2	1856.72	-5.5	3027.56	13.5	1886.04	2.1	1220.66	3.0
2000	2542.65	14.4	2995.43	9.2	1869.67	0.7	3233.7	6.8	2267.22	20.2	1403.85	15.0
2001	2807.79	10.4	3302.96	10.3	1994.73	6.7	3536.41	9.4	2776.69	22.5	1573.80	12.1
2002	3509.29	25.0	3849.24	16.5	2187.06	9.6	3970.69	12.3	3596.31	29.5	1805.20	14.7
2003	5328.44	51.8	5335.8	38.6	2452.11	12.1	5030.57	26.7	4993.57	38.9	2158.20	19.6
2004	7629.04	43.2	6827.59	28.0	3084.66	25.8	6025.53	19.8	6059.78	21.4	2648.46	22.7
总计	36109.95		39303.84		24875.09		41809.08		31597.29		16873.55	
年均增幅(%)	22.2		24.7		19.8		23.1		23.9		19.9	

资料来源:根据相关省市统计年鉴整理。

在东部，西部地区不到 5%。三是国有投资向东部地区倾斜。四是全国资金如银行资金、政府资金、企业资金和民间资本向特区等沿海地区流动。统计资料表明，1994 年前，东部地区银行是贷大于存，西部是存大于贷，表明改革开放以来近 15 年间国家在银行流动资金安排上，客观上存在抽西部以补东部。当东部地区银行出现贷差（贷大于存）时，四川等西部地区多是存差（存大于贷）。四川等西部地区百姓的储蓄，本应是西部地区经济发展的投资血液，然而却成了东部地区的投资要素。

即使在实施西部大开发以后，这种投资东高西低的状况也没有根本改变。1999 年，西部地区全社会固定资产投资 5421 亿元，比东部地区 17330 亿元少 11909 亿元，2000 年差距扩大到 12641 亿元，2001 年再增加到 13715 亿元，2002 年差额为 12784 亿元，2003 年剧增到 21296 亿元，2004 年西部地区全社会固定资产投资大幅增长到 13749 亿元，比 5 年前的 1999 年增加了 8328 亿元，增长了 1.5 倍，但与东部的总量差距更大了，达到 26493 亿元。[①]

融资环境、资本市场、资本使用等，东西部都存在较大差异，对收入差距产生较大的影响。融资环境东部完善而西部欠缺；投资资金东部易得而西部难求；资本市场是东部有场有市而西部无场无市，我国仅有的两个股票交易市场分别于 1990 年和 1991 年在上海和深圳设立，东部地区仅在股票市场的直接融资就比中西部地区的总和还多；东部资金流动快而西部资金沉淀时滞；东部资金使用有效率而西部经济尤其是工业经济低效与亏损。东西部在资金要素上表现出明显的差异。

（三）劳动力要素差异带来东西部收入差距

劳动力是生产力最活跃的因素。人的素质尤其是劳动力素质，对地区经济增长具有直接的影响。东西部比较，东部地区人口的素质较高，而西部地区人口的素质偏低。全国的文盲主要集中于中西部。西部人在受教育程度、劳动力知识结构、劳动技能、劳动生产率等方面

---

① 刘世庆、罗望、任治俊等：《西部大开发资金战略研究报告》，经济科学出版社 2005 年版，第 45 页。

均逊于东部地区。胡鞍钢研究发现："西部地区与东部地区相比，不仅在经济发展和人类发展上存在明显差距，更为关键的是，东西部地区还存在着巨大的知识发展差距，西部一些地区的部分人群甚至面临与知识隔离的危险。""西部人均综合知识发展水平仅相当于东部的35%，获取知识的能力仅相当于东部的14%，吸收知识的能力仅为东部的81%，交流知识的能力仅为东部的31%，人均外国投资和互联网普及率分别是东部的8%和12%。""这表明东西部地区的知识发展差距要明显大于其经济发展差距。"[①] 东西部劳动力素质差异，使西部人即使在东部就业也存在明显的地位和收入差距，即客观上存在老板与打工仔关系，侨民侨属与内地人关系，精英与普通劳动者关系。其收入的差距也是明显的，打工族只能得到工资收入，东部老板则收获了全部利润和剩余价值。西部精英南飞，劳动力东流，除过去大家认可的增加了西部尤其是农民的收入，更主要是扩大了东部的市场需求，增加了东部的购买力，因为劳动者收入三分之一要转化为当地消费，从而促进了东部地区的市场需求并促进东部经济的发展与繁荣。进一步研究表明，西部地区廉价的劳动力，降低了东部地区产品成本，有利于提高东部产品的市场竞争力，尤其是在国际市场的价格竞争力，提高其出口创汇能力。中国管理科学院资深院士兰宜生注意到了东西部劳动力在东部打工与东部人同利不等利的问题。"虽然纵向比较外来民工获得了更高的收入，但与广东本地职工收入做横向比较可以发现，外地工人的工资水平与本地职工有明显差距。笔者以2000年《广东统计年鉴》'1999年各市在岗职工平均工资'为参照，与调查样本中14个城市的外来民工平均工资做一对比，结果发现，各市外地工人的平均工资均低于本地职工平均工资，前者分别相当于后者的 46.53%—98.2%，平均相当于本地职工平均工资的74.55%。"[②]

东西部差距表现在劳动力就业结构上。2004年，四川就业人员4503.4万人，其中第一产业就业2379.3万人，第二产业就业

①　胡鞍钢：《一个中国　四个世界》，《中国经济时报》2001年4月17日。
②　兰宜生：《广东与中西部经济联系的形式和实质》，《中国农村经济》2001年第4期。

789.6万人,第三产业就业1334.6万人,三次产业就业结构比为52.8:17.5:29.6;然而广东三次产业就业结构比为37.5:29.1:35.2;山东三次产业就业结构比为44.4:27.6:28。四川第一产业就业比重比广东高15.3个百分点,比山东高8.4个百分点;第二产业就业比重分别比广东、山东低11.6个百分点和10.1个百分点;第三产业分别比广东低5.6个百分点,比山东高1.96个百分点。西部四川的劳动力主要集中在生产率和附加价值均较低的第一产业,二、三产业就业低,在现有生产力条件下,表明西部劳动生产力多分布在劳动生产率较低的部门。这不能不是造成东西部差距的重要原因。

(四) 产业结构转型差异带来东西部经济增长差距

经济结构与总量经济增长具有正相关关系。调整结构,推进主导产业的形成,是经济增长进入"起飞"阶段的重要标志。我国改革开放的历程,就是推进工业化的历程,是结构转型的过程。在结构调整中,实现经济的增长和产业的升级。在这一过程中,东西部表现出了明显的差异。1978年,广东省经济总量185.85亿元,其中第一产业55.31亿元,第二产业86.62亿元,第三产业43.92亿元,三次产业结构比为29.8:46.6:23.6;到2004年,广东省经济总量16039.3亿元,其中第一产业1145.42亿元,第二产业8890.29亿元,第三产业5903.75亿元,三次产业结构比为7.1:55.4:36.8。山东省1978年经济总量225.45亿元,其中第一产业75.06亿元,第二产业119.35亿元,第三产业31.04亿元,三次产业结构比为33.3:52.9:13.8;到2004年,山东省经济总量为15490.73亿元,其中第一产业1778.3亿元,第二产业8724.52亿元,第三产业4987.91亿元,三次产业结构比为11.5:56.32:32.2。西部四川省1978年经济总量184.61亿元,其中第一产业82.2亿元,第二产业65.55亿元,第三产业36.86亿元,三次产业结构比为44.5:35.5:19.9;到2004年,四川省经济总量6556亿元,其中第一产业1394.26亿元,第二产业2690亿元,第三产业2471.75亿元,三次产业结构比为21.3:41.0:37.7。在结构调整的过程中,东西部经济结构均趋向合理化,但明显可以看出,东部地区第二、三产业的比重比西部地区第二、三产业的比重上升得快,1978年四川省第二产业比重比广东低11.1个百分点,比山东低17.4

个百分点；到 2004 年，四川比广东低 14.4 个百分点，扩大了 3.3 个百分点，比山东低 15.32 个百分点，缩小了 2.08 个百分点；第三产业 1978 年四川比广东低 3.7 个百分点，比山东高 6.1 个百分点；2004 年四川比广东高 0.9 个百分点，比山东高 5.5 个百分点。可见，四川与东部的广东、山东在结构调整上，差距主要反映在工业上，工业化进程西部明显低于东部。

问题的实质在于，多年的发展使东部地区在主导产业上形成了自己的特色和优势。与四川重工业偏重相比，广东地区的轻工业产品销售曾覆盖包括四川在内的整个西部，近年来在汽车、石化等重化工业领域东部又领先西部；山东省在家用电器方面产生了海尔等知名产品。深圳蛇口工业区、上海浦东、苏州工业园区等东部工业经济增长极，进一步拉大了与西部的经济增长差距。

（五）政策制度安排促成东西部经济增长差距

政策制度因素在区域经济发展和经济增长中具有特别重要的意义。国家在制定政策和制度安排上，实行东部优先和东部先行先试。1978 年到 1983 年，中央批准并召开了一系列沿海部分省区对外开放政策的会议。尤其是在 20 世纪 80 年代初短短的三年多时间里，中央就连续采取了 8 个大的动作，就沿海地区对外开放发出包括纪要在内的 7 个文件；国务院副总理谷牧主持会议，多次召集广东、福建两省研究对外开放工作；国家统计局划分了沿海和内地范围，明确了深圳、珠海和厦门三大经济特区。尔后的 14 个沿海城市对外开放，并享有一系列的对沿海地区的特殊优惠政策等，从而使这一时期东西部发展差距拉大，为东部创造了先期效应和先期得利。有几点是明显的。

一是西部城市被批准享受对外开放政策比东部晚了 10 多年。四川省省会成都市直到 1992 年才被批准享受对外开放城市政策，比深圳特区 1979 年正式成立晚了 13 年。

二是西部利用外资比东部晚了近 10 年。统计记录表明，四川省引进外资的第一年是 1996 年，当年利用外资 11.68 亿美元。相比广东省 1979 年利用外资 0.91 亿美元，四川晚了 15 年，比山东省 1980 年利用外资 0.12 亿美元，四川晚了 14 年。

三是西部县级经济单位的对外开放比东部更迟了近20年。1984年国家开放沿海14个城市，广东的县级市陆续对外开放，而西部的县级经济单位直到20世纪90年代末才对外开放。

附1　20世纪80年代以来沿海改革开放主要大事①

1979年7月15日，中共中央、国务院批转广东省委、福建省委《关于对外经济活动实行特殊政策和灵活措施的两个报告》。原则同意两省试行在中央统一领导下的大包干的经济管理体制方式。除财政管理体制试行大包干的办法外，两省在计划、物价政策等方面，也都实行新的经济体制和灵活政策。出口特区先在深圳、珠海两市划出部分地区搞试点。

1980年3月24—30日，国务院副总理谷牧受中央、国务院委托在广州召开广东、福建两省会议。会议指出，中央决定对广东、福建两省在对外经济活动中实行特殊政策和灵活措施，是改革经济体制的一种试验。

1980年5月16日，中央转发《广东、福建两省会议纪要》。中央指出，一年来的实践证明，中央决定广东、福建两省在对外经济活动中，实行特殊政策和灵活措施是正确的。

1980年12月10日，国务院正式批准成立厦门经济特区，并且指定在厦门岛北部划出2.5平方公里的土地，进行总体规划。

1982年1月15日，中央、国务院批转《沿海九省、市、自治区对外经济贸易工作座谈会纪要》。中央、国务院的批语指出，在新的形势下，沿海地区特别是沿海重要城市，应当充分发挥优势，加强对外经济贸易工作，善于利用国际市场、国外资源、资金和先进技术，加速沿海地区经济的发展，并且加强同内地的经济联合和技术协作。

1982年5月26日，国家计委、统计局发出《关于沿海和内

---

① 附1、附2均根据《中华人民共和国大事记》（下）整理，光明日报出版社2004年版。

地划分问题的通知》。沿海包括辽宁、河北、北京、天津、山东、江苏、上海、浙江、福建、广东、广西 11 个省、市、自治区（台湾省回归祖国后也应包括在内），其余 18 个省和自治区则称为内地。

1982 年 12 月 3 日，中央、国务院批转《当前试办经济特区工作中若干问题的纪要》。

1982 年 12 月 22 日，国务院发出《关于成立上海经济区和山西能源基地规划办公室的通知》。

1984 年 1 月 24—29 日，邓小平视察深圳、珠海两个经济特区并题词。在深圳的题词是："深圳的发展和经验证明，我们建立经济特区的政策是正确的。"在珠海的题词是："珠海经济特区好。"

1984 年 2 月 7—10 日，邓小平视察福建省厦门经济特区。他在厦门经济特区题了词："把经济特区办得更快些更好些。"

1984 年 2 月 15 日，邓小平视察上海宝山钢铁总厂。他题词："掌握新技术，要善于学习，更要善于创新。"

1984 年 3 月 26 日，中央书记处和国务院召开沿海部分城市座谈会，旨在落实 2 月邓小平视察广东、福建时提出开放政策不是收而是放的意见。座谈会建议进一步开放大连、秦皇岛、天津、烟台、青岛、连云港、南通、上海、宁波、温州、福州、广州、湛江、北海 14 个沿海港口城市。这是继 1979 年 7 月中共中央、国务院决定在深圳、珠海、厦门、汕头兴建经济特区以来的又一次对外开放的重大步骤。

1984 年 11 月 15 日，国务院发布《中华人民共和国国务院关于经济特区和沿海 14 个港口城市减征、免征企业所得税和工商统一税的暂行规定》的通知。该规定自当年 12 月 1 日起施行。

1984 年 12 月 20 日，国务院发布《加工承揽合同条例》，自 1985 年 2 月 1 日起施行。

1984 年 12 月，中央、国务院决定将上海经济区范围扩大到包括上海、江苏、浙江、安徽、江西 4 省 1 市。在经济区扩大后，在以上海为中心的经济区 63 万平方公里土地上，将逐步形成一个依托大小城市、开放式的、网络型的经济区。

1985年1月25—31日，国务院召开长江、珠江三角洲和闽南厦漳泉三角地区座谈会。国务委员谷牧主持会议。座谈会认为，通过经济特区—沿海开放城市、沿海经济开放区—内地这样多层次的探索和实践，由东到西、由外向内滚动式逐步推进，就能有效地把沿海经济的发展同内地经济的开发密切结合起来，振兴全国经济。

1985年2月8日，国务院批转《关于上海经济发展战略的汇报提纲》，并发出通知指出，改造、振兴上海是关系我国"四化"建设的大事。3月8日，国务院就上海进一步对外开放问题作出批复，提出逐步把上海建成对外经济联系枢纽，成为发展出口、增加创汇的基地。

1986年8月28日，新华社报道：经国务院同意，我国16个中等城市为全国第一批机构改革试点城市，它们是：江门、丹东、潍坊、苏州、无锡、常州、马鞍山、厦门、绍兴、安阳、洛阳、黄石、衡阳、自贡、宝鸡、天水。

1988年3月4—8日，国务院召开沿海地区对外开放会议。会议认为，对外开放9年来，经济特区—沿海开放城市—沿海经济开发区—内地，这一格局为沿海地区转向外向型经济积累了经验。会议指出，实施沿海经济发展战略，关键必须抓好出口创汇。

1988年3月18日，国务院作出决定：扩大沿海经济区开放范围。开放前沿地带扩大到288个市县，包括杭州、南京、沈阳等市，面积增加到32万平方公里，人口增至1.6亿。

1990年4月18日，中央、国务院批准上海加快浦东地区的开发，在浦东地区实行经济技术开发区和某些经济特区的政策。李鹏总理在上海大众汽车有限公司成立5周年大会上宣布这一决定时指出，建立浦东开发区是我国深化改革、扩大开放作出的又一重大部署，对于上海和全国都是一件具有重要战略意义的事情。浦发区包括黄浦江以东、长江口西南、川杨河以北的紧靠市区的一块三角形地区，面积约350平方公里，现有人口110万。4月30日，上海市政府宣布了开发浦东的10项政策。

1990年5月10—17日，江泽民视察海南经济特区。

1990 年 6 月 11 日，新华社报道：国务院新近批转了《1990年经济特区工作会议纪要》，并发出通知强调，支持特区更好地发展外向型经济。国务院经济特区工作会议 2 月 5 日至 8 日在深圳召开。

1990 年 9 月 10 日，国务院有关部门和上海市政府批准宣布《上海外高桥保税区管理办法》。外高桥保税区经国务院批准设立后开始筹建工作。

1991 年 11 月 30 日，经批准，上海首次发行 1 亿元面额、共100 万股的人民币特种股票（B 种股票）。

1992 年 3 月 10 日，上海市市长黄菊宣布，中央为了进一步支持浦东新区的开发开放，今年初又给上海扩大五类项目的审批权和增加五个方面的资金筹措权。

1992 年 3 月 13 日，新华社报道：国务院最近批准海南省吸收外商投资开发建设洋浦经济开发区。

1992 年 3 月 21 日，新华社报道：国务院日前批准设立温州经济技术开发区。

1992 年 5 月 23 日，中国经营规模最大、销售额最高的上海市第一百货商店宣布改制为股份有限公司，并向社会公开发行股票。

1992 年 5 月 28 日，新华社报道：国务院最近批准建立大连保税区。大连保税区设在大连经济技术开发区，面积 1.25 平方公里。

1992 年 6 月 15、18 日，新华社报道：国务院决定进一步对外开放广西南宁市、凭祥市，云南昆明市、畹町市等市县；又决定开放芜湖、九江、岳阳、武汉、重庆 5 市。至此，长江沿岸10 个主要城市已全部对外开放。

1992 年 6 月 24—27 日，国务院在北京召开长江三角洲及长江沿江地区经济规划座谈会，江泽民、李鹏出席并发表重要讲话。

1992 年 8 月 10 日，新华社报道：国务院最近决定从进出口贸易等六个方面进一步放宽、放活对海南的政策。

1992 年 8 月 13 日，《人民日报》报道：国务院最近决定进一步对外开放哈尔滨、长春、呼和浩特、石家庄、太原、合肥、南昌、郑州、长沙、成都、贵阳、西安、兰州、西宁、银川，实行沿海开放城市政策。

1993 年 7 月 2 日，《经济日报》报道：国务院最近批准了广东番禺市南沙、惠州大亚湾和浙江萧山开发区为国家级经济技术开发区，至此，经国务院批准的开发区已达 30 个。

附2　县级经济单位对外开放的梯度推进

从 80 年代初到 2001 年，我国对外开放县及县级市，也实行逐步梯度策略。经历了以下轨迹：

1985 年 2 月 14 日，公安部出入境管理局负责人宣布，我国政府决定从 1985 年 2 月 15 日起增加 67 个开放市、县。外国人去这些地方，不需办理旅行证。至此，我国这类开放地区的数量已达 100 个。

1986 年 11 月 30 日，新华社报道：我国政府决定再增加 192 个市、县为对外国人开放地区。在此之前，我国已有 244 个市、县对外国人开放。

1990 年 10 月 17 日，公安部宣布，至今我国已有 689 个市县对外国人开放。

1995 年 5 月 9 日，公安部宣布，经国务院批准，我国又有 29 个县（市）列入对外国人开放地区。至此，我国已有 1176 个县（市）对外国人开放。

1997 年 8 月 30 日，公安部宣布，经国务院批准，我国又有 18 个县列入对外国人开放地区。至此，我国已有 1306 个县（市）对外国人开放。

1998 年 1 月 22 日，公安部宣布，经国务院批准，对外国人再开放 16 个县，至此，我国对外国人开放的地区已达 1330 个。

1999 年 5 月 15 日，新华社报道：我国对外国人开放地区已达 1394 个。

1999 年 9 月 17 日，新华社报道：我国对外国人开放地区已达 1405 个。

对外开放，就意味着特殊的政策优惠。政策是资源，是实惠，特别是在计划经济向市场经济转轨时期，率先开放，就意味着东部先期得利。这些政策，包括利用外资政策、特区政策、出口优惠政策、税收优惠政策、体制政策、投资政策等。

从 1979 年 7 月 15 日，中共中央、国务院批转广东省委、福建省委《关于对外经济活动实行特殊政策和灵活措施的两个报告》开始，中央对沿海地区实行了不同于内地的一系列改革开放政策，包括：（1）试行在中央统一领导下的大包干的经济管理体制方式，率先实行地方分权的行政体制；（2）除财政管理体制试行大包干的办法外，两省在计划、物价政策等方面，也都实行新的经济体制和灵活政策；（3）最早实行对外开放政策，出口特区先在深圳、珠海两市划出部分地区搞试点，率先实行外汇留成等优惠政策；（4）向东南沿海地区倾斜的投资政策等。

开放政策给沿海地区带来了投资效应。最直接的是利用外资东部沿海先得利。短短几年，合资企业、独资企业、"三来一补"加工企业等很快在广东形成气势。截止到 2002 年，沿海地区吸收了整个外商直接投资的将近 90%。广东、江苏、福建、山东和上海所吸收的外商直接投资占全国总量的 65%，占中国出口总量的 70%，这些省市的经济增长率位于全国前列，而且也是其他省区流动劳动力主要的流入目的地。[①]

特区政策给东部地区经济发展形成直接推动力。中国的特区首先在广东的深圳、珠海、汕头和福建省的厦门建立。深圳特区成立以来连续 15 年国内生产总值保持 35.9% 的年增长率，工业生产总值年均递增 56.3%，社会消费品零售额达到年递增 42%，进出口总额实现年递增 60%，地方预算内财政收入年增长 52.4%，实际利用外资 80 多亿美元，占全国十分之一；积累起了 600 亿元的固定资产。[②] 特区为广东等东南沿海地区带来效应：一是吸引了全国各地的人才精英和

---

① 世界银行：《中国：推动公平的经济增长》，清华大学出版社 2004 年版，第 30 页。
② 《中国改革与发展报告》专家组：《中国改革与发展报告——中国东南沿海的经济起飞》，上海远东出版社 1996 年版，第 217 页。

表 2-25　　　　　　1978—2004 年山东等省利用外资情况比较　　　　　　单位：亿美元

年份	山东 利用外资	山东 环比增幅（%）	江苏 利用外资	江苏 环比增幅（%）	上海 利用外资	上海 环比增幅（%）	广东 利用外资	广东 环比增幅（%）	浙江 利用外资	浙江 环比增幅（%）	四川 利用外资	四川 环比增幅（%）
1978												
1979	0.13						0.91					
1980	0.12	-7.7					2.14	135.2				
1981	0.13	8.3					2.88	34.6				
1982	0.13	0.0	0		0.03		2.81	-2.4	0		0	
1983	0.18	38.5	0		0.11	266.7	4.07	44.8	0		0	
1984	0.16	-11.1	0		0.28	154.5	6.44	58.2	0.04		0	
1985	0.64	300.0	0		0.62	121.4	9.19	42.7	0.16	300.0	0	
1986	1.17	82.8	0		0.98	58.1	14.28	55.4	0.19	18.8	0	
1987	1.02	-12.8	0		2.12	116.3	12.17	-14.8	0.23	21.1	0	
1988	1.42	39.2	0		3.64	71.7	24.4	100.5	0.3	30.4	0	
1989	3.15	121.8	0.95		4.22	15.9	24	-1.6	0.52	73.3	0	
1990	3.11	-1.3	1.41	48.4	1.77	-58.1	20.23	-15.7	0.48	-7.7	0	
1991	4.68	50.5	2.33	65.2	1.75	-1.1	25.83	27.7	0.92	91.7	0	

续表

年份	山东 利用外资	环比增幅（%）	江苏 利用外资	环比增幅（%）	上海 利用外资	环比增幅（%）	广东 利用外资	环比增幅（%）	浙江 利用外资	环比增幅（%）	四川 利用外资	环比增幅（%）
1992	13.77	194.2	1.4	-39.9	12.59	619.4	48.61	88.2	2.94	219.6	0	
1993	22.61	64.2	30.02	2044.3	23.18	84.1	96.52	98.6	10.33	251.4	0	
1994	34.01	50.4	47.81		32.31	39.4	114.47	18.6	11.44	10.7	0	
1995	32.67	-3.9	50.42	5.5	32.5	0.6	121	5.7	12.58	10.0	0	
1996	33.94	3.9	57.93	14.9	47.16	45.1	139	14.9	15.2	20.8	11.68	
1997	35.84	5.6	66.52	14.8	48.08	2.0	142.05	2.2	15.03	-1.1	8.77	-24.9
1998	36.1	0.7	63.99	-3.8	36.38	-24.3	151	6.3	13.18	-12.3	10.65	21.4
1999	37.45	3.7	64.23	0.4	30.48	-16.2	144.74	-4.1	15.33	16.3	10.69	0.4
2000	39.12	4.5	71.22	10.9	31.6	3.7	145.75	0.7	16.13	5.2	9.56	-10.6
2001	42.49	8.6	103.66	45.5	43.91	39.0	157.55	8.1	22.12	37.1	11	15.1
2002	65.21	53.5	158.02	52.4	50.3	14.6	165.89	5.3	31.6	42.9	10.66	-3.1
2003	112.6	72.7	121.38	-23.2	58.5	16.3	189.41	14.2	54.49	72.4	9.25	-13.2
2004	98.21	-12.8			65.41	11.8	129	-31.9	66.81	22.6	10.01	8.2
总计	620.06		841.29		527.92		1894.34		290.02		92.27	

资料来源：相关省市统计年鉴。

劳动力,所谓"孔雀东南飞"。二是汇流了全国的投资。特区和广东等地区包括广西北海、海南等地区,吸引了包括四川在内的大量投资资本。三是也为全国的市场体制改革带来了示范效应。四是推动了全国外向型经济的发展。

(六) 体制改革沿海先行先试形成东西部差距

我国的市场经济体制和市场配置资源机制首先在深圳特区等沿海地区试行,大大提高了沿海地区的投资效率和效益。市场体系开始在沿海地区逐步形成。20 世纪 80 年代末期,当内地还在实行商品国家定价的时候,广东的商品已经是市场定价。我国的资本市场仍主要集中在东部,包括上海证券交易所、深圳证券交易所、上海黄金交易市场、深圳的高新技术交易市场。多种所有制经济结构率先在沿海地区得到发展和形成。"温州模式"、"甫田模式"在全国产生重大影响。1988 年,当全国经济还在"计划经济为主、市场经济为辅"的时候,上海、江苏、浙江、福建、广东、山东、海南七省市已形成多种所有制经济共同发展的格局,七省市从业人员占全国从业人员 29.2%,其中,国有经济占全国从业人员 25.5%,集体经济占 32.3%,其他经济类型占 64.3%,个体占 23%,农村集体和个体占 22.6%。到1994 年,七省市从业人员占全国从业人员 28%,其中,国有占24.7%,集体占 36.7%,联营占 55.6%,股份制占 40.5%,外商投资占 57.3%,港澳台投资占 71.8%,其他经济占 47.8%。私营企业占 47.8%,个体经济占 33%。1994 年,东南沿海七省市经济中,国有经济占全国比重 33.5%,集体经济则占到 59.4%,股份制占全国 57.2%,外商投资经济占全国 68.7%,港澳台投资经济占全国80.4%,个体经济占全国 40%。[①] 投资政策、投资的审批也开始了市场取向,而不是政府说了算。外贸经营权和出口创汇、外汇留成等,都给沿海地区的经济发展带来活力,助推了经济的快速发展。

---

① 《中国改革与发展报告》专家组:《中国改革与发展报告——中国东南沿海的经济起飞》,上海远东出版社 1996 年版,第 256—257 页表 3.1、第 257 页表 3.2。

（七）东西部产业分工形成的知识管理技术差异带来东西部差距

技术进步因素对地区经济总量增长具有作用。发展经济学理论认为，技术进步和效率提高是现代经济增长的深层次原因。如诺贝尔经济学奖获得者舒尔茨（Theodore W. Schultz）指出，技术进步来源于人力资本投资，即人的知识积累和技能提高。人力资本和物质资本不同，它乃是递增报酬和重要源泉。因此，专业化、人力资本积累和报酬递增总是和现代经济增长相伴而行。[①]

东西部收入差距与技术进步的差异关系密切。历史上的东西部分工：西部向东部提供原材料或初级粗加工产品，东部生产加工成成品向西部销售。这种格局在改革开放以后进一步加深；产品的利润多为东部地区取走。因此，东部地区拥有实用（成品加工）技术，有成熟的成套的技术及其训练有素的工人；这成为东部吸引国外投资的重要技术性因素，客观上也使东部的劳动生产率高于西部。改革开放以来，东部地区引进（直接聘请外籍专家）技术，外包（来料加工）技术，成套（与出口相适应）技术和管理经验，使东部在现代技术上较西部具有了比较优势，必然带来比西部高的劳动生产率。

综上所述，东西部要素资源禀赋的差异和国家在政策制度安排上实行的东部倾斜，是导致东西部收入差距扩大的重要原因，这种差异目前还看不到缩小的迹象。

四 东西部差距即基尼系数走势

发展经济学研究认为，区域发展差距及基尼系数由扩大到缩小大致呈倒"U"型发展，一般经历扩大阶段、相对稳定和逐步缩小以至于达到合理三个阶段。我国东西部差距基尼系数目前处于由扩大向相对稳定的转换过渡，但东西部差距扩大的趋势仍在向前滑行。

---

① 吴敬琏：《中国增长模式抉择》，上海远东出版社 2006 年版，第 39 页。

（一）东西部差距在高位上扩大，但一些扩大因素作用减弱

据研究，2004 年，我国东部 11 个省市 GDP 总量 95305 亿元，西部 12 省市 23432 亿元，差距 71873 元；2005 年，东部 11 省市 GDP 总量达到 116614.3 亿元，西部为 33360.3 亿元，东西部差距 83254 亿元，扩大 11381 亿元。[①] 从人均经济总量看，2004 年全国人均 GDP 10561 元，上海为 55307 元，广东省 19707 元，山东省 16925 元，四川省 8113 元；2005 年，全国人均 GDP 14024 元，上海达到 53278 元，广东 26134 元，山东 20118 元，四川 8465 元；四川比全国平均差距由 2004 年的 2448 元扩大到 5559 元，与上海人均收入差距由上年的 47194 元下降为 44813 元，与广东由 11594 元上升到 17669 元，与山东由 8812 元提高到 11653 元。

表 2 - 26　　　2004、2005 年四川与东部部分省市人均 GDP 比较　　　单位：元

	全国	上海	广东	山东	江苏	浙江	四川
2004 年	10561	55307	19707	16925	20705	23942	8113
2005 年	14024	52378	26134	20118	24584	28318	8465
2004 年与四川差额	2448	47194	11594	8812	12592	15829	
2005 年与四川差额	5559	44813	17669	11653	16119	19853	
差额（元）	3111	-2381	6075	2841	3524	4024	
差距（％）	124	-94	52.4	18.7	28	25.4	

资料来源：根据《中国统计年鉴（2005）》、《中国统计年鉴（2006）》、上海市场营销网 2006 年 9 月 22 日及各省 GDP 数据整理。

东西部差距反映在人均收入上，也呈扩大的趋势。到 2005 年，我国城镇人均年收入 10493 元，东部 12883 元，西部 8593 元，东西部相差 4290 元，西部比全国平均低 1900 元；农村人均年可支配收入，西部仅为东部的 44.2％，比 2004 年下降 6 个百分点。"官方数据表明，我国最富裕的 1.38％的人群拥有 10.88％的储蓄存款；最富

[①] 《2005 东西部经济发展差距及其走向》，中国网 2006 年 10 月 25 日。

裕的 5.56% 人群拥有 30.04% 的储蓄存款，50.01% 的储蓄存款集中在 12.53% 的人群手中。反之，我国最贫穷的 23.42% 人群仅拥有 1.01% 的储蓄存款；最贫穷的 43.81% 人群仅拥有 5% 的储蓄存款，49.83% 的国民存款余额不足 300 元。"[①] 又据《羊城晚报》报道，中国社会科学院研究收入分配的专家顾严指出，目前中国的基尼系数已经超过了警戒线 0.4，收入差距已经处于高水平，形势严峻。也需要看到，遏制东西部差距扩大的因素在增长。一是落实科学发展观，构建和谐社会，全面建设小康，促进社会公正，推进区域公平增长，这有助于缩小存在的社会分配不公和人们收入差距，包括缩小东西部差距；二是国家继续实施西部大开发战略，有利于缩小东西部日益扩大的收入差距，包括遏制基尼系数的进一步扩大；三是国家在总的发展战略上，已经由非均衡战略向推动区域协调发展转变，并开始落实邓小平同志提出的第二步战略目标，推动全国实现"第二个大局"构想的落实；四是加大公共财政政策实施，加大公共财政支出，注意向基础设施、教育、卫生、文化等公共领域、公共产品倾斜，特别是更多向贫困地区、老少边穷地区和西部地区倾斜。

（二）处于不同发展阶段的东西部差距将保持惯性态势

改革开放多年的发展，东西部经济发展的阶段性差异已十分明显。中国经济从改革开放走来至目前，还不能说完成了发展经济学认为的从"起飞"—"早期经济增长"—"现代经济增长"—向信息时代或知识经济时代过渡的过程。但经过近 30 年的国家有意的非均衡政策制度安排，使我国区域经济发展处在了不同的发展阶段，东部在完成"起飞"后，进入了工业化后期，经济增长的要素中，全要素贡献率越来越大，依靠技术进步和资源要素配置效率提高的"余值"越来越大，经济进入了良性循环；而西部经济仍处于工业化初期或中期阶段，处于由传统经济增长向现代经济增长转换的时期，经济增长仍处在需要投资拉动和资源要素投入拉动。处于不同的发展阶段，使东西部经济增长方式不同，结果也不会一样，东西部差距缩小

---

① 王中宇：《"国家竞争力"的背后》，转引自《新华文摘》2006 年第 22 期，第 29 页。

的趋势在现阶段不可能出现，仍将保持一定的惯性。事实也证明了这一点。东部近年来并没有因劳动力成本的提高、能源原材料价格上涨而出现效益递减，反而在投入产出比和劳动生产率上出现效益递增，且普遍高于西部。东部产业结构优化，对资本的依赖程度下降，更多的是靠提高经济的技术含量和产品的附加价值实现经济的增长，从而进一步拉大了与西部的发展差距。这种差距带有本质性。2004 年，东部地区人均 GDP 达到 19351 元，超过了 2500 美元，进入了库兹涅茨指出的工业化后期人均收入超过 1000 美元水平，经济进入稳定增长阶段，而西部地区人均 GDP 收入 7429 元，尚处在工业化中期阶段。因此，东西部差距仍然处在扩大的阶段。东西部地区人均 GDP 如表 2 - 27 所示。

（三）影响东西部差距扩大的资源要素条件没有根本改变

第一，地缘、人缘等东西部优势差异是不可改变的客观存在。谁也不可能改变东西部客观存在的区位条件。只要不发生战争等不可抗变故，我国东部在对外开放方面的比较优势就将继续，在利用外资、参与国际市场竞争的优势就会保持，以此形成的发展势能就会存在并延续，西部与东部的差距就将继续存在。

第二，国家需要东部继续加快发展。我国是一个发展中国家。"十一五"规划《纲要》提出的区域发展总体战略是"坚持实施推进西部大开发，振兴东北地区等老工业基地，促进中部地区崛起，鼓励东部地区率先发展"。东部地区仍将引领全国经济发展；国家不可能以牺牲东部的经济增长和发展来缩小东西部的差距；从"十一五"规划《纲要》提出的区域功能分区来看，东部长三角、珠三角、环渤海湾以及福建省的厦漳泉三角洲等，都是国家未来经济发展的发达地区——国家优化开发区域，将"继续成为带动全国经济社会发展的龙头和我国参与经济全球化的主体区域"。这些表明国家需要东部继续"率先发展"，为提高国家的综合实力和国际竞争力作出贡献。事实也证明，实施西部大开发以来，国家对东部的人均固定资产投资仍然高于西部。[①]

---

① 刘世庆、罗望、任治俊等：《西部大开发资金战略研究报告》，经济科学出版社 2005 年版。

表 2 - 27　　2004 年东西部主要经济指标比较

	年末总人口 (万人)	GDP 总量 (亿元)	GDP 人均 (元)	工业总产值 总量 (亿元)	工业总产值 人均 (元)	固定资产投资 总量 (亿元)	固定资产投资 人均 (元)	居民储蓄 总量 (亿元)	居民储蓄 人均 (元)	利用外资 总量 (亿美元)	利用外资 人均 (美元)	城镇居民人均可支配收入 (元)	农民人均纯收入 (元)
东 部	49251	95305.75	19351.03	160870.38	32663.37	40411.7	8205.25	70691.5	14353.31	10687	2169.91	11495.60	4564.78
北 京	1493	4283.31	28689.28	5974.70	40018.08	2528.2	16933.69	6122.4	41007.37	532	3563.30	15637.84	6170.33
天 津	1024	2931.88	28631.64	6119.08	59756.64	1245.7	12165.04	2116.7	20670.90	470	4589.84	11467.16	5019.53
河 北	6809	8768.79	12878.23	10194.40	14971.95	3218.8	4727.27	6207.5	9116.61	201	295.20	7651.31	3171.06
辽 宁	4217	6872.65	16297.49	9140.61	21675.62	2979.6	7065.69	6048.5	14343.13	679	1610.15	8007.56	3307.14
上 海	1742	7450.27	42768.48	14594.15	83778.13	3050.3	17510.33	6116.1	35109.64	1722	9885.19	16682.82	7066.33
江 苏	7433	15403.16	20722.67	29476.66	39656.48	6557.1	8821.61	8863.1	11923.99	2170	2919.41	10481.93	4753.85
浙 江	4720	11243	23819.92	21227.20	44972.88	5781.4	12248.73	7364.1	15601.91	834	1766.95	14546.38	5944.06
福 建	3511	6053.14	17240.50	7516.05	21407.15	1892.9	5391.34	3322.3	9462.55	689	1962.40	11175.37	4089.38
山 东	9180	15490.73	16874.43	24678.50	26882.90	6970.6	7593.25	7721.5	8411.22	694	755.99	9437.8	3507.43
广 东	8304	16039.46	19315.34	31519.61	37957.14	5870	7068.88	16193.4	19500.72	2610	3143.06	13627.65	4365.87
海 南	818	769.36	9405.38	429.42	5249.63	317.1	3876.53	615.9	7529.34	86	1051.34	7735.78	2817.62
西 部	37127	27585.17	7429.95	23880.52	6432.12	13754.5	3704.72	20900.1	5629.35	772	207.93	7996.08	2135.78

续表

	年末总人口 (万人)	GDP		工业总产值		固定资产投资		居民储蓄		利用外资		城镇居民人均可支配收入 (元)	农民人均纯收入 (元)
		总量 (亿元)	人均 (元)	总量 (亿元)	人均 (元)	总量 (亿元)	人均 (元)	总量 (亿元)	人均 (元)	总量 (亿美元)	人均 (美元)		
四川	8725	6556.01	31616.24	5303.64	6078.67	2818.4	3230.26	5019.4	5752.89	140	160.46	7709.87	2518.93
重庆	3122	2665.39	20999.39	2598.84	8324.28	1537.1	4923.45	2189.7	7013.77	72	230.62	9220.96	2510.41
贵州	3904	1591.9	6827.33	1546.17	3960.48	865.2	2216.19	1094.6	2803.79	22	56.35	7322.05	1721.55
云南	4415	2959.48	3605.66	2344.07	5309.33	1291.5	2925.25	2052.1	4648.02	79	178.94	8870.88	1864.19
西藏	274	211.54	108010.22	24.85	906.93	162.4	5927.01	107.5	3923.36	3	109.49	9106.07	1861.31
陕西	3705	2883.51	570.96	3150.79	8504.16	1508.9	4072.60	2948.4	7957.89	125	337.38	7492.47	1866.52
甘肃	2619	1558.93	11009.97	1695.79	6474.95	733.9	2802.21	1384.9	5287.90	31	118.37	7376.74	1852.22
青海	539	465.73	28922.63	388.12	7200.74	289.2	5365.49	299.3	5552.88	10	185.53	7319.67	1957.65
宁夏	588	460.35	7920.58	605.19	10292.35	376.2	6397.96	425.5	7236.39	41	697.28	7217.87	2320.05
新疆	1963	2200.15	2345.13	1656.02	8436.17	1147.2	5844.12	1534.7	7818.14	14	71.32	7503.42	2244.93
广西	4889	3320.1	4500.20	2242.26	4586.34	1236.5	2529.15	2240.1	4581.92	127	259.77	8689.99	2305.22
内蒙古	2384	2712.08	13926.59	2324.78	9751.59	1788	7500.00	1603.9	6727.77	108	453.02	8122.99	2606.37

资料来源：根据《中国统计年鉴(2005年)》整理。

第三，西部地区地处内陆劣势继续存在。意味着西部地区在引进资金、技术、管理，参与国际市场竞争的成本仍会比东部高。学术界认为国际资本在东部地区劳动力成本上升后，会向西部梯度转移的局面并没有出现，因为，在经济全球化条件下，国际资本不仅只有中国一个地方选择，还有东盟、南亚印度等可选择。事实证明，投资到西部的外资，仅仅以占领西部的市场为限。真正看重中国市场的，也同样考虑到既占有中国的市场，也同时考虑与国际市场的链接，大量的外资仍投资于与国际市场联系最方便的东部沿海地区。

（四）东西部特有的保护环境与恢复生态任务分工将使收入分配差距难以改变

地处内陆，世界高原，三江源头，内陆沙漠、石漠等恶劣的生存环境，使西部地区人的生存都处于困难境地。保护和建设流域生态屏障，是西部尤其是青海、甘肃、陕西、四川、云南、贵州、西藏等省区肩负的重要任务。由此，西部发展农林牧业等低价值低生产率产业成为无奈的选择。多年来西部成为东部工业原料的供给地，成为东部工业品的市场，必然是东西部收入差距的进一步扩大，也是无奈的现实。

西部生态环境恶化的现状使西部地区保护和建设生态屏障的任务更加重要，产业选择局限性更大。全国"十一五"规划提出的限制开发区、禁止开发区大多集中在西部地区，使西部地区在产业发展尤其是工业的发展受限制。除关中平原经济区、成渝经济区等作为国家重点开发区外，大多是限制开发区和禁止开发区。恢复生态、保护水源等生态环境任务是国家对其期望的重要功能。而发展工业，推进工业化则受到环境环保等诸多方面的制约。东部工业化，西部农林牧，东部率先发展，西部建设生态屏障；这种不同的区域发展要求和任务分工，决定了东西部之间业已存在的发展差距和收入差距，想通过西部自身的经济增长来消除很不现实，东西部差距既是客观的存在，也将长期存在。

专栏 15 部分限制开发区域功能定位及发展方向

川滇森林生态及生物多样性功能区——在已明确的保护区域保护生物多样性和多种珍稀动物基因库。

秦巴生物多样性功能区——适度开发水能，减少林木采伐，保护野生物种。

藏东南高原边缘森林生态功能区——保护自然生态系统。

新疆阿尔泰山地森林生态功能区——禁止非保护性采伐，合理更新林地。

青海三江源草原草甸湿地生态功能区——封育草地，减少载畜量，扩大湿地，涵养水源，防止草原退化，实行生态移民。

新疆塔里木河荒漠生态功能区——合理利用地表水和地下水，调整农牧业结构，加强药材开发管理。

新疆阿尔金草原荒漠生态功能区——控制放牧和旅游区域范围，防范盗猎，减少人类活动干扰。

藏西北羌塘高原荒漠生态功能区——保护荒漠生态系统，防范盗猎，保护野生动物。

四川若尔盖高原湿地生态功能区——停止开垦，减少过度开发，保持湿地面积，保护珍稀动物。

甘南黄河重要水源补给生态功能区——加强草地、天然林、湿地和高原野生动植物保护，实行退耕还林、退牧还草、牧民定居和生态移民。

川滇干热河谷生态功能区——退耕还林、还灌、还草，综合整治，防止水土流失，降低人口密度。

内蒙古呼伦贝尔草原沙漠化防治区——禁止过度开垦、不适当樵采和超载放牧，退牧还草，防止草场退化沙化。

内蒙古科尔沁沙漠化防治区——根据沙化程度采取针对性强的治理措施。

内蒙古浑善达克沙漠化防治区——采取植物和工程措施，加强综合治理。

毛乌素沙漠化防治区——恢复天然植被，防止沙丘活化和沙漠面积扩大。

黄土高原丘陵沟壑水土流失防治区——控制开发强度，以小流域为单元综合治理水土流失，建设淤地坝。

桂黔滇等喀斯特石漠化防治区——封山育林育草，种草养畜，实行生态移民，改变耕作方式，发展生态产业和优势非农产业。

大兴安岭（内蒙古地区）森林生态功能区——禁止非保护性采伐，植树造林，涵养水源，保护野生动物。

```
              专栏 16　禁止开发区域
  国家级自然保护区——共 127 个，面积 8544 万公顷。
  世界文化自然遗产——共 11 处。
  国家重点风景区——共 65 个。
  国家森林公园——共 223 个。
  国家地质公园——共 52 个。
```

专栏 15、专栏 16 的资料来源于《西部大开发"十一五"规划》。

（五）西部大开发及标志性工程惠及西部百姓的实际内容不多，对缩小差距作用有限

最明显的是，西部大开发及其五大标志性工程惠及西部百姓有限，难以改变东西部收入分配格局。据国家发改委发布的消息：到2005 年底，国家累计在西部开工项目达 70 项，投资总规模约 1 万亿元，加上 2006 年的 12 项工程 1600 亿的投资，投资非常大。包括实施了五大标志性工程：西气东输、西电东送、生态建设、青藏铁路、南水北调；在 12 个省市区，建设数千公里的高速公路、高等级公路、县乡柏油路，修建和改造了大量农村电网，实施了普及农村电视、电话工程，解决和改善了农民饮水工程，加大了普及农村九年义务教育的力度，加强了城市基础设施建设。西部大开发 5 年间，12 个省市区经济发展速度都超过了自己的历史最高水平，并且连年超过全国平均水平。但是，东西部区域发展的差距还在继续扩大。这是因为：第一，西部工程项目投资的承建单位并不是西部而是东部或全国竞标单位，工程的投资转化成了东中部承建单位的工程劳务收入和职工工资收入。第二，2000 年到 2002 年 3 年间，国家投入西部的国债资金为1600 亿元，但这些投资并非全部用在西部，约有 50％左右是在东部、中部采购设备、材料等实现的，从而成为推动东、中部经济增长的一个重要因素。第三，西部的基础设施建设，改变了西部人的生活环境，但并没有改变西部人的生产环境，提高西部人的生产生活水平还有一个过程。第四，西部大开发成为加快东部经济增长的重要推动力。实施的西气东输、西电东送等，为东部、中部的经济增长提供了廉价的电力和资源，而西部百姓从中受益多少却面临困惑。第五，生

态保护重点工程建设惠及全国。但西部的百姓却只得到国家补助的口粮，维持生活却不可能改善生活。

（六）重大工程项目与西部当地百姓增收联系机制和关切度不够，对缩小东西部差距作用不大

正如国家在"一五"、"二五"和三线建设时期投资建设的大量军事工业，与当地百姓和地方经济联系不紧，对促进当地经济发展作用不大以至于有了大调迁，并进行军转民的改造一样，西部大开发以来实施的诸如西电东送工程、西气东输工程、南水北调工程、西藏铁路工程、生态建设工程等，很少有西部当地百姓利益的政策制度安排。如水电站的建设，对移民的补偿不高，更遑论考虑当地移民长期增收的利益制度设计问题，以至于移民问题成为当地的不稳定因素。又比如地下矿产资源开发项目，当地居民利益得到尊重并有制度设计保障的甚少。工程项目没有惠及当地百姓，当地百姓就难有对项目的利益关切。

专栏13 生态保护重点工程

退耕还林还草——巩固成果，稳步推进，在长江、黄河流域中上游水土流失和严重沙化地区继续实施退耕还林还草任务，切实落实"五个结合"配套保障措施。

退牧还草——通过建设围栏、补播草种和禁牧、休牧、划区轮牧等方式，在内蒙古东部、内蒙古甘肃宁夏西部、青藏高原东部、新疆北部四大片区治理严重退化草地。

天然林保护——对工程区内的天然林和其他森林实行全面有效管护，在长江上游、黄河上中游工程区开展公益林建设。

京津风沙源治理——通过退耕还林、荒山荒地荒沙地区造林、飞播造林、封山（沙）育林育草、草地治理、小流域综合治理、生态移民等方式，治理工程区严重沙化土地，恢复林草植被。

防护林体系——建设"三北"防护林体系四期工程，长江、珠江防护林工程，推进三峡库区绿化带建设。

湿地保护与恢复——建设湿地保护区，通过对水资源的合理调配和管理等措施恢复重要湿地。

青海三江源自然保护区生态保护和建设——退牧还草 644 万公顷,退耕还林还草 0.65 万公顷,封山育林、沙漠化土地防治、湿地保护、黑土滩治理 80 万公顷,鼠害治理 209 万公顷,水土流失治理 5 万公顷。

青海湖周边生态治理——以生态环境和生物多样性保护为根本,以治理湿地萎缩、湖水下降、草原退化、沙漠化扩展、生物多样性下降严重为重点,促进青海湖流域生态环境和经济社会的和谐发展。

水土保持——水土流失治理面积 1100 万公顷。

野生动植物保护及自然保护区建设——建设和完善一批自然保护区,继续实施对极度濒危野生动植物物种的拯救工程。

石漠化地区综合治理——通过植被保护、退耕还林、封山育林育草、种草养畜、合理开发利用水资源、土地整治和水土保持、改变耕作制度、建设农村沼气、易地扶贫等措施,加大石漠化地区治理力度。做好西南岩溶地区草地治理工作。

资料来源:《西部大开发"十一五"规划》。

正如学者们所说,国家大政策和大项目通过国民收入的再分配和隐性分配,扭曲了微观单位的成本(包括地区和企业的成本)和收益情况。比如西电东送、西气东输、南水北调、生态工程以及前几年东部享受的特殊优惠政策和目前的出口退税政策,这些都是国家投资和国家资金,但并没有计入东部地区和东部企业的成本。许多算在西部大开发的投资,算在西部地区的投资,实际上也是服务于全国特别是东部的,也没有计算在东部和东部企业的成本中。"从五大标志性工程看,主要受益者是东部、中部,而非西部。东部、中部不但是气、电的受益者,而且是设备制造、材料等的受益者。正是西部这个欠发达地区的开发,促进了东部、中部发达地区能源瓶颈的缓解和设备制造、材料生产能力的发挥,从而推动了东部、中部和全国经济的增长。"[1]

经济学家林凌教授 2006 年 2 月 16 日在给四川省政府主要领导的一个报告中指出:"十一五"时期,西电东送工程、南水北调西线工程、生态建设和保护工程、以香格里拉为中心的四川旅游西环线开发工程、居民脱贫致富和小康建设工程将集中在甘孜州展开。甘孜州将

---

[1]　刘世庆、罗望、任治俊等:《西部大开发资金战略研究报告》,经济科学出版社 2005 年版,第 2、3 页。

迎来历史上前所未有的投资和建设高潮。……甘孜州是藏族聚居区，2005 年人均 GDP 仅为 670 元。地方政府和老百姓对西电东送、南水北调西线工程、四川旅游西环线工程、矿产资源开发工程，期望值很高，希望从中获得直接收益，以改变贫困落后的面貌，实现小康。但从实际情况看，投资数量虽然达数百亿元，但能在本地实现的为数甚少，能落实到老百姓头上的数字更少了。若水电建设、南水北调西线工程建设对老百姓的补偿不足，造成社会不稳不是没有可能的。①

（七）国家新一轮综合配套改革试点均布局东部可能带来新的东西部发展势差

近年来，国家新批了两个综合配套改革试点：天津滨海新区和"沈北新区"，对深圳特区、上海浦东新区赋予了新的综合配套改革内容。这些正在形成东部地区新的改革发展动力，造就东部新的增长极，形成对西部发展的势能，从而进一步拉大与西部的差距。

"沈北新区"，规划面积达 1061 平方公里，无疑将为沈阳市经济乃至东北经济的发展插上腾飞的翅膀，这样，西部更增加了与东北地区在改革发展上的势差。

另外，广西北部湾经济区正在酝酿形成中，按照这个构想，广西要打造包括南宁、北海、防城港、钦州四城市在内的北部湾经济区，从而成为辐射沿北部湾东盟七国，带动"泛北部湾经济合作区"、大湄公河次区域合作两个板块和"南宁—新加坡"经济走廊一个中轴组成的中国—东盟"一轴两翼"区域合作大格局。这一设想已在2006 年 7 月由国务院西部开发办、财政部、中国人民银行、国务院发展研究中心、亚洲开发银行和广西壮族自治区政府主办的环北部湾经济合作论坛上，由广西壮族自治区党委书记刘奇葆提出并得到了响应。2006 年 3 月，广西宣布成立北部湾（广西）经济区规划建设管理委员会，吹响了加快北部湾（广西）经济区开放开发的号角，拉开了广西沿海地区实现跨越式发展的序幕。这无疑将对同处于大西南的四川及西部地区带来机遇也提出挑战，因为，广西本在东南沿海，

---

① 录自四川省社会科学院西部大开发研究中心《西部研究通讯》（总第 42 期）2006年 2 月 20 日。

开发北部湾经济区的举措，对毗邻的广东等已经具备发展势能的地区，可能更有利，而对西部如四川等省区究竟有多大作用，对东西部差距缩小究竟有多少帮助，尚难料定。

五　缩小东西部收入差距的政策取向

缩小东西部收入差距，近些年来政府部门、社会各界、中外学者进行了广泛深入研究和探讨，成果众多，不少已为国家《西部大开发"十一五"规划》所采纳。地区发展不平衡是世界各国尤其是大国经济普遍存在的问题。但需要认识到，中国的西部不同于美国的西部，中国的西部开发也不同于美国的西部开发。美国的西部开发类似中国的沿海开发，可以面向海洋，而中国的西部开发则是在内陆高原沙漠生态脆弱地区的开发。中国的西部开发具有两重任务两重矛盾：区域开发与环境保护，经济增长与克服经济增长外部性。因此，落实科学发展观，促进东西部协调发展，构建和谐社会，不断有效缩小东西部差距，是我们应不懈坚持的政策取向。

（一）正确认识东西部差距扩大趋势，明确政府职责和作为边界

我们的基本结论是，通过放慢东部的发展来提高西部人的收入占比，降低东西部业已存在的收入差距，实现东西部差距基尼系数缩小的努力是不可能、不可取也是无益的。总体上看，我国还是一个发展中国家，目前的经济总量位居世界第四，但人均水平仅 1740 美元（2005 年），居世界第一百位。鼓励东部地区加快发展，是提高我国综合国力和全球竞争力的需要，也是追赶发达国家、实现第二步战略目标的需要，更是实现全面小康、构建和谐社会的需要，是维护社会稳定、巩固统一的多民族国家的政治需要。从国家综合因素考虑，必须进一步支持东部加快发展。

东西部差距不应继续扩大也是必须坚持的原则。西部无论过去还是现在，对国家建设和发展是作出了贡献和牺牲的，尤其是在资源保护和环境建设方面。因此，支持西部的发展，实现东西部差距即基尼系数缩小，应是我们的政策取向。西部的发展要落实科学的发展观，不能以牺牲环境换取经济增长，传统的发展道路不适宜西部，应走新

型的工业化、城市化道路，走资源消耗少、环境污染小、人与自然协调的可持续的发展道路。

东西部存在的差距将是长期的，缩小东西部差距也将是长期的过程，不可能一蹴而就。落实科学发展观和构建和谐社会，国家继续实施西部大开发战略，中国经济发展的重点、热点在西部逐步形成，为缩小东西部差距创造了条件和可能。缩小东西部差距是一个长期的过程。西方发达国家用了近一百年时间，东部沿海省份内部差距尚未到缩小的时候，且绝对差距还在扩大。因此，缩小东西部差距不能希望一夜之间就实现。林凌教授在20世纪90年代就提出了三步战略："作为阶段性目标，第一步，经过若干年的努力，遏制住差距的扩大；第二步，再经过若干年努力，把差距缩小到人们经济上和心理上可以承受的水平；第三步，争取在全国达到中等发达国家水平时，把差距缩小到较低的限度。"①

最重要的是国家要发展，通过发展才有希望解决东西部的差距问题。政府的作为在于，建立东西部公平公正的发展环境，正确对待西部人的贡献、牺牲和努力；全面建立市场化配置资源的机制体制，规范市场经济秩序，使西部地方政府享有与东部一样的体制机制，在建立和完善市场经济体制机制方面，东部能试的，西部能试，东部没有试的，允许西部大胆地试；西部地区的地方政府是西部发展的"守夜人"，为市场主体提供规范服务而不是干预，同时克服经济增长的外部性，保护西部脆弱的环境，恢复生态，为全国经济社会的发展服务。

（二）正确认识西部人的贡献牺牲，建立有效的利益补偿机制

我国西部特殊的地理位置和生存环境，使西部地区具有不可替代的发展功能。一是生态恢复和保护功能，服务全国甚至人类；二是基于第一个功能的产业限制，放弃一些产业的发展，为东部工业提供需要的资源原材料，服从了大局，也作出了贡献和牺牲；三是区域发展功能，增加收入，提供市场，也具有服务全国大局的作用。因此，建

---

① 林凌：《中国经济的区域发展》，四川出版集团、四川人民出版社2006年版，第43页。

立对西部地区合理的分配制度和价值补偿机制是必要的也是应该的。

1. 对西部服务全国的生态建设建立补偿机制

西部实际上承担着我国生态恢复和建设的繁重任务。云南、青海、西藏、四川以及甘肃等西部省份是我国三大流域长江、黄河、珠江的源头，起着流域重要的生态屏障作用。

生态建设服务全国，尤其流域地区是直接的受益地区，但同时也付出劳动。建设生态林、防护林、退耕还林（草），劳动有价值；生态恢复需要时间，植树一般要 10 年以上。时间是价值的体现。目前国家的生态建设政策，不足以补偿西部人的劳动付出。20 世纪 90 年代，国家实施长江防护林工程，保护三江源、退耕还林、退牧还草等生态工程建设，至目前，这些工程建设并没有给西部人的收入状况带来根本性改变，且退耕还林（草）等政策，即国家对退耕还林（草）一亩，补助 80 元钱，每人每年国家补充口粮 240 斤大米等政策有的也即将到期。四川省试点从 1997 年就开始了，补助期原定 8 年。这是东西部差距的重要原因。

2001 年，财政部和国家林业局选择了 11 个省区 658 个县和 24 个国家级自然保护区作为生态效益补助资金试点（营造林 5 元/亩）。国家《西部大开发"十一五"规划》采纳了国内不少学者提出建立有效的生态补偿机制的意见，已明确提出要探索建立生态利益补偿机制的要求。我们认为，补偿机制应包括：建立生态效益的评估机制，生态效益的资金保障机制，生态效益的支付机制等，确保西部人生态建设的劳动价值得到有效的补偿。

建立生态效益的评估研究机构。加强对包括恢复生态的成本核定，生态恢复的当期效益和长期效益评估。

建立生态效益的资金保障制度。建立生态补偿资金稳定的来源，建立生态补偿基金。由目前主要是中央政府财政出资外，流域下游受益省级政府也应负担，同时引入市场机制吸纳社会资金，有关省按照经济增长幅度一定比例提取（1%）。吸收社会捐赠。鼓励社会个人、市场主体按市场机制参与生态环境建设，参与林业发展。

形成生态效益补偿支付机制。国家建立统一的基金，从各受益省区市直接收取，建立单独账户，对三江源保护地区、长江上游生态屏障建设地区人口进行转移支付。

最关键的是，东部尤其是长江、黄河、珠江中下游地区省份，要普遍建立生态补偿意识，共同为流域的生态恢复作出努力。让流域地区省份"出血"建立生态效益补偿基金，也有助于使中下游地区关注上流地区的生态问题，形成关切机制。

2. 建立资源开发与当地百姓共享的利益分配机制

东部地区占有沿海区位优势，因此在国家政策支持下发展致了富；西部占有资源优势，西部拥有全国土地资源量的 71.5%，然而西部人没有从资源开发中得到利益，这不公平。四川的水电开发，当地的百姓并没有因大型水电站在当地修建而获得稳定的利益分享，只是得到了移民补偿。新疆的油气开发，当地百姓并没有得到资源开发收益的共享。陕西、贵州等地的煤炭开采，当地的百姓并没有得到直接的好处……建立西部大项目建设和资源开发与富裕当地的利益分享机制对缩小东西部差距具有重要推动作用。

建立西部在重大项目和西部资源开发利益分享机制。东部已有先例。比如广州市在白云机场建设中占有股份（48%），杭州在萧山机场中占有股份。西部地区的百姓也应有这方面的权益。因此，在西部开发中，可探索建立西部在重大项目建设和资源开发中，当地百姓能利益共享的机制。如水电开发，当地百姓以被占用的土地资源为股本，分享水电站建成后的长期利益；煤矿开发，当地百姓应是地下资源开发利益的共同分享者；石油天然气开发，当地百姓也应有股份。这可收到以下效应：一是可以有效提高西部当地百姓的收入水平，尤其是可建立百姓长期收入的稳定来源，可以有效缩小东西部收入的差距，不至于让当地百姓守着"金饭碗"而受穷，使西部开发直接惠及西部人民；二是有利于当地人的国家主人翁意识的提高，真正为维护国家利益而努力，提高他们对家乡和所在矿产资源的关心和爱护；三是有利于他们对国家建设的支持，避免发生当地百姓与国家重大建设项目和资源开发之间的矛盾冲突。

3. 完善分配制度对西部为全国作出的贡献给予补偿

西部由于落实保护和恢复生态的任务，放弃了一些利用当地资源发展产业的机会，为服务全国而丧失的"机会"成本即西部与东部收入上的差距，理应由社会共同分摊，这才公平。因此，国家应加大对西部地区的转移支付，尤其是对资源地区、财政困难地区，加大支持力度，保证西部人得到社会平均的利得。对西部地区作出的牺牲贡献，尤其是产业发展方面的限制，国家应在分配制度中予以考虑。

（三）高度重视西部人的素质提高，努力为西部人创造公平的竞争机会

人的素质差异是东西部收入差距的根本所在。缩小与东部的差距，根本在人。

1. 减少西部尤其是生态脆弱地区的人口

生态脆弱地区，人口要尽可能地减少。西部的教育，不是让其学成回西部，而是鼓励其不回西部，有能力参与其他发达地区的公平竞争，成为西部在外的能人。

2. 加强西部的教育支持力度

提高西部人的素质。投资西部教育是国家的重要责任。国家加大西部的教育，一方面，保证西部的义务教育是真正的义务教育，切实解决西部人子女读不起书的问题，更不允许"因教返贫"。不仅仅是减免西部人子女义务教育阶段的学杂费，而且要考虑上大学的费用问题，使西部愿意读书的学子都能通过读书来改变命运，改善收入预期；西部教师的收入水平要与全国教师收入水平相当，且有保障。现在许多西部县以下教师的工资都难以按时足额发放，教师的工资应由国家统筹统支。另一方面，加大西部劳动者的职业技术教育投入。西部劳动者职业技术教育目前由西部地方财政全部承担，西部县域经济财政能力十分有限。国家要支持西部的高等职业技术教育，使西部劳动者能通过免费的高等职业技术教育，增加收入、改变自己的人生。

3. 为西部人创造参与公平竞争的机会

区域倾斜政策向创造人的平等机会政策转变。加快促进公平竞争环境的制度和政策的出台。增加公平，为较贫困群体提供更多的机会。

4. 增加在西部工作的人员的收入

人才政策，主要是工资收入政策，不足以达到鼓励人才到西部工作。西部地区人才的工资收入实际上只有东部地区的三分之一，不到三分之二。现行的地区补助不足以留住西部的人才。成都每年毕业大学生近20万，留下来的只有三分之一，近三分之二到了东部，原因

是多方面的，主要是工资收入和各种补贴低于东部。西部其他地区更不用说。工资收入的差距主要是地方补贴，且地方补贴主要由地方财政收入解决。目前的补贴是倒挂的，东部高于中西部，大城市高于中小城市，城市高于农村，艰苦地区低于发达地区，这是不合理的人才工资收入导向，应建立新的人才工资收入导向。全国的工资收入标准可以统一，对西部人才的补贴，不能仅由地方承担，国家应建立地方补贴转移支付制度，保证在西部地区工作的人才的收入能与全国平均水平持平或略高。

（四）支持西部重点地区和中心城市发展，对西部改革和新型产业化项目实行政策倾斜

支持西部重点地区、城市的发展，是减少国家在缩小西部与东部差距压力的需要；支持西部适宜产业的发展，优化其产业结构，是有效缩小东西部差距的重要途径。

支持国家规划的西部重点地区加快发展，如长江上游成渝经济区、陕西关中平原经济区的发展，使之成为西部人口、产业、要素集聚区域，成为西部地区最先实现现代化的地区。

支持西部中心城市加快发展，使之成为西部率先现代化的中心。特别是西部12省区市首府，应成为国家重点支持发展的城市，改革可以在这些城市先行先试，使之成为全国体制创新优势和改革的势能高地，成为西部所在省区市经济、技术、管理、信息中心，成为各地农村人口向往的地方和对全国都有吸引力的地方。

支持西部发展高新技术产业。西部地区生态脆弱，总体上落后和生存环境较差，但也有如成都、西安这样的城市，具有发展高新技术产业，成为中国的班加罗尔和科技中心城市的地方。国家投资的能耗少、污染小、对环境没有影响的产业，应优先考虑布局在西部；国家投资的体积小、技术含量高、附加价值高的产业和产品，应优先布局在西部。这既是支持西部发展的需要，也是国家战略发展的需要。

大力发展西部服务业。西部地区的发展，不在第二产业，而在第三产业，重点优势在发展旅游业和文化产业。西部的优势在资源，特别是旅游资源十分丰富。作为无烟工业，发展与旅游资源相符的旅游业等第三产业，一是可以有效增加西部地区的收入，缩小与东部人的

收入差距；二是通过旅游，可以扩大西部人的眼界，为其提供发展相关产业的市场机会；三是可以保护西部脆弱的生态不至进一步破坏。

（五）关键在实现西部经济超常规发展

缩小东西部差距，特别是经济收入的差距，关键还是西部的发展。要保持西部以高于全国平均投资水平和高于全国平均的经济增长速度。只有如此，东西部差距扩大的曲线才有可能走向靠近而不是背离。

西部人的努力，是缩小东西部差距的内生变量和根本途径，是最终走向富裕、实现与全国共同富裕的必然选择。一是解放思想，转变观念。学会运用市场经济的办法解决经济社会发展中的问题。充分发挥市场机制在资源配置中的基础性作用。包括生态问题可以用市场机制的办法解决。二是研究资源的东输带来的收益分配不公问题。争取用市场的机制，解决西部提供原料或初级产品，东部用成品占领西部市场的问题，探索建立与东部地区共建能源、原材料基地的办法，实现风险和利益共享。三是发展与西部环境、资源可持续利用的产业。通过产业的发展实现经济的增长和收入的增加，如发展旅游业；发展特色产业如传统工艺、煤化工、石油化工、水电产业；发展高新技术产业，充分发挥西部科技、国防科工等优势，推动西部经济的发展；发展体积小，技术含量高，附加价值高，运输成本低的产品，有效提高西部参与国际市场分工的水平。

第三章

西部大开发过程中的资源
产权与资源价格确立

西部大开发战略已实施了 6 个年头，取得了显著的成就。继续推进西部大开发是今后一段时间我国的主要发展战略之一，而能否充分利用西部地区的资源优势对西部大开发的推进、西部地区能否实现追赶式、跨越式发展具有重大影响。西部地区具有显著的资源优势，然而由于制度方面存在缺陷，在资源开发中暴露出多方面的问题，资源优势没有得到体现。本章从资源开发中存在的资源产权问题入手，探讨资源价格的决定机制，指出有效的资源产权是合理的资源价格确定的基础，并针对目前存在缺陷的产权制度，提出产权重构的建议。

经过近 30 年的经济体制改革和快速的经济增长，我国国民财富的总量上升到世界前列，社会主义市场经济体制的框架已基本形成，科学发展观正在成为我国在新的历史时期中的战略导向。西部大开发是党中央确定的我国可持续发展战略中不可或缺的重要内容，而西部的资源开发，则是西部开发的基本要义。从根本上讲，资源的开发不外乎指物质形态的资源和人力资源的开发，以期通过价值形态的转换形成国民经济核算体系可以量度的资本积累，而这种积累则是经济增长和社会发展的引擎。在计划经济中，所有的资源在一种虚拟的共有制框架下，按计划进行配置，所有资源消费的非排他性被视为当然，而且无论在主观上还是客观上都没有追求资源配置效率的冲动。这种资源所有权结构与资源配置体制的刚性结合，是空想社会主义和"计算机乌托邦"在中国令人不堪回首的历程。近 30 年来的经济体制改革取得了巨大成功，尤其是按照社会主义市场经济的规律，对微观基础进行了卓有成效的并且几乎是全面的再造，公有制的实现形式得到了多元化的表达，国内外市场的竞争极大地提高了我国各种市场主体的效率；在此基础上，以外延扩大、资源高耗费为特征的经济高速增长持续了 20 多年并还在持续。但是，无论在理论上还是历史的借鉴中，这种增长的模式是有极限的，更与科学发展观方枘圆凿。要步入以人为本的、环境友好的、资源承载可持续的发展，就必须转变经济增长方式，尤其是要改变对资源的低效率配置。在此，重构资源产权，使其与我国已成功改造的微观基础吻合，就具有战略意义。

实施西部大开发是"三步走"战略的第二步内容，目的是要加快西部地区的经济社会发展步伐，缩小西部地区同东部地区的差距，保证经济的持续稳定发展，保证全国社会稳定、民族团结和边防巩固。在诸多目标中，发展经济是关键，要缩小与东部地区的差距，就要使西部的经济增长率高于东部，在生产诸要素中，西部对于东部只有自然资源的优势，其他诸如资本、技术、劳动力等要素相对于东部都呈劣势。因此，在西部大开发中，一方面要尽力扭转资本、技术、劳动力等方面相对于东部的劣势，另一方面要充分发挥西部地区自有的资源优势，而要实现经济追赶，显然后者更为重要。

"西部地区"的范围包括了重庆、四川、贵州、云南、西藏、陕西、甘肃、青海、宁夏、新疆、内蒙古、广西 12 个省、自治区、直辖市，面积达 685 万平方公里，占全国陆地面积的 71.4%；2002 年末人口 3.67 亿，占全国的 28.8%；2003 年的国内生产总值 22660 亿元，占全国的 16.8%。其资源优势主要表现在：

西部地区拥有森林面积 8755.32 万公顷，占全国森林面积的 51%；西部地区草原辽阔，草山草坡面积广大，草原面积 32347.1 万公顷，占全国草场面积的 87.78%。西部地区能源矿产储量占有非常重要的地位，全国已探明的 162 种金属矿藏，西部地区占 138 种，储量占全国 80% 以上的有 26 种；天然气储量占全国陆地总储量的 78.8%；石油占 43.9%；金属、非金属及煤气油、盐湖等矿产资源综合量占全国三分之二以上。西部地区是我国水资源总量最大的区域，占全国水资源总量的 52.37%，水力资源理论蕴藏量 5.57 亿千瓦，占全国总量的 82.3%。

但是，由于多种原因，西部地区的资源优势至今未能充分发挥出来，如西部地区的矿业产值近年来只占全国矿业总产值的 20%，固体矿产品产出量只占 23%；水资源开发率只有 8%，而东部地区仅占全国 7%的水能资源，其开发率已超过 90%。

可见，西部资源开发程度还很低下，还具有很大的潜力，西部资源的充分利用、开发，将可以弥补西部地区在资本、技术、人才等方面的不足。如西部可以通过资源的出售、出租等获得收入并转化为产业资本，一定程度上将弥补资本的不足。而资本作为其他生产要素的纽带，充足的资本加上丰厚的自然资源，足以吸引技术、人才，最终扭转技术、人才方面的劣势。

一 西部资源开发中存在的问题及其原因

随着西部大开发的深入，加上近年来对能源需求的增加，能源价格一路攀升，对西部能源等自然资源的开发也逐渐深入，对西部地区资源开采的投入不断增加。从表 3—1 数据可见，自 2000 年开始，西部各省、市、自治区国有经济石油和天然气开采固定资产投资统计基本呈不断上升趋势，西部地区固定资产投入金额合计，2003 年的数据是 2000 年数据的两倍多。非国有企业的投入数额不在我国统计数据范围之内，而从近来一些新闻报道，如《"千金散尽""温州炒煤团"哭着撤离山西》等新闻报道中提供的数据（山西境内 60%的中小煤矿由温州煤团承包，投资商一时达到 500 多人甚至 2000 多人）可推知，自然资源开发的中小企业大多为非国有企业，这些企业对市场的灵敏度最高，在能源等资源价格上涨的大背景下，其对该领域的投资增长幅度理应超过国有企业。

表 3－1　　2000—2003 年西部各省、市、自治区国有经济石油
和天然气开采业固定资产投资统计　　　　　　单位：亿元

	2000 年	2001 年	2002 年	2003 年
内蒙	0.7	0.59	0.6	5.46
广西				
重庆	0.09	0.12	0.32	1.15

续表

	2000 年	2001 年	2002 年	2003 年
四　川	6.87	6.28	6.13	5
贵　州		0.52	0.69	0.39
云　南	0.03			
西　藏				
陕　西	23.98	29.07	31.72	55.01
甘　肃	6.57	0.01	0.08	3.15
青　海	1.76	1.89	4.44	19.02
宁　夏				
新　疆	10.61	15.81	2.17	17.63
合　计	50.61	54.29	46.15	106.81

数据来源：《中国能源统计年鉴（2004）》。

表面上看，西部能源等自然资源的开发呈现火热场面，但由于种种原因，西部能源等自然资源的开发存在着一系列问题，导致资源开发的盲目、无序、效率低下，进而导致我国资源的浪费。

导致问题出现的原因有多方面，主要原因是自然资源产权制度的缺失。

自然资源产权制度不完善，主要表现在以下几个方面：（1）自然资源产权主体虚置。我国宪法规定，矿藏、水流、森林、山岭、草原、荒地和其他一切自然资源，除法律规定为集体所有以外都属于国家所有，即全民所有。国家作为一个虚拟的主体，作为全民的代表，"国家所有"在理论上和法理上都表现得非常明确，全民作为自然资源的所有者，而国家作为全民的代表来行使所有权。但在实际操作中，自然资源所有权的各项权能则是由不同的部门来行使，这就形成较长的委托代理关系，其中部门官僚的目标函数与全民的目标函数不一致，造成行使自然资源所有权各项权能的主体与自然资源所有权主体的不一致，最终导致自然资源在法理上的产权主体虚置。产权主体虚置是自然资源产权制度不完善的根源，在产权主体虚置的情况下，产权所有权、使用权、控制权、处置权等都无法得以明确。（2）自然资源产权交易市场混乱，自然资源价格扭曲。产权的属性决定了产权的可交易性和流动性，产权的可交易性是自然资源得以有效配置的前提和基础。由于自然资源产权主体的虚置，行使自然资源所有权各项权能的并不是真正的自然资源所有权主体，官僚在代表国家行使自然资源所有权各项权能时往往产生"寻租"行为，自然资源产权交易或多或少存在着官商勾结，自然资源价格不是在充分竞争的市场条件下形成，因而导致价格扭曲，资源配置低下。如目前中国 15 万个矿山企业中仅有 2 万个矿山企业是通过市场机制取得矿业权，其他均是通过行政方式取得的。①

在西部自然资源开发所存在的问题中，最严重的无非是资源的无序、盲目开发以及生态环境的破坏，其主要原因是现阶段自然资源产权制度的缺失，目前主要应对症下药，完善产权制度的建设。

二 资源产权与资源价格关系

自然资源稀缺程度的提高导致了对自然资源配置效率的关注，而引导资源合理配置的最有效机制是市场价格。研究资源价格如何决定的理论，主要有两派，一是马克思的地租理论；二是西方经济学的以效用价值理论和供求理论为基础的价格理论。

（一）马克思的资源价格决定论

马克思地租理论的结论是：资源价格是地租的资本化。马克思说过："资本化的地租，从而，正是这个资本化的贡赋，表现为土地价格，因此土地也象任何其他交易品一样可以出售。"② 另外，马克思还说过，自然资源耕地、建筑地段、矿山、渔场、森林、水流，都可以当作土地来理解。为了租用土地必须在一定期限内按契约规定支付给土地所有者的货币额，这个货币额，不管是耕地、建筑地段、矿山、渔场、森林、水流等的支付，统称为地租。如马克思指出："这个作为租地农场主的资本家，为了得到在这个特殊生产场所使用自己资本的许可，要在一定期限内（例如每年）按契约规定支付给土地

---

① 《采全民的矿就得交足全民的钱》，《南方周末》2005 年 12 月 20 日。
② 《马克思恩格斯全集》（第 25 卷），人民出版社 1974 年版，第 874 页。

所有者即他所使用土地的所有者一个货币额（和货币资本的借入者要支付一定利息完全一样）。这个货币额，不管是为耕地、建筑地段、矿山、渔场、森林等等支付，统称为地租。"[1] 因此，按马克思地租理论，所有资源价格都表现为资本化的地租，用公式表现出来就是：

$$资源价格 = \frac{地租}{利息率}$$

地租包括级差地租Ⅰ、级差地租Ⅱ、绝对地租和垄断地租。

级差地租Ⅰ是指两个等量资本和劳动被使用在等面积土地上而产生不同的结果的差额。其产生的主要原因有两种：第一种是土地肥沃程度、气候、矿产丰度（品位）和埋藏深度、森林木材质量、水资源的态势、丰度等；第二种是资源的位置，即资源蕴藏地距离市场的远近。

级差地租Ⅱ是指由于在同一资源上连续投资的劳动生产率不同而形成的级差地租。在同一自然资源上连续追加投资、实行集约经营，所获得的资源产品的产量只要高于劣等条件下资源的产品产量，而资源产品的社会生产价格仍由劣等条件下资源的产品个别生产价格所决定，这时连续追加投资所生产的资源产品就可以获得超额利润，这部分超额利润则形成级差地租Ⅱ。

绝对地租是指，资源所有者出租的资源，不论好坏一律要索取一定数额的地租，否则，宁愿让资源荒芜，也决不会白白地让别人使用。马克思认为绝对地租的存在取决于土地私有权的垄断是否存在。

垄断地租是指由垄断价格产生的超额利润形成的地租。垄断地租产生的条件，是某种资源特殊优越性和稀缺性。

另外，马克思还提到："资本能够固定在土地上，即投入土地，其中有的是比较短期的，如化学性质的改良、施肥等等，有的是比较长期的，如修排水渠、建设灌溉工程、平整土地、建造经营建筑物等等。我在别的地方，曾把这样投入土地的资本，称为土地资本。"[2] 它属于固定资本的范畴。"为投入土地的资本以及作为生产工具的土

---

[1] 《马克思恩格斯全集》（第25卷），人民出版社1974年版，第698页。

[2] 同上。

地由此得到的改良而支付的利息，可能形成租地农场主支付给土地所有者的地租的一部分"①，但这种地租不构成真正的地租。"真正的地租是为了使用土地本身而支付的，不管这种土地是处于自然状态，还是已被开垦。"②"在签订新租约时，土地所有者把投入土地的资本的利息，加到真正的地租上，而不论他是把土地租给一个曾实行改良的租地农场主，还是租给另一个租地农场主。"③

可见，按照马克思的地租理论，自然资源的价格应该由地租和土地资本两部分共同组成。国内有些学者提出自然资源的功能价值理论，④ 其本质就是马克思的地租和土地资本加总，地租表现为未开垦自然资源的功能，土地资本表现为自然资源在开垦过程中人们对自然资源追加的功能。

西方资源价格理论最根本的思想和理论是"效用价值论"和"供求决定论"。边际效用价值论又分为心理学派和数理学派。

（二）效用价值决定论

心理学派以奥地利学派为代表。（1）门格尔。认为满足人类主观愿望的效用是价值的源泉，但随着人们享用财货数量的增加，效用是递减的，即新增加财货提供的效用小于以前消费财货提供的效用。决定财货价值的是新增财货所增加的效用，因此财货有价值必须具备两个条件：有用性和稀缺性。（2）维塞尔。认为根据戈森定律，人们的满足随着消费财货数量的增加而递减，最后达到"饱和状态"，其效用下降到零。处于最后一点的需要为"边际需要"，它所提供的满足为"边际效用"。这个"边际效用"决定商品的价值。他还将边际效用分析应用于成本和分配理论，认为资本、劳动和土地等生产要素的价值间接地来自于它所生产的消费品的价值，并由所生产的消费品的边际效用决定：每一生产要素根据自己在生产过程中的边际贡献获得生产总收益中归属于自己的那部分价值。（3）庞巴维克。边际

---

① 《马克思恩格斯全集》（第25卷），人民出版社1974年版，第698页。
② 同上。
③ 同上书，第699页。
④ 于连生：《自然资源价值论及其应用》，化学工业出版社2004年版，第118—128页。

效用价值论中最著名的代表人物。认为商品的价值来自于人们对其效用的主观评价。商品有价值，不仅要有用，而且还必须是稀少的。前者是价值的基础，后者是价值的必要条件。衡量人们对商品价值主观评价的尺度是边际效用，它决定商品的价值量，而边际效用的大小又由供求关系决定。关于生产资料的价值，庞巴维克同样认为是由生产资料所生产出来的消费品的边际效用决定的。如果消费品满足人们需要的程度越高，边际效用就越大，用于这种消费品生产的生产资料的价值也就越大。

数理学派将数学应用于政治经济学研究，将价值视为商品之间交换的比例关系，即交换价值，否认价值的实质和内容，并将交换作为应用数学的出发点，认为交换就是两个商品间的数量关系，交换成立就是数量相等。该学派的代表人物是杰文斯。他认为，效用源于快乐，并由幸福增加的程度来计算。他将这种效用称为价值，并认为效用随商品数量的增加而递减。增加的商品量与增加商品所增加的效用之商（商品的效用程度，即边际效用）决定商品的价值。在市场上交换物品的人总是比较两种商品的最后效用程度，从而决定愿意放弃多少自己的商品来换取对方的商品以取得最大效用。据此，他建立了自己的交换方程，提出两个商品的交换率是交换后各商品量的最后效用程度比率的倒数。

（三）供求决定论

瓦尔拉认为，商品的价值就是它的实际市场价格，决定于市场供需关系。他运用数学方程式的形式分析了商品交换的比例问题，建立了"一般均衡理论"。该理论认为，商品的价格是相互联系、相互影响的，一种商品供给和需求的变动不仅影响该商品价格的变化，而且还会影响其他商品价格的变化。当所有商品的价格使得所有商品的供给和需求相等时，市场就处于均衡状态，这时的价格就是均衡价格，即商品的价值。

在前人研究的基础上，马歇尔创立了供求决定论。马歇尔承认价值的存在，并直接将交换价值视为价值，他根据边际效用递减规律引申出商品的需求价格，并认为需求价格同商品的需求量成反比；又根据生产费用递增规律引申出商品的供给价格，并认为供给价格同商品的供给量成正比。价值由供求双方达到均衡时的价格决定，即商品的价格如果使购买者对它的需求量和生产者对它的售卖量相等时，市场上的供求处于均衡状态，这时的价格就是"均衡价格"，也就是商品的价值。

不论是马克思的地租理论，还是西方经济学的"效用价值论"和"供求决定论"，在理论上说明自然资源的价格决定都有其独到之处，都能够系统地阐述自然资源价格的决定。应该看到，之所以两种理论都能够阐述价格的决定机制，是因为它们有共同的前提：产权明晰。

在马克思的地租理论中，地租是土地的租用者支付给土地所有者的货币额，可见，其前提是土地的所有权、使用权的划分是明晰的；而西方经济学的价格理论是建立在古典和新古典经济学所假设的前提——市场完全竞争的基础之上，"完全竞争市场"根本就是"产权明晰"的同义词。因此，两种理论所讨论的价格决定机制是在"产权明晰"的条件下实现的，如果产权不明晰，不论是地租理论，还是西方经济学的价格理论，都无法来解释价格是如何决定的；因为在这种情况下，混乱的市场根本就不可能存在价格形成的有效机制，其价格往往是扭曲的，那么，在扭曲的价格引导下，资源的配置注定是无效率的。

从产权的角度来分析资源配置的效率，是对古典经济学利用价格来分析资源配置效率的发展，其更深入揭示了价格的本质和实现机制。

产权经济学认为：资源的市场价格就是资源的产权价格。市场交换的实质不是物品和服务的交换，而是一组权利的交换，所交易的物品的价格，也就取决于交易中所转手的产权多寡或产权的强度，同样的资源，权利边界界定程度不同，就会导致其不同的市场价格。因此，产权界定清晰是资源的市场价格等于其资源影子价格的必要前提。

作为产权经济学的奠基——科斯定理，是经济学中对价格体系有效运转所依赖的制度条件的第一次正式讨论。在马克思经济学和古典的西方经济学中，价格机制被认为是可以无条件、无成本地自发运转，他们主要关心的是价格高低的决定。而科斯指出，产权制度安排是价格机制发挥正常作用的前提，只有产权制度确立后，明确了人们可交易物品权利的边界、类型及归属问题，而且各项产权权能能够被有关交易者乃至社会识别和承认，交易才能顺利进行。这样，任何希望使用这一资源的人可以以不同方式向资源所有者支付费用后获得其资源的使用权。在产权清晰的情况下，人们在逐利行为的驱动下，资源所有者将把使用权转让给支付费用最高的人，价格也就因此形成，资源也得到有效配置。反之，如果没有建立有效的产权制度安排，任何人都可以占有现有资源，那么，"价高者得"的价格形成机制也就不起作用，根本无"市场"可言，社会将退回到野蛮人阶段。

科斯在《社会成本问题》中提出："如果定价制度运行毫无成本，最终的结果（产值最大化）是不受法律状况影响的。"这里的"法律状况"是指对产权各项权能的初始界定。科斯的意思是，如果人们的交易无需成本，那么，初始的产权如何界定不重要，在通过若干次价高者得的交易之后，资源将流向最有效率使用该资源的人手上，最终实现资源有效配置。

结合到西部自然资源开发中存在的一系列问题，可以认为，目前自然资源开发的无效率的症结所在乃"合法权利的初始界定"存在缺陷，即自然资源产权的各项权能界定不清楚、不合理，使自然资源无法在经济人的利益驱动下形成"价高者得"的有效价格形成机制，造成大部分自然资源的价格形成机制扭曲，计划的作用超过了市场的作用，价格作为资源配置的手段无从谈起。

三　资源产权重构与资源价格确立

（一）资源产权重构——资源价格确立的基础

自然资源的稀缺性，在人类工业文明最大限度地运用现代科技手段不间断地向自然界索取的过程中表现得非常充分。OECD 的国际能源署（International Energy Agency）预测，常规原油和天然气液的资源可以满足全球到 2030 年的需求增长，但包括北美在内的许多地区，由于资源储量趋于枯竭，石油产量的自然递减率目前已经超过每年 10%（IEA 在此进行的预测，有一个重要的而又是错误的假设，即"国际市场油价 2010 年前仍保持平稳，为每桶 21 美元，然后出现线性上涨，到

2030 年涨至 29 美元")。① 国际市场油价的大幅推高,超过了国际能源署在 2002 年预测的近 300%,这一事实只能说明化石燃料资源的稀缺程度极大地影响了国际市场在供求关系上的预期。与此异曲同工的是,中国西北地区、华北地区日益严重的水资源短缺,迫使我们不得不耗费巨资去实施浩大的"南水北调"工程,而且,调水之后对中国西部江河源头区域以及长江流域可能产生的生态脆弱性甚至灾害性变化,仍然存在很大的不确定性。② 人类的历史和经济学理论证明了一个道理:资源的稀缺是竞争的缘起,而资源稀缺程度的大小与其所有权束的多少存在着增函数关系;资源稀缺程度越高,对其产权边界形成的要求越强烈。在市场经济的竞争性领域这个道理是普适的;但是,对公共资源而言,其消费的非排他性和不可分割的核心特征,使其产生排他性产权的难度极大,成本很高。正因如此,公共资源配置效率严重低下,以及对公共资源的破坏性乃至掠夺性的获取,不仅凸显个人最优与社会最优、个人理性与集体理性的矛盾和冲突,更使公共资源的可持续利用以及社会的可持续发展受到极大的挑战和阻碍。

在我国西部大开发的恢宏战略中,如何通过有效提高资源尤其是公共资源配置效率来促进区域差距缩小,普遍提高西部民众的福利水平,推动公平的经济增长,具有"四两拨千斤"的战略意义。因为西部地区在所有的生产要素中,只有先天存在的自然资源禀赋具有比

① 参见 International Energy Agency:"World Energy Outlook·2002",朱起煌等译,2004 年,北京,第 39—43 页。此外,著名美国石油地质学家邓肯(Richard C. Duncan)则预测,"到 2010 年之后,全球人均石油产量会急剧下降",这一指标从 1977 年以后,每年以 1.2% 的速度衰退。他预言,人类的工业文明将寿终正寝于 2030 年,原因只有一个,就是石油资源的枯竭。参见 "The Peak of World Oil Production and the Road to the Olduvai Gorge",Summit 2000,Reno,Nevada,Nov. 13,2000。转引自 [奥地利] 陶在朴《生态包袱与生态足迹——可持续发展的重量及面积观念》,经济科学出版社 2003 年版,第 149—151 页。

② 根据中国科学院地理与资源研究所 2003 年的研究,我国西北地区在正常来水年份的工农业用水供需差距近 50 亿立方米,而其中的准噶尔盆地、塔里木盆地、中亚西亚内陆区、甘肃河西地区和陕西关中地区水资源最为紧张,占西北地区总缺水量的 85% 以上。在全部需水量中,农田和林草灌溉占 90% 左右,工业生活用水占 10% 左右。不合理的水资源消耗方式,以降雨为主要内容的水资源补给严重不足,再加上对水这一公共资源缺乏权益调节制衡的"公地悲剧"式的耗用,使水资源的短缺已经在很大程度上影响甚至抑制了该区域的经济社会发展和福利水平提高。参见刘卫东、樊杰等《中国西部开发重点区域规划前期研究》,商务印书馆 2003 年版,第 326—347 页。

较优势，这种优势不仅是国家可持续发展的战略依托，而且也是西部地区发展有特色的产业结构、有竞争力的市场产品去实现收益最大化的有效路径。有效率的开发、使用西部地区的资源，必然要求我们重构资源产权。在既有的宪政规则之下，资源产权只能是在主体虚拟的前提下（即全民所有），明确界定资源的使用权，并使其具有可交易性，这既是解决自然资源不可分性与资源市场有限性的矛盾，也是以叫停价格的竞争手段产生或提高公共资源配置效率的必然选择。进一步看，我们还可以发现，自然资源消费的竞争性越弱，其不可分性与市场的有限性就越强，公共产品的特征就越明显，产权界定的成本就越高，水资源、环境资源、公共水域的鱼类资源是其典型代表。而土地、森林、矿产等自然资源由于其在空间上可以细分，在物理形态上不具有流动性，建立排他性产权的成本就比前者低很多，资源市场较为完整，竞争性地获取这类资源并以收益最大化原则去实施资源配置，自然就会产生帕累托效率。沿着这条思路，在资源产权主体虚拟的基础上，资源产权重构的核心内容，实际上就是以国家赋权的方式，产生资源的排他性使用权，并尽可能使其在时间与空间、物理性状和可以计量的数量上得到明确界定，然后将这种使用权引入资源市场，在充分考虑弱势群体、弱质产业的公平增长的前提下，以使用权交易的形式来产生影子价格和逐步逼近均衡价格，实现资源的市场化配置。"国家赋权"在此具有决定性意义。作为一种极为重要的制度资源，产权制度安排及其重新构建或是改良，都只能依照宪政规则，由国家来确定；重构产权的类型、行使的有效性，也是只能依靠国家才具有的强制性使之得到所有社会成员的认可与服从。冰岛政府对公共海域实施的捕鱼配额制，就是对公共资源实施国家赋权，权证交易进而以市场机制来达到资源配置的帕累托效率的经典例证。[1] 这种对公共资源以配额制赋权，使其在不同主体之间形成以使用权为核心的具有相当程度排他性的产权边界，并引入交易机制使配额可以有偿转

---

① G. Hannes H. 2000, "Overfishing: The Iceland's Solusion", Sussex: The Institute of E-conomic Affairs, Studies on the Environment 17. Jeremy B. C. Jackson, "Historical Overfishing and the Recent Collapse of Coastal Ecosystems", *Science* 27 July 2001. Vol. 293. No. 5530. pp. 629—637.

移，进而达到资源整体优化配置的经典案例，还有 1997 年全球 150 多个国家达成的《京都议定书》关于全球温室气体减排的"联合履行机制"，以及发达国家和发展中国家可以从 2000 年起就减排量指标进行交易的"排放贸易"（ET）机制。令人瞩目的温室气体排放权交易从 2005 年迅速升温，已从欧盟扩展到日本、印度、中国等国家，是成本有效地配置公共资源的崭新路径。①

但是，我国的资源产权重构不可能是一种模式，对于外部性越强的资源，如水资源、环境资源、渔业资源等，都可以采用国家对不同主体赋予可以计量的使用权的方法，来增强以使用权为界面的排他性产权。虽然这类产权界定成本很高，但资源使用效率提高之后的净收益可以对冲成本；而对那些不可再生的资源，如自然矿藏、土地等的计量赋权时，应当主要使用叫停价格的竞争机制作为资源获得的手段，而不是以行政审批为主要手段，因为后者对资源预期净收益及其贴现的测算相对于市场主体而言存在着严重的信息不对称，何况审批总是伴随着甚至是创造着寻租空间。世界银行在和中国政府就水资源利用与开发的合作中，总结了在西部的新疆、华北的海河流域的若干项目经验，认为那些自下而上、民间创立的一些非正式约束十分有效地支持了水资源排他权的形成，以及家户对水权的货币交换。在世界银行 2005 年出版的 *China：An Evaluation of World Bank Assistance* 报告中，这种非正式约束的表现形式称之为"灌区农户自治组织"（The organization of farmers into self-managing irrigation development districts），并指出正是这种农户自发的组织有力提升了水资源的管理，进一步条理了使用者的权利、义务，促进了农户对水资源的有偿使用。②

---

① 参见 The Japan Times，2003 年 1 月 23 日关于日本环境部设立温室气体排放权贸易市场的报道以及世界银行和国际排放贸易协会（International Emissions Trading Associasion）在德国科隆举办的"全球碳业博览会"（Global Carbon Market Fair&Conference）关于排放交易的相关报道。参阅 Koelnmesse. com. cn/fair/start-mess-htm，此外，UNDP 正在与中国政府合作准备在华成立"碳交易所"，使中国这个全球第二大温室气体排放国家"理所当然地成为全球碳减排指标最大的供应市场"。参阅李明三《北京碳交易所构想》，《21 世纪经济报道》2007 年 2 月 9 日第 5 版。

② World Bank. 2005. *China：An Evaluation of World Bank Assistance*，Annex G. Summary：Water Background Paper. [J]. pp. 81—85. Washington D. C. 在这一报告中还指出，类似这样的创新，在世行支持的项目中都已经得到结合实际的应用，只是尚未在其他领域加以推广。

OECD 的一份研究报告认为，中国的水资源正是因为排他权的缺失，计划分配成为水资源配置的主要方式，"水大部分被当作免费资源来使用，水价主要反映分配水资源的财政成本，在水价制定过程中没有考虑水资源的生产价值"[①]。

不论在理论上还是实践中，公有制框架下的排他性资源产权形成，都无法离开使用国家强制性的力量与权威这样一条路径，在对资源加入了财政转移支付投入的社会必要劳动时间之后，以"国家赋权"的形式来渐进地、分层次地产生资源的排他性权利，不仅水到渠成，而且于情、于理都说得过去，只是针对各不同区域和不同资源存在形式，要求政策制定者结合实际地、有包容性地采纳那些自下而上的制度创新，审时度势地运用国家政权的权威，在既有的宪政框架下科学地进行"国家赋权"。在此，公平与效率这一对矛盾依然存在，但只要充分考虑到弱势群体的公平和机会，以科学发展观为指导，那么，排他性资源产权的逐步确立将极大提高西部大开发过程中的资源配置效率。需要指出的是，这种配置效率的提高，如何惠及西部的民众，是另外一个值得重视的问题。这个问题不能得到有效解决，西部开发过程中的资源产权重构就失去了根本和存在的意义。[②]

（二）自然资源定价模型的探讨

1. 问题的提出

文献中主要的自然资源定价理论模型有以下七种：边际机会成本模型、市场估价模型、影子价格模型、李金昌模型、能值定价模型、能量定价模型、可计算一般均衡模型。我们通过比较上述七种定价模型，认为边际机会成本模型能够全面地反映自然的真实价值形成合理定价的基础，故选择边际机会成本模型作为自然资源定价的理论框架。

机会成本是指在其他条件相同时，把一定的资源用于某种用途时所放弃的另一用途的效益，其中最高的一种就是它的机会成本。边际

---

① 经合组织："*OECD Review of Agricultural Policies：China*"，李先德等译，中国经济出版社 2005 年版，第 68—69 页。

② 对此，本项目子课题关于"西部大型公共产品溢出效应的成本分摊及其测算办法"部分有集中论述，可以参阅。

机会成本（MOC）理论认为，自然资源的消耗使用应包括三种成本：（1）边际生产成本（MPC），它是指为了获得资源，必须投入的生产成本（如原料、动力、工资、设备等）；（2）边际使用者成本（MUC），是现在使用资源而不是留给后代使用所产生的成本，它反映了自然资源稀缺性对资源价格的影响；（3）边际外部成本（MEC），外部成本主要指在资源开发利用过程中对外部环境所造成的损失，这种损失包括目前或者将来的损失。一般地，边际机会成本法中的边际机会成本可以表示为公式（1）：

$$MOC = MPC + MUC + MEC \qquad 公式（1）$$

MOC 理论度量了消耗单位自然资源所付出的全部费用。在实际中应是使用者消耗资源所支付的价格 P，P = MOC，唯有这样才能实现资源与环境的经济补偿，实现经济发展与资源环境的相互协调、可持续发展。

将边际机会成本应用于自然资源价格测算仍存在着不足，主要表现在应用方面与操作层面上的困难。为此，我们使用平均增量成本 AIC 作为边际机会成本的替代量，对基于 MOC 理论的自然资源与定价模型进行深入分析，构造了平均增量生产成本 AIPC，平均增量外部成本 AIEC 以及平均增量使用者成本 AIUC 等计算量以替代 MOC 理论中 MPC、MEC 以及 MUC，从而便于理论上的边际机会成本法作为自然资源定价方法更具有实用性与可操作性。

2. 使用平均增量成本替代边际机会成本

通常自然资源开发所提供的资源量呈跳跃式增长，并非少量、持续式增长，即自然资源开发、供给具有资本不可分性。从这个意义上讲，这种资源供给量增长模式无法满足边际机会成本中的"边际"的概念要求，因而在资源供给不可细分的情况下需要使用平均增量成本 AIC（Average Increasing Cost）作为边际机会成本的替代量，[①] 使用新设资源开发项目的平均增量成本 AIC 代替边际机会成本形成自然资源的定价。AIC 的一般表达式为公式（2）：

---

① R. J. Saunders and J. Wardford and P. Mann, Alternative Concepts of Marginal Cost for Public Utility Pricing: Application in the Water Supply Sector, World Bank Staff Working Paper No. 259, World Bank, Washington D. C., May 1977.

$$AIC = \sum_{t=0}^{n} \frac{C_t}{(1+r)^t} \div \sum_{t=0}^{n} \frac{Q_t}{(1+r)^t} \qquad 公式（2）$$

$$P = MOC \approx AIC$$

其中，C_t 表达了第 t 年增加的成本，包括了与第 t 年增长的资源提供能力和资源耗费的半成本，包括生产成本、使用者成本、外部成本；Q_t 表示了第 t 年预计增加的资源消耗量，n 代表了资源开发项目工程的规划时间，r 代表了贴现率。

从以上公式可以看出，如果我们在现期能够准确地预测为满足未来期的资源需求量而新设的资源开发工程的 AIC，则可以得出资源的合理价格，$P = MOC \approx AIC$。但是，在实际中由于无法准确地预测出下一期的资源需求量，我们就需要通过基于决策流程来准确地预测得到为满足下一期的资源需求量新设的资源开发工程的 AIC。

通过决策程序制定出的自然资源价格能够更加真实地反映出资源的价值与稀缺（通常会高于现有自然资源价格），提高了自然资源使用成本，促使资源使用者提高自然资源利用率、减少资源浪费，进而减少了整个市场的需求量，最终将会导致新设资源开发项目的延迟开发甚至取消，避免了自然的人为浪费。

在实际中，由于资源开发具有跳跃增长的特性，并且资源开发工程往往需要多年才能完工投入使用，因而新设资源开发项目的目的往往是满足若干年后（如第 D 期）自然资源需求使项目建成后新增资源供给能力与预测的新增需求量相等。所以，AIC 实际是新设资源开发项目在计划的 D 期后总需求增加量等于该资源开发项目总供给的均衡价格，新设资源开发项目 AIC 更适合用于制定 D 期的自然资源价格。$P_D = MOC_D = AIC（Q_D）$，因而需要进一步合理确定任一时期如第 d 期（$d \leq D$）的自然资源价格（$Pd = MOC_d$）。该问题将在下面解决。

3. 基于平均增量成本的边际机会成本的核算

我们认为，虽然边际生产成本、边际使用者成本以及边际外部成本均是由自然资源的消耗而产生，但这三项成本产生的方式并不一样。其中边际生产成本与边际外部成本均由正在使用的资源开发工程所产生，再用资源开发工程的建设直接产生了边际生产成本与边际外部成本，自然资源的耗用也直接产生了边际外部成本。而边际使用者成本则是因为现有资源开发利用和新设资源开发项目加剧了资源以满足未来的需求，具体可以从新增资源开发项目量在减少的情况下将开发出更多的资源以满足未来的需求，具体可以从新增资源开发项目（或替代资源开发项目）的 AIC_2 相对于现有资源开发项目 AIC_1 的增加额的函数值 $f(AIC_2 - AIC_1)$ 体现出来。

综合所述，任一时期如第 d 期（$d \leq D$）的自然资源边际机会成本应当包括三部分：在用资源开发工程以及资源的耗用产生的边际生产成本与边际外部成本，新增资源开发项目（或替代资源开发项目）的 AIC_1 的增加额的函数值 $f(AIC_2 - AIC_1)$。

（1）边际生产成本与边际外部成本核算

在实际中，由于现有自然资源开发工程的实施与资源的耗用，除了产生生产成本外还将产生外部环境成本。因而现有自然资源开发项目的平均增量成本 AIC_1 应包括平均增量生产成本（Average Increasing Production Cost，记为 $AIPC_1$）、平均增量外部成本（Average Increasing External Cost，记为 $AIEC_1$），见公式（3）：

$$AIC_1 = AIPC_1 + AIEC_1 \qquad 公式（3）$$

其中，平均增量生产成本 $AIPC_1$ 的含义为现有自然资源开发项目在整个工程寿命期内所增加的单位资源供给量的投资额现值。表现为公式（4）：[①]

$$AIPC_1 = \left[\sum_{d=0}^{n} \frac{I_d}{(1+r_1)^d} \div \sum_{d=0}^{n} \frac{Q_d}{(1+r_2)^d} \right] + \frac{C_d}{(1+r_1)^d}$$

$$公式（4）$$

其中，I_d 为该资源开发项目第 d 年的投资额；Q_d 为资源开发项目第 d 年资源提供量；r_1 为资金折现率；r_2 为资源量折现率；C_d 为新项目资源开发期单位资源供给增量的年营运费。

平均增量外部成本 $AIEC_1$ 含义为用于单位资源供给量的预防、治理环境污染所需要的费用额以及由于自然资源开发利用而造成的外部环境损失额现值。平均量外部成 $AIEC_1$ 的核算方法采用直接市场法中

① 中国环境与发展国际合作委员会编：《中国自然资源定价研究》，中国环境科学出版社 1997 年版。

的防护费用法这种方法。计算公式为公式（5）[①]：

$$AIEC_1 = \left[\sum_{d=0}^{n}\frac{I_{ed}}{(1+r_1)^d} \div \sum_{d=0}^{n}\frac{Q_d}{(1+r_2)^d}\right] + \frac{Ce_d}{(1+r_1)^d}$$

公式（5）

其中，I_{ed} 为该资源开发项目第 d 年支付的环境预防与治理费用；Q_d 为该资源开发项目第 d 年资源提供量；r_1 为资金折现率；r_2 为资源量折现率；C_{ed} 为该资源开发项目在 d 期单位资源供给增量导致的外部环境损失。

由于公式（4）和公式（5），有公式（6）：

$$AIC_1 = AIPC_1 + AIEC_1$$

$$= \left\{\left[\sum_{d=0}^{n}\frac{I_{ed}}{(1+r_1)^d} \div \sum_{d=0}^{n}\frac{Q_d}{(1+r_2)^d}\right] + \frac{C_{ed}}{(1+r_1)^d}\right\} +$$

$$\left\{\left[\sum_{d=0}^{n}\frac{I_d}{(1+r_1)^d} \div \sum_{d=0}^{n}\frac{Q_d}{(1+r_2)^d}\right] + \frac{C_d}{(1+r_1)^d}\right\}$$

公式（6）

（2）边际使用者成本的核算

自然资源的稀缺性与多宜性使自然资源具有边际使用者成本。边际使用者成本无法直接表达为平均增量使用者成本（$AIUC$），但却可以表达为当期资源开发工程的 AIC_1 与新设资源开发项目 AIC_2 的函数，即 $MUC(d) = f(AIC_1, AIC_2)$。该方法的基本思路是：由于自然资源开发者将投入的勘探或开发成本会导致自然资源存量的变动，减弱相应自然资源的稀缺性，进而对边际使用者成本的大小产生反向影响。作为经济理性的资源开发者会在勘探或开发与边际使用者成本之间进行权衡调整，直至达到均衡状态即两者相等为止。因而就能够用上述勘探或开发成本来直接衡量边际使用者成本的大小。所以，边际使用者成本可采用如下方法来核算。

假设已知新设资源开发项目的 AIC_2 与现有资源开发项目的 AIC_1 的情况下，本文采用了利息连续增长的计算方法来估算出第 d 期边际使用者成本，计算公式为公式（7）：

---

① 中国环境与发展国际合作委员会编：《中国自然资源定价研究》，中国环境科学出版社 1997 年版。

$$MUC\ (d)\ =\ (AIC_2 - AIC_1)\ \cdot e^{-q(D-d)}\quad 公式（7）$$

其中，AIC_1 为正在使用中的自然资源开发项目的平均增量成本；AIC_2 为计划在若干期后使资源供给量等预期需求量增量的新设资源开发项目的平均增量成本，$AIC_2 = AIPC_2 + AIEC_2$；D 为新旧资源开发项目完工时间间隔；d 为旧的资源开发项目已使用年限；q 为价格调整指数，$0 < q < 1$。

（3）边际机会成本的最终确定

综合以上公式（1）至公式（7），第 d 期（$d \leqslant D$）的自然资源价格（$P_d = MOC_d$）可表示为公式（8）：

$$P_d = MOC_d \approx AIC_1 + \left[AIC_2 - AIC_1 \right] \times e^{-q(D-d)}$$
$$= AIPC_1 + AIEC_1 + \left[AIPC_2 + AIEC_2 - AIPC_1 - AIEC_1 \right] \times e^{-q(D-d)}$$

公式（8）

其中，AIC_1 为目前正在使用的自然资源开发工程平均增量成本；AIC_2 为计划在第 D 期后使资源供给量等预期需求量增量的新设资源开发项目的平均增量成本。

为此，我们已经为自然资源确定出任一时期的价格，这一相对合理的价格包括与反映出自然资源所具有的所有价值，包括经济的和生态的价值。

在国家赋权产生梯度的排他性产权基础上，还可采取如下措施来修正产权主体虚拟的毛病：

第一，设立自然资源专门管理委员会，代替全民行使自然资源所有权，统一负责对自然资源的开发和产权出让等行为。自然资源管理委员会还要负责建立规范的产权交易市场，包括自然资源产权的一级市场和二级市场。一级市场是指自然资源管理委员会作为行使自然资源所有权的单位，与作为市场主体的企业进行自然资源产权交易的市场，是各类企业取得自然资源开发权和开采权的场所；二级市场是指各类企业间进行自然资源产权交易的市场，是各类企业转让自然资源开发权和开采权的场所。

完善的自然资源产权交易市场是保证自然资源价格形成的基础，自然资源管理委员会应视市场的发育程度来确定可进行产权交易的自然资源进入交易的规模。在自然资源产权的一级市场，必须严格按照公平、公正、公开的原则实现自然资源产权的出让，如目前部分矿产资源开采权的出让所采取的招标、投标制度。

第二，由国有企业、民营企业、中外合资企业，甚至在局部领域由外资企业行使使用权和经营权（包括开采权和开发权），除了在一些关系到国计民生的领域，各类企业作为市场主体自主经营、自负盈亏，国家不得进行干涉。

然而，对于各类企业在自然资源的经营和使用过程中必须遵守透明化原则，如产权交易必须实行备案登记，自然资源开发所采用的技术和可能的影响必须实行公示制度等。

第三，设立特殊的监督权，即把监督权与经济权利捆绑在一起，由自然资源的局部所有者行使。这种监督权主要包括：一是结合自然资源分布的特征，授予自然资源所在地居民特殊的监督权，即把监督权与一定的经济索取权捆绑在一起，如自然资源所在地居民发现有人对当地自然资源进行滥采偷采或其他破坏行为，则有权对滥采偷采的单位或个人索取经济补偿和赔偿，取得的资金归当地居民所有，用于当地的基础建设和各项社会事业的发展，补偿金和赔偿金由自然资源专门管理委员会与相关司法、执法部门协同取得；二是授予中国公民特殊的监督权，即把监督权与较高数额的奖金捆绑在一起，如任一中国公民发现自然资源的破坏行为、产权交易的不正当行为或开采中的不正当行为并给予举报和举证，自然资源专门管理委员会则对该公民进行经济奖励，并会同相关的司法部门对自然资源的破坏进行索赔，对不正当的产权交易行为进行处罚。

通过设立特殊的监督权，激励了整个社会对自然资源开发利用的监督，使自然资源的所有者对自然资源的约束力加强，强化和充实了所有者的所有权。

经过这种产权重构之后，自然资源将得到有效开发和利用。首先，重构之后的产权保证了自然资源产权出让的效率性。即自然资源产权的出让必须在专门的自然资源产权一级市场中进行，同时接受自然资源所在地居民、全中国公民的监督，可以保证产权出让的公平、公正和公开，只要保证市场是竞争性的，那么资源的开发效率也将得到保证，即把自然资源的开发权出让给开发效率最高的企业。其次，重构之后的产权保证了自然资源开发的效率性。自然资源的开发及其对环境产生的影响均处于社会公众的监督下，只要自然资源的开发违背了生态效率，如开发过程中造成的土地塌陷、植被破坏、环境污染等不良影响，将受到当地居民和有关司法、执法部门的索赔，这将迫使那些技术或管理难以胜任自然资源开发的企业在自然资源产权二级市场上转让其开发经营权，最终保证拥有最佳的技术和管理组合的企业拥有自然资源的开发权，即保证自然资源的开发是有效率的。另外，企业作为独立的核算主体，追求利润的最大化，在产权重构之后，保证了企业取得自然资源开发权都必须付出经济成本，这将迫使企业充分利用所取得的开发权，保证自然资源能够得到充分开发，提高矿产资源的回采率，保证森林资源、草地资源利用的可持续性，提高水资源的利用率等，即保证了自然资源的充分开发和利用。

对于一些资源开发量必须保持在一定数量以下才能保证资源的可持续利用、再生利用，如草原资源、渔业资源等，自然资源管理委员会在出让资源产权时应限量出让，如在渔业捕捞中采取的 ITQ（Individual Transferable Quota）制度，即把每年的渔业总捕捞量分成若干份渔获配额，然后出售给渔民，渔获量达到渔获配额的渔民，在该年度内不得再从事该鱼种的捕捞。这样，可以保证长期的自然资源开发的效率性。

附　关于水资源产权重构的逻辑思路与实施对策

尽管我国《宪法》、《民法通则》、《水法》已经非常明确地规定了水资源属全民所有，并设置了水资源有偿使用的一些规定，但产权主体的虚拟使产权各种权属在实施过程中不能以产权的边界来防止负的外部性和产生正向的激励机制，所有社会成员对水资源非排他性的消费，进一步加大了我国水资源的稀缺程度，还在事实上固化了水资源的低效率配置。[①] 水资源具有稀缺性、不可替代性、可再生性和流

---

① 山西省水资源指数列全国倒数第二位，人均水资源占有量仅为全国平均水平的六分之一，到2010年全省将出现3亿立方米供水缺口。这一局面在很大程度上与采煤对地下水资源的破坏有关，山西省每开采一吨煤平均要破坏2.48吨水；大规模的煤炭开采活动，使山西省水资源问题从改革开放前的142亿立方米锐减到现在的84亿立方米。煤炭开采产生的负外部性和对水资源非排他性的"公地悲剧"式消费，是水资源在山西省进一步提高稀缺程度的根本原因。李明三：《于幼军"兴水论"：水资源成制约山西省发展首要因素》，《21世纪经济报道》2007年2月7日第六版。此外，京津冀三方近年来为初始水权以及同流域水资源的合理配置问题屡起争端，参见张彪《"河北发问：求解京津冀水资源难题"》，《21世纪经济报道》2007年3月19日第七版。

动性等多种经济特性。从经济学理论上讲，稀缺性越高的禀赋，价值越高，对这类自然禀赋的获取，就更应该通过竞争性交易行为来实现，否则其配置就会是低效率的甚至是无效率的。但是，我们不能忘记的是，所有的稀缺性，都只有与排他性联系在一起之后，才会产生配置的优化和效率。作为人类生存和发展最不可能替代和最基本的资源，水资源在消费上的非排他性十分明显，尽管在一些区域其稀缺程度很高，但至少在其资源价值中加上马克思讲的"社会必要劳动时间"之前，人们要想对水资源安装上排他性的产权制度装置是有违社会公平的，而且这种制度安排往往是成本无效的；更何况，作为全民所有的水资源，无论其是否稀缺，或者是无论其稀缺程度大小，每一位社会成员都天然地拥有对水资源的消费权。水资源的稀缺性、其全民所有的产权特征和作为公共品在消费上的非排他性，构成了水资源低效率配置并日益加剧其稀缺性的矛盾基础。在这个矛盾基础上，人们很难做到使个人和社会的边际收益率一致进而使这种资源的消费陷入难以持续甚至是不可持续状态。

但是，如果我们从水资源两权分离（即所有权与使用权分离）的思路出发，从社会必要劳动时间加进资源价值之后，以国家赋权的形式就可以在基本保证公平的前提下，设计出排他性水资源使用权装置。[①] 这里的关键在于，属于全体社会成员所有的水资源，在"资源的原生态"意义来讲是可以成立的。这种状态下的资源，就像空气、阳光一样，人们不可或缺，人人都可以没有成本地消费。正是由于水资源的稀缺性，或者说是人类经济社会需求的无限性与水资源供给的有限性，使得水资源的配置效率高低直接影响了发展的可持续性。于是，通过对水资源配置过程加入社会必要劳动时间，就改变了水资源的价值构成，即在纯资源价值之上，加入了人类的劳动价值，二者之

---

① 浙江省"东阳—义乌"水权交易的典型例子，凸显了市场经济条件下水资源排他性产权改革在实践中的可操作性。这一案例还清楚地证明，公共资源的全民所有权，必然会在实现资源净收益的委托—代理关系中被部门化或属地化，这种扭曲的排他性不会产生正向的激励机制，至少在供给一方是如此。

关于"东阳—义乌"水权交易，参阅成升魁、谷树忠等著《2002 中国资源报告》，2003 年，北京，第 262—264 页所转引之水利部经济调节司"浙江'东阳—义乌'水权转让的调研报告"。

和构成了水资源理论价格的基础。至关重要的是，人类进入商品经济社会之后，对几乎全部自然资源（无论是土地还是矿藏，森林还是草地，水资源还是渔获量），只要加进了社会必要劳动时间，就必然会增值而且必然会内生出产生排他权的冲动。越是稀缺，那么，对其消费的排他性就越强，因而在产权上的共有制就越不现实。人类对水资源加入社会必要劳动时间（比如修建水渠、水坝、水的接入乃至对水的净化等等），客观上减少甚至削除了水资源消费的无效率，只不过，水资源本质特征中的公共物品属性，使人们在漫长的摸索之后，才通过制度创新和改革发现了结合公平与效率的解决之道。① 在此，逻辑地推出"国家赋权"，正是水资源产权重构的不二之选。

所谓赋权，是对不同社会主体赋予国家所有的水资源可计量的使用权，这种权属具有与生俱来的排他性；在市场经济条件下，对稀缺资源需求的差异，自然就会产生对这种使用权的交易冲动，从而步入资源配置帕累托效率的正轨。

水资源排他性使用权的制度设计，主要对象应当是尚无经济手段对消费加以调节的社会主体，以及在自利的生产行为中对公共水资源产生了负外部性的社会主体；而对那些为业已加进社会必要劳动时间的水资源的消费可以计量支付对价（如自来水和工业用水）的社会主体而言，这一问题并不尖锐，其配置效率在市场经济条件下是自动均衡的，当然并不可以排除从公平出发的对弱势群体的国家补贴。因此，我们重点关注的是尚无经济手段对消费加以调节的社会主体和在自利的生产行为中对公共水资源产生了负外部性的社会主体，对它而言如何以国家赋权来产生公共物品消费的排他性。

从国外的情况看，水资源产权的形成分为私有产权和政府所有产权两种情况，前者以美国东部各州为代表，后者以美国西部各州和澳

---

① 塞内加尔从 1995 年起对城市供水进行了大规模改革，主要是：解散了破产的公共事业单位，由新成立的国有资产控股公司与私人运营商签订竞争性程序产生的运营供水合同；由政府向低收入群体提供接入补贴（又细分为消费补贴、接入补贴和在缺少接入的区域实施供水点建设）；以及政府精心规划的供给激励。效果明显。参见 Brocklehurst C. and G. Janssens. 2004. "Innovative Contracts, Sound Relationships: Urban Water Sector Reform In Senegal", Washington, D. C. World Bank Water Supply and Sanitation Sector Board Discussion paper。

大利亚为代表。但二者有一个共性，即水资源产权具有强烈的地域差异性。如美国东部水资源丰富，绝大多数州采用的是"河岸权"（Riparian Doctrine），水权与土地权紧紧联系在一起，水权具有物权的一般属性；但在美国西部，水资源稀缺程度很高，很多州采用的是"优先专用权"（Prior Approriation Doctrine）。对我们具有借鉴意义的是，美国西部各州正是因为水资源的高度稀缺，在水资源配置问题上又具有市场失灵的特点，为了既体现公平，又追求效率，绝大多数西部州的法律都规定水资源属全州人民所有，并由州政府代表人民行使水资源产权；但是，他们对水权问题并不是到这里就结束了，而是以详尽的法律条文规定了关于水的使用权取得方式以及水资源使用权的流动性和交易规则。①

澳大利亚的水权制度从殖民早期开始，实行的是与美国东部各州一样的"河岸权"，随着人口的增长，水资源稀缺的矛盾日渐突出，因此在 20 世纪初叶由联邦法律规定水资源产权归各州政府所有，"河岸权"也演变为水权与地权分离的"优先占用权"。水资源在澳大利亚的不足，使水权的交易在澳大利亚十分发达，正如新西兰经济学家安德鲁·麦克唐纳所说的那样："在澳大利亚现行体制下，农民相互之间按照市场价格对水权进行暂时的、永久性的或期货式的交易。农民相互之间对水资源的竞争早已司空见惯。"② 此外，澳大利亚政府对水资源现存和潜在的可持续发展状况、水资源在各州的依法使用状况、水资源使用许可权（Licence）交易信息等都有一套严密的制度帮助其降低信息的不对称，从而使政府可以根据资源可持续供给的可能性与经济社会发展的需求不断调整对各类水资源（主要指 Surface Water 和 Groundwater）的开发、管理和配置。当然，与我国

---

① 参见"Summary of South Dakota Water Laws and Rules"，Prepared by Water Rights Progrom. Department of Environment and Natural Resource（http：//www. state. sd. uc/dunr/des/waterrights/summary. htm）；以及俄勒冈州政府关于水权取得的相关法律规定："Obtaining New Water Rights"（http：//www. oregon. gov/owrd/pubs/aquabook，shtm）；蒙大拿州政府在 2005 年颁布的法令中，明确规定："在本州境内任何水资源均属州政府财产，并用于全州人民所需，任何对水资源的营利性使用，必须获得法律批准。"参见"Montana Code Annotated 2005—Montana Constitution，Article IX."（http：//www. opi. state. mt. us/bills/mca/const/ix/3. htm）。

② Andrew MacDonald. 2004. http：//www. arean. org. nz/watermel. htm.

对地下水资源的管理类似，澳大利亚地下水资源也只是在水资源问题严重的各州（如西澳大利亚州、昆士兰州等）存在较为完整的制度安排，而在塔斯马尼亚州，所有的地下水资源的配置都是不符合制度规范的。①

在借鉴国外经验，结合我国国情的基础上，我国水资源产权的重构，其逻辑思路和实施要点是：

——在以统计部门和水利部门联合作为核算主体的情况下，编制出试点地区以及各省、市的水资源核算报告。

——在通过资源核算摸清资源存量、可持续发展趋势、资源使用的技术水平评价、未来一定时期经济社会发展拉动的对水资源消费需求增加的比率等（甚至还应该包括由气象部门作出的流域性和区域性气候变化、降水量变化的预测或趋势性分析）重大指标和重要信息的基础上，充分尊重既有的水权创新，选择具有典型代表意义的不同流域和区域，进行水资源使用权的制度设计。

——在这一项改革推进的初级阶段，应当采取"摸着石头过河"的"试错法"，中央政府统筹，自下而上试点，先在西部水资源稀缺程度较高的一些区域和流域进行水资源使用权的制度创新，在结合国内外经验和试点地区实践的基础上，有条件地逐步展开。

——以国家计量赋权为核心的水资源使用权的制度安排，首先要在西部（尤其是西北地区）农业和林草业用水这两大领域进行。理由很简单，这两大领域的用水量占了西北地区全部用水的90%（其余10%是工业与居民管理生活用水），由于没有经济调节手段，缺乏排他权的水资源每时、每处都会产生消费的"公地悲剧"，不仅使水资源处于耗竭式使用状态，而且还会产生代际的外部性和区域的外部性，使其陷入不可持续的窘境。

从公平的原则出发，国家可以对该流域（区域）和该业态的农

---

① 关于澳大利亚水资源的政府管理、制度设计、配置计划、水资源许可权证交易（License Trade）以及水资源使用的信息采集方式等，参阅："National Land &Water Resources Audit —Achieving Sustainable Management"（http：//www. audit. ea. gov. au/anra/water/docs/national/water_ sust_ mgmt. html）以及 "Water Rights Arrangements in Australia and Overseas"，Commission Research Paper. Released on 3. Oct. 2003（http：//www. pc. gov. au/research/cyp/waterrights/index. html）。

户（业主）免费计量发放一个基准水平的用水许可证，在此证限量以内的取（用）水将全部免费，超过这一限量就要计费，使用不完的定量用水许可证可以在所有的用水者之间有偿转让。重要的是，政府在水权重构过程中始终扮演着"制定游戏规则、维护游戏秩序、保护财产安全"的关键角色。因此，政府必然要为水资源使用的排他权建立付出成本，来换取水资源的整体优化可持续配置效率，这些成本主要包括：

一是水资源取用接入的流量监控和记录（这里只包含地面水的接入接口和地下水的抽取接口）；

二是政府根据该流域（区域）水资源存量和自然来水量之和，计算出与家庭联产承包责任制土地使用权相匹配的用水基础水平，制作和发放这部分免费范围的用水许可证；

三是对取（用）水许可证转让进行登记和批准。水价的形成可以是用水者之间讨价还价的叫停结果，但因为水资源由代表全民利益的国家所有，所以其交易程序中必然少不了政府的登记和批准；

四是政府对水资源管理、规划、监控、水权交易的监管和信息采集等事务的机构运行成本，等等。

——水资源产权重构，原则上离不开"科斯方式"或"庇古方式"，前者主要使公共资源"两权分离"，在所有权继续保持既有的宪政规范的同时，以国家赋权的方式，让使用权可以根据供求关系进入交易状态，从而达到稀缺资源的优化配置效率；后者主要针对无法安装排他装置的公共资源在使用过程中产生的负外部性，那些在自利的生产过程中对水资源产生了负外部性的市场主体（最为典型的如山西煤炭采掘过程中对水资源存量的破坏），应当设计出可以计量的"庇古税"，来阻遏这一势头。但是，负外部性的成本分摊由于定量上的困难，使其可操作性下降；换言之，为了大幅度减少对公共资源"搭便车"产生的负外部性，以及防止其野蛮地成长到严重制约特定流域（区域）经济社会的可持续发展，政府不能"无作为"，必须设计出科学的"庇古税"并从严征收，以期熨平这种负外部性必然会产生、引发的社会矛盾，引导市场主体对公共资源保护的社会责任，以及运用经济手段来产生市场主体对负外部性的减量激励。

第四章

西部大型公共产品"溢出效应"的测算

——以天然林保护工程为例构建西部大型公共产品溢出效应测算指标体系

　　本章主要论述对于我国西部地区为全国提供的大型全局性公共产品的"溢出效应",应当在国家层面建立利益补偿机制,令受益地区通过某种方式对提供这种大型全局性公共产品的西部地区进行利益补偿,可以考虑采用特别税和转移支付等手段来实现成本分摊和利益共享。补偿的前提是对溢出效应及其相应成本进行估算,以确定补偿依据。本章选取天然林保护工程(简称"天保工程")作为研究整个西部大型公共产品溢出效应的切入点,从"天保工程"诸多溢出效应中挑选出防洪作为建立估算溢出效应指标体系的初步尝试,先估算"天保工程"影响防洪安排取得的防洪变化收益,然后通过估算防洪变化收益占全国性收益的比重来大致测算"天保工程"给全国带来的收益。副论主要是运用主论的基本思想去考察南水北调工程中的溢出效应问题。作为跨区域调水的南水北调工程显然属于大型全局性公共产品,由于其分为东线、中线和西线三条线路进行,因而从总体上看,南水北调工程亦具有西部大型公共产品的性质,同样存在着严重的"溢出效应",即供水地区付出了许多的直接成本或间接成本,承担了巨大的损失,但是从中受益却较少,而工程的主要受益者享受了工程带来的收益,却没有为此付出足够的成本。因此,更加合理的南水北调工程水价构成就应该包括四个部分:资源水价、工程水价、环境水价和溢出水价。

一　西部大型公共产品溢出效应测算问题的提出

中国西部地区为全国提供了包括三峡库区污染防护、长江上游生态屏障建设等大型全局性公共产品。这种大型全局性公共产品的重要特征是所谓"正外部性"，即提供者不但受益较少而且要承担很大损失，即付出直接成本和机会成本，而主要受益者却不为提供这些公共产品的提供者付出什么。这就必然引起西部大型公共产品的提供出现"全国受益，局部买单"的不公平现象。这主要表现在两方面：一方面，西部作为大型公共产品的提供者所承担的成本与自身获得的收益不一致；另一方面，这些大型公共产品溢出效应的受益者如中部、东部地区则成为"搭便车者"享受着"未经补偿的资源和收益"，西部大型公共产品的这种溢出效应使得西部地区在很大程度上成为单纯的贡献者，从而导致本来就欠发达的西部地区独自承担发达地区的发展成本这种严重的不公平问题。

解决这个不公平问题的基本思路是在国家层面建立利益补偿机制，令受益地区通过某种方式对提供这种大型全局性公共产品的西部地区进行利益补偿，可以考虑采用特别税和转移支付等手段来实现成本分摊和利益共享。

但是，不论采用什么方式进行补偿，其前提都必须是对溢出效应及其相应成本进行估算，以确定补偿依据。由于这种溢出效应的复杂性以及研究条件的局限等原因，直接估算所有西部大型公共产品的溢出效应目前还做不到。我们认为，目前可行的办法是先从某一种可以直接测度的方面入手取得关于这种溢出效应及其相应成本的分析框架。从指标可量化程度等方面考虑，本文选取天然林保护工程（简称"天保工程"）作为研究整个西部大型公共产品溢出效应的切入点。

目前，国内对于"天保工程"的效益研究主要侧重于其在"天保工程"区内释放的生态效益、社会效益和经济效益。《国家林业重点生态工程社会经济效益监测报告》认为，自1998年"天保工程"相继启动以来，全国工程区的森林资源下降趋势得到有效遏制，森林植被快速恢复，林业用地面积、有林面积、森林蓄积量等均有不同程度提高；沙化土地治理面积增加，水土流失面积减少；工程区产业结构得到调整，多元化发展态势逐步形成；地方经济发展，农民收入明显提高等。[①] 一些学者通过抽样技术和实地调研等方法对"天保工程"的区域效益进行了研究。如刘燊、孟庆华等人通过抽样技术和实地调研获得样本点（乐山市峨边彝族自治县和攀枝花市盐边县）的资源环境与社会经济方面的数据资料，从长时间上对四川省峨边县和盐边县天然林保护工程的生态、社会与经济影响进行评价；[②] 杜文华和田新会利用主成分分析法，对甘肃省 65 个县区天然林资源保护工程的效益进行了综合分析；[③] 四川省林业科学研究院的专家选择了四川西部的理县、平武县，采用资料搜集、实地考察、会议讨论、走访座谈等方式，按照县—乡—村—农户层次，调查获得 2 个县、3 个乡、6 个村、20 个农户的数据，阐述了天然林资源保护工程实施情况和效果，分析了工程实施对农户、乡镇社区和县域社会经济影响，探讨了缓解社区经济困难的途径，提出了社区参与"天保工程"建设的对策和建议。[④]

相反，对于"天保工程"溢出效应的研究几乎没有展开，涉及"天保工程"溢出效应的一些讨论不过是如下一些定性描述："'天保工程'……保证长江中下游地区生态环境不受上游地区环境破坏的威胁。长江上游生态环境的改善……同时也将减少长江中下游地区洪涝灾害的发生率，从而大大降低社会经济损失。……洪涝灾害频率的降低不仅将减少直接经济损失，而且将降低各地政府每年抗洪救灾的组织成本，可以集中精力发展生产。上游生态环境改善，水土流失减少，可以有效降低疏浚河道的费用，提高河道的通航能力。……'天保工程'的实施和有效推行，能够为长江中下游的工农业生产，

① 国家林业重点生态工程社会经济效益测报中心、国家林业局发展计划与资金管理司：《国家林业重点生态工程社会经济效益监测报告》，《绿色中国》2004 年第 5 期。

② 刘燊、孟庆华等：《我国天然林保护工程对区域经济与生态效益的影响——以四川省峨边县和盐边县为例》，《生态学报》2005 年第 25 卷第 3 期。

③ 杜文华、田新会：《甘肃省天然林资源保护工程效益评价》，《甘肃农业大学学报》2003 年第 2 期。

④ 陈林武、向成华等：《天然林保护工程对四川西部社区影响分析》，《四川林业科技》2002 年第 23 卷第 2 期。

特别是水力发电提供丰富且稳定的水源。"[①]

　　由于其他溢出效应如灾害性气候好转给农业带来的损失减少和"天保工程"对水资源保护的收益等难以取得具体适用的数据，而且部分指标难以量化计算，我们就只是从"天保工程"诸多溢出效应中挑选出防洪作为建立估算溢出效应指标体系的初步尝试，先估算"天保工程"影响防洪安排取得的防洪变化收益，然后通过估算防洪变化收益占全国性收益的比重来大致测算"天保工程"给全国带来的收益。本文的方法是"视节约的成本为收益"，通过确定样本地区防洪相关成本指标描述样本地区受益于"天保工程"而减少的防洪成本，并将这些防洪项目费用的负增长量视为该样本地区受益于"天保工程"的溢出效应量。

　　显而易见，实际样本地区的溢出效应肯定呈多元化表现，如"天保工程"带来的气候改善、灾害性天气减少、风沙频率减少、干旱程度下降、水资源增加等变化都将有利于提高样本地区人们的生活质量，因此我们必须引入权数 V 表示防洪变化收益在总溢出效应中的权重，二者之比才是最终的样本地区的总溢出效应。

二　"天保工程"溢出效益的主要方面

（一）"天保工程"有利于全国性的水资源保护

　　"天保工程"的森林结构具有林木、乔、灌、草、苔藓等多层结构，"天保工程"的实施将增加天保区森林的水源涵养能力，能有效地拦截大量降水，渗入土体中变为地下水，有巨大的蓄水功能及水文调节功能，能够为长江、黄河中下游的工农业生产，特别是水力发电提供丰富且稳定的水源。据统计，增加森林面积 10 万—20 万平方公里，所增加的森林蓄水能力相当于一个蓄水 150 亿—200 亿立方米的水库。以盐边县为例，"天保工程"实施以后，地表径流量呈现下降趋势，比"天保工程"前平均每年减少了 0.75 亿立方米；地下径流量则呈现出增加的趋势，比"天保工程"前平均每年增加了 0.16 亿立方米。随着

---

　　① 周克清、付利平等：《天然林保护工程的成本、受益分析与政府职能研究》，《天府新论》2002 年第 4 期。

地表径流的减少和地下径流的增加，河流流量得以保持稳定。[①]

(二)"天保工程"减少灾害性气候引起的损失

"天保工程"的实施，使全国范围内生态环境得到改善，从而导致国内气候逐渐改善，使得灾害性气候引起的损失不断减少。这种作用可以从"天保工程"区内的风沙情况和水土流失情况表示出来。风沙监测结果显示，2000—2003 年，19 个风沙源县的沙化土地面积由 263.22 万公顷减少到 228.4 万公顷，减少了 34.82 万公顷，下降了 13.23%，年均降低 4.62%；沙化土地面积年均减少 4.62%—5.34%，长期结果必定大大降低大规模风沙的危害程度，沙土化面积的减少直接减低风沙对下游地区的侵蚀和威胁。同工程实施前相比，19 个风沙源县中受风沙严重危害的乡镇数减少了 32 个，下降了12.4%；受风沙严重危害的农牧民人数由 296.03 万人减少到 278.7万人，减少了 5.85%；全年大风日数减少 2 天；个别风沙源县的风中含沙量由 39.3 毫克/立方米减少到 33.1 毫克/立方米，下降了15.8%，使受灾乡镇和农户数量不断下降，直接受灾损失（如牲畜死亡数量、毁坏耕地面积或田地产值损失、死亡人数、保险赔付、其他财产损失等）和间接受灾损失（如土地恢复成本、资源闲置所造成的损失、价格上涨、业务中断等）相应减少。"天保工程"实施后，长江流域和黄河上游水土流失面积逐年减少，有效阻止水土流失向下游地区扩散和蔓延，有效降低疏浚河道的费用，提高河道的通航能力，保证下游地区正常的农业生产和城市生活。1997—2003 年间，43 个黄河流域县的水土流失面积从 861.27 万公顷减少到 794.77 万公顷，5 年减少了 7.72%，年均下降 1.59%；27 个长江流域县的水土流失面积从 487.99 万公顷减少到 445.96 万公顷，5 年减少了8.61%，年均下降 1.78%。[②]

---

① 刘燊、孟庆华等：《我国天然林保护工程对区域经济与生态效益的影响——以四川省峨边县和盐边县为例》，《生态学报》2005 年第 25 卷第 3 期。
② 刘燊、孟庆华等：《我国天然林保护工程对区域经济与生态效益的影响——以四川省峨边县和盐边县为例》，《生态学报》2005 年第 25 卷第 3 期；国家林业重点生态工程社会经济效益监测报中心、国家林业局发展计划与资金管理司：《国家林业重点生态工程社会经济效益监测报告》，《绿色中国》2004 年第 5 期。

（三）"天保工程"减少洪涝灾害

"天保工程"保持生态平衡，改善长江中下游地区生态环境，使长江中下游地区洪涝灾害的发生率减少，从而大大降低社会经济损失。洪涝灾害频率的降低不仅减少直接经济损失，而且降低各地政府防洪成本。表4-1为湖北和江西两地水灾受灾情况：

表4-1　　　　　　　　　湖北、江西两省水灾面积　　　　　　　　单位：千公顷

省份	1999 年		2000 年		2001 年	
	受灾面积	成灾面积	受灾面积	成灾面积	受灾面积	成灾面积
湖北	1366	731	582	365	374	237
江西	638	399	290	172	204	127

资料来源：由《中国区域经济统计年鉴》（1999、2000、2001）整理而得。

由表4-1可知，自1998年"天保工程"试点实施之后，湖北省连年水灾受灾情况明显缓解，水灾受灾面积大幅度减少。1999—2001年，湖北省的水灾受灾面积从1366千公顷缩小到374千公顷，三年的时间内受灾面积大幅减少了992千公顷，三年累计降幅达到72.6%。同时，水灾成灾面积同样大幅度减少。1999—2001年，湖北省的水灾成灾面积从731千公顷下降至237千公顷，绝对值下降494千公顷，三年累计降幅达到67.6%，表明湖北地区在1999—2001年期间由水灾引起的农业损失大幅度减少。

1999—2001年，江西省水灾受灾面积从1999年的638千公顷缩减至2001年的204千公顷，三年内水灾受灾面积总共减少434千公顷，累计降幅达到68%；水灾成灾面积由1999年的399千公顷降低至2001年的127千公顷，绝对值下降272千公顷，累计降幅达到68.2%。

可见，在湖北省和江西省这样的特大洪水受灾重灾区，在"天保工程"实施后的三年里，水灾受灾状况明显好转，水灾受灾面积和水灾成灾面积均呈一致性的无波动的大幅度下降趋势，有效保障了两省农业生产及城市生活的正常运转。

三 以防洪为对象探究"天保工程"溢出效益

(一) 选择以防洪为代表建立溢出效益指标系的原因

1. 空间距离影响

"天保工程"的实施范围主要以长江、黄河流域为界。长江上游地区以三峡库区为界,包括云南、四川、贵州、重庆、湖北、西藏六省(区、市),黄河上游地区以小浪底库区为界,包括陕西、甘肃、青海、宁夏、内蒙古、山西、河南七省(区),此外还包括东北和内蒙古等重点国有林业。由于效用的时滞性和空间的跨度,西部"天保工程"的正向溢出效应,自西向东,两河流域自上游至中游再至下游地区,呈递减趋势。也就是说,溢出效应的扩散随距离因素而趋弱。因此,对于效益对象和效益指标的选择应尽可能剔除"溢出效应和距离的反比性"。

2. 自有效益影响

溢出效益的估算还应区分溢出效益与受益地区的自有效益。① 通常,为保证溢出效益估算的客观性、准确性、科学性,应当遵循"溢出效益 = 样本地区的总体效益 - 样本地区的自有效益"的公式,将测算出的样本地区总体效用中的自有效益部分剔除。但是,由于"天保工程"溢出效益的估算涉及到大量难以量化的生态效益和社会经济效益,要清晰地界定哪些是自有效益就很困难。因此,效益估算指标的选取应尽量避开自有效益的干扰,把重点放在那些自有效益发挥作用有限的对象上。

3. 溢出效应相互性影响

溢出效益估算指标所涉及对象的选取还应尽量排除相互性影响。相互性影响是指某些对象的指标确实能够显著表现 A 地区对 B 地区的溢出效益,但反过来运用同一指标衡量 B 地区对 A 地区的贡献时,也呈现出相当的溢出效益。因此,在估算溢出效益时,选取的估算指

---

① 受益地区的效益分为溢出效益和自有效益。这里的自有效益是指受益地区自身对本地区的生态环境建设作出的贡献所获得的效益。区别于溢出效益的外力作用,自有效益属于内力作用的结果。

标所涉及对象应当尽量不具有相互性，即"A 地区对 B 地区的溢出效益"是"B 地区对 A 地区的溢出效益"所难以比拟的，甚至是完全单向性的。

4. 数据量化困难

由于其他溢出效应如灾害性气候好转给农业带来的损失减少和"天保工程"对水资源保护的收益等难以取得具体适用的数据，而且部分指标难以量化计算，在无法展开全面的大规模数据收集研究之前，就只能从"天保工程"诸多溢出效应中选择某些易于取得数据的对象作为建立估算溢出效应指标体系的研究起点。

在尽量排除空间距离影响、自有效益影响、溢出效应相互性影响以及数据量化困难等约束条件下，选择以防洪为代表建立溢出效益指标体系就是必要的，因为防洪的溢出效应是完全单向性的，以之为对象既排除了样本地区自有效益与溢出效益的混淆，还能做到以大部分货币化指标来表现溢出效应。

（二）样本地区防洪变化的指标选择①

由于"天保工程"对于中下游地区起到显著的生态屏障防护作用，使中下游地区洪涝灾害发生频率降低，从而降低各级政府抗洪救灾的组织成本，也节约了防洪的建筑成本。因此，对于"天保工程"溢出效益的受益样本地区，将样本年与往年同期相比，该地区用于堤坝建设、河道治理、分洪工程、水库工程等防洪项目费用的负增长量就可视为该样本地区受益于"天保工程"的溢出效益量，具体应包括以下项目：

X_1 洪涝灾害发生频率，受灾城镇及农户数量，受灾区域牲畜死亡数量，毁耕地面积，死亡人数等；

X_2 受灾直接经济损失（田地产值损失，保险赔偿，其他财产损失等）；

X_3 受灾间接经济损失（土地恢复成本，业务中断、物价上涨、

---

①　富曾慈：《中国水利百科全书·防洪分册》，中国水利水电出版社 2004 年版；张柏山：《世界江河防洪与治理》（上册），黄河水利出版社 2004 年版；崔承章、熊治平：《治河防洪工程》，中国水利水电出版社 2004 年版。

物资消耗和资源闲置所造成的损失等）；

X_4 堤防工程：新建、改建堤防系统费用＝每立方米耗费原材料×总体积＋预测修筑时间长度×（每日机械租用、调配成本等物资所耗费用＋每日耗费人工）＋前期规划、勘探、运输等费用＋搬迁居民的组织成本、赔付以及居民所损失的收入等＋其他费用；

加高加固原有堤防系统的费用＝加高堤防费用＋加固堤防费用＝（加高堤防标准后增加的堤防体积×每立方米耗材＋工程天数×每日所耗人工及机械物资费用＋配合堤防加高而改动原有堤防的费用＋前期规划、勘探、运输等费用＋其他费用）＋（抽槽换土的费用＋构筑防渗墙的费用＋建砂石反滤的费用＋建减压井的费用＋修筑前后戗的费用＋放淤固堤的费用＋前期规划、勘探、运输、决策等费用＋其他费用）；

X_5 河道整治：① 河道整治成本＝护岸费用＋堵汊费用＋分水费用＋疏浚费用＋河道展宽工程费用＋河道裁弯工程费用＋搬迁居民的组织成本、赔付以及居民所损失的收入等＋前期规划、勘探、运输、决策等费用＋其他费用；

X_6 分洪工程：② 分洪工程成本＝进洪设施③费用＋分洪道④费

---

① 河道整治指按照稳定河势利于行洪、防凌的要求，拟订治导线，部署护岸、堵汊、分水、疏浚、河道展宽工程、河道裁弯工程等。

② 分洪是指当河道洪水位将超过保证水位或流量将超过安全泄量时，为保障保护区安全而采取的分泄超额洪水的措施。分洪工程一般由进洪设施与分洪道、蓄滞洪区、避洪措施、泄water排水设施等部分组成。以分洪道为主的亦称分洪道工程，在我国又称减河；以蓄滞洪区为主的亦称分洪区或蓄洪区。

③ 进洪设施设于河道的一侧，一般是在被保护区上游附近，河势较为稳定的弯道凹岸，用于分泄超过河道安全泄量的超额流量。进洪设施可分为三类：一是有控制进洪工程：在拟定的分洪口门处兴建分洪闸；二是半控制进洪工程：在进洪处修建溢流堰或滚水坝；三是无控制进洪：在计划口门处堤身预埋炸药，当需要分洪时，则临时爆破进洪或用人工扒口进洪。

④ 分洪道是引导超额洪水进入承泄区的工程，只有过洪能力，没有明显的调蓄作用。工程通常在河道的一侧，借用天然河道或利用低洼地带两侧筑堤而成。分洪道根据泄洪出路，一般有四类：一是直接分洪入海；二是分洪入蓄洪区；三是分洪入临近其他河流；四是绕过保护区回原河道的分洪道。

用＋蓄洪区①费用＋避洪措施②费用＋泄洪排水设施③费用＋搬迁居民的组织成本、赔付以及居民所损失的收入等＋前期规划、勘探、运输、决策等费用＋其他费用；

X_7 水库工程：④ 水库工程所耗成本＝每立方米库容所耗原材料费用×水库工程总库容＋（每日耗费人工＋每日机械租用、调配等成本）×工程时间＋搬迁居民的组织成本、赔付以及居民所损失的收入等＋前期规划、勘探、运输、决策等费用＋其他费用；

X_8 防洪非工程措施：⑤ 防洪非工程措施费用＝洪泛区管理组织成本＋行洪道清障费用＋洪水保险＋洪水预报警报系统安装、测试、维护等费用＋超标准洪水紧急措施所耗费用＋救灾捐助；

（三）样本地区防洪变化指标体系

按照非货币化和货币化两种性质，把上述指标分类列成表4－2。

---

①　蓄洪区是利用平原湖泊、洼地滞蓄调节洪水的区域，其范围一般由围堤划定。围堤断面按堤防标准修建，蓄洪区最高蓄洪水位高于外江水位或湖泊水位时，则按蓄洪最高水位加风浪，再加安全超高。为了防御风浪对堤坡的袭击破坏，常在水位变动范围内采用块石或混凝土预制块护坡。蓄洪区在世界上大江大河的防洪中广为应用，工程较简单，施工期短，投资相对较省。

②　避洪工程是在分洪区运用时，为保障区内人民生命安全，并减少财产损失而兴建的工程。它是分洪蓄洪工程的重要组成部分，主要包括安全区、安全台（村台）、避水楼房、转移道路、桥梁和交通工具、救生设备、通讯设备和预报警报系统。

③　泄洪排水工程是为及时有效地排出分洪区内的分洪水量而设置的工程措施。排水方式有自流排（如排水涵闸）和提排（如机电排水站）两种。

④　水库是用坝、堤、水闸、堰等工程，于山谷、河道或低洼地区形成的人工水域。水库的作用有防洪、水力发电、灌溉、航运、城镇供水、养殖、旅游、改善环境等。水库防洪是利用水库的防洪库容调蓄洪水，以减免下游洪灾损失。水库防洪一般用于拦蓄洪峰或错峰，常与堤防、分洪工程、分洪非工程措施等配合组成防洪系统，通过统一的防洪调度共同承担其下游的防洪任务。

⑤　指通过法令、政策、经济手段和工程以外的其他技术手段，以减少洪灾损失的措施。

表4-2　　　"天保工程"引致样本地区防洪变化指标体系

性质	指标分类	指标
非货币化指标	受灾非经济描述（X₁）	洪涝灾害发生频率，受灾城镇及农户数量，受灾区域牲畜死亡数量，毁耕地面积，死亡人数等
可货币化指标	受灾直接经济损失（X₂）	田地产值损失，保险赔偿，其他财产损失等
	受灾间接经济损失（X₃）	土地恢复成本，业务中断、物价上涨、物资消耗和资源闲置所造成的损失等
	堤防工程（X₄）	新建堤防费用，改建堤防费用，加高原有堤防费用，加固原有堤防费用
	河道整治（X₅）	护岸费用，堵汊费用，分水费用，疏浚费用，河道展宽工程费用，河道裁弯工程费用，搬迁居民的组织成本、赔付以及居民所损失的收入等，前期规划、勘探、运输、决策等费用，其他费用
	分洪工程（X₆）	进洪设施费用，分洪道费用，蓄滞洪区费用，避洪措施费用，泄洪排水设施费用，搬迁居民的组织成本、赔付以及居民所损失的收入等，前期规划、勘探、运输、决策等费用，其他费用
	水库工程（X₇）	水库工程施工成本，搬迁居民的组织成本、赔付以及居民所损失的收入等，前期规划、勘探、运输、决策等费用，其他费用
	防洪非工程（X₈）	洪泛区管理组织成本，行洪道清障费用，洪水保险，洪水预报警报系统安装、测试、维护等费用，超标准洪水紧急措施所耗费用，救灾捐助

（四）"天保工程"溢出效益的估算

运用上述指标体系，可以列出"天保工程"引致防洪变化收益估算公式，引入防洪变化收益占"天保工程"溢出效益的权数后，列出"天保工程"溢出效益估算公式。

1. "天保工程"引致样本地区防洪变化收益估算公式（R_1）

将上述指标在考察期内的负增长量的绝对值加总，就得到"天保工程"引致样本地区防洪变化收益，即

$$R_1 = \sum \Delta X_1 = \Delta X_2 + \Delta X_3 + \Delta X_4 + \Delta X_5 + \Delta X_6 + \Delta X_7 + \Delta X_8$$

式中 i =（2，8），由于 ΔX_1 为非货币化指标，是反映样本地区洪涝灾害发生频率等的非经济描述，其经济内涵已经在其他货币化指标中表示。

2. "天保工程"溢出效益估算公式（R_2）

引入权数 V 表示"天保工程"引致防洪变化收益占"天保工程"溢出效益的比重，那么，二者之比即为样本地区"天保工程"溢出效益，即

$$R_2 = R_1 / V =（\sum \Delta X_i）/ V$$

四　"天保工程"的成本分析

"天保工程"的成本是指天然林保护工程实施引起的所有成本，包括直接成本和间接成本。直接成本即实施"天保工程"的支出成本，间接成本为实施"天保工程"给西部地区带来的社会经济损失。

（一）"天保工程"的直接成本

"天保工程"的支出成本大致可以分成基本建设资金投入和财政专项资金投入两个部分。

1. 基本建设资金投入（Y_1）

基本建设资金投入指标：公益林建设投入（A_1），种苗工程投入（A_2），森林防火工程建设投入（A_3），森林病虫防治建设投入（A_4），林政管理与执法体系建设投入（A_5），科技支撑体系建设投入（A_6）。

其中公益林建设投入包括：人工造林投入（a_1），封山育林投入（a_2），飞播造林投入（a_3）。如曲靖市工程区公益林建设总投资额为13915.4 万元，其中：封山育林投资 5933.8 万元，占 42.6%；模拟飞播造林投资 3385.4 万元，占 24.3%；人工造林投资 4596.2 万元，占 33.1%。[①]

基本建设资金投入（Y_1）的计算公式为：

$$Y_1 = A_1 + A_2 + A_3 + A_4 + A_5 + A_6$$

---

① 赖兴会：《曲靖市天然林保护工程实施规模及效益评价》，《林业调查规划》2004年第 29 期（增刊）。

2. 财政专项资金投入（Y_2）

财政专项资金投入指标：森林资源管护费（B_1），基本养老保险补助费（B_2），社会性支出费（B_3），下岗待安置人员（基本生活保障）费（B_4），一次性安置费（B_5），地方财政减收补助费（B_6）。

其中，森林资源管护费一般为拨付管护人员工资。例如川西林业局 2001 年的管护标准为 360 公顷/人，甘孜州林业局的管护标准是 500 公顷/人，管护人员工资一般为 7000—12000 元/年；[①] 基本养老保险补助按在职职工缴纳基本养老金的标准予以补助（因各省情况不同补助比例有所差异，如黑龙江省按 30% 予以补助，吉林省按 25% 予以补助）；[②] 社会性支出包括教育经费、公检法司经费和医疗卫生经费；下岗待安置人员基本生活保障费补助按各省（区、市）规定的标准执行；森工企业下岗职工一次性安置，原则上按不超过职工上一年度平均工资的三倍发放一次性补助，并通过法律解除职工与企业的劳动关系，不再享受失业保险；地方财政因木材产量调减造成的那部分减收由中央财政转移支付。

财政专项资金投入（Y_2）的计算公式为：

$$Y_2 = B_1 + B_2 + B_3 + B_4 + B_5 + B_6$$

3. 直接成本（Y）

$$Y = Y_1 + Y_2 = A_1 + A_2 + A_3 + A_4 + A_5 + A_6 + B_1 + B_2 + B_3 + B_4 + B_5 + B_6$$

（二）"天保工程"的间接成本

"天保工程"的间接成本为实施"天保工程"给西部地区带来的社会经济损失，主要包括财政收入损失、农民收入损失、就业损失以及产业发展损失四个方面。

1. 财政收入损失（C_1）

据四川省统计，停止天然林采伐后，1998 年地方财政收入减少

---

① 周小林、周克清：《天然林保护工程的成本分析与政府职责研究》，《四川财政》2002 年第 1 期。

② 褚利明、刘克勇：《天然林资源保护工程阶段性评价报告》，《农村财政与财务》2004 年第 12 期。

6.8 亿元，全省林业专项资金减少了 2.48 亿元。虽然中央对实施天然林保护工程的地方财政减收予以补助，但是中央财政转移支付有限，并且财政转移支付的资金只能解决部分人头费，不能解决地方经济发展的损失问题；反过来，地方经济损失问题又影响到扶持林业的力度，形成恶性循环。1998 年木材相关产业财政减收为 74037 万元，占当年地方财政收入的 5.19%。其中木材采运业和木材加工业直接减少税收 62349 万元；影响财政的其他相关产业收入为 11688 万元。凉山州 1998 年木材及相关产业财政收入为 15878 万元，占地方财政收入的 23.15%，其中木材采运业和木材加工业直接影响税收收入 11863 万元，相关产业间接影响减少税收 4014 万元。[①]

涉林财政收入损失（C_1）可以表示为"天保工程"实施前后的涉林财政收入之差，即

$$C_1 = F_1 \times \lambda_1 \times (1 + r_1) - F_2 \times \lambda_2$$

式中，F_1 为"天保工程"实施前的总财政收入；F_2 为"天保工程"实施后的实际财政收入；r_1 为财政收入正常增长率；λ_1 为"天保工程"实施前涉林财政收入占总财政收入的比重；λ_2 为"天保工程"实施后涉林财政收入占总财政收入的比重。

2. 农民收入损失（C_2）

"天保工程"实施后，林区农牧民减少了从事伐木、修路、养路、个体运输等方面的收入。据统计，四川三州农村减少来自林业的收入情况为：甘孜州 15671 万元，阿坝州 1449 万元，凉山州 7424 万元。三州城乡居民人均收入减少的情况是：甘孜州 190 元，阿坝州 150 元，凉山州 24 元。三州农牧民的人均减收数为：甘孜州 214 元，阿坝州 180 元，凉山州 35 元。以甘孜州为例，除石渠、甘孜、白玉三县的影响幅度不足两位数（分别为 2.71%、5.55%、9.71%）外，其余均在两位数以上，最低的泸定县为 10.92%，最高的炉霍县为 50.9%。[②]

---

① 国家林业局赴四川调研组：《四川省天然林资源保护工程实施情况调查报告》，《林业经济》1999 年第 3 期；周克清、付利平等：《天然林保护工程的成本、受益分析与政府职能研究》，《天府新论》2002 年第 4 期。

② 周小林、周克清：《天然林保护工程的成本分析与政府职责研究》，《四川财政》2002 年第 1 期。

农民收入损失（C_2）可以表示为"天保工程"实施前后的农民涉林收入之差，即

$$C_2 = I_1 \times \lambda_3 \times (1 + r_2) - I_2 \times \lambda_4$$

式中，I_1 为"天保工程"实施前的农民总收入；I_2 为"天保工程"实施后的农民实际总收入；r_2 为农民收入正常增长率；λ_3 为"天保工程"实施前农民涉林收入占总收入的比重；λ_4 为"天保工程"实施后农民涉林收入占总收入的比重。

3. 就业损失（C_3）

"天保工程"实施后，林业系统原来直接从事木材生产和从事木材综合利用等企业的职工以及未被纳入"天保工程"管理的人员下岗、分流，在职职工人数减少。川南林业局、盐边林业局、盐边县林业局、峨边县林业局的在岗职工人数分别从 1997 年的 4522 人、595人、405 人、956 人减少到 2001 年的 2670 人、382 人、337 人，857人，减少了 40.96%、35.8%、16.79%、9.31%。[①]

就业损失（C_3）可以用"天保工程"实施导致的失业人数与工资之积来表示，即

$$C_3 = Q \times S$$

式中，Q 为"天保工程"实施引起的失业人数；S 为当地涉林工人的工资水平。

4. 产业发展损失（C_4）

长期以来，"天保工程"地区形成了以木材采伐、木材加工及运输为主体的经济体系。例如，1997 年甘孜、阿坝、凉山的森工产值分别为 3.53 亿元、2.5 亿元、2.41 亿元；森工产值占州工业总产值的比重分别为 54.47%、21.9%、4.86%；森工产值占州 GDP 的比重分别为 27.3%、8.67%、3.46%。[②]"天保工程"实施后木材采伐及其加工业整体萎缩，这部分产值将部分或完全消失；并且，由于禁伐，当地以木材为原料的加工企业纷纷关闭，结果是大量的木材加工

---

① 吴水荣、刘璨、李育明：《天然林保护工程环境与社会经济评价》，《林业经济》2002 年第 12 期。

② 周小林、周克清：《天然林保护工程的成本分析与政府职责研究》，《四川财政》2002 年第 1 期。

和林产工业设备闲置。"天保工程"实施后,"天保工程"地区依托森工产业展开的产业链条被切断,使之一时丧失了主导产业而面临萧条;以社会服务行业为主的第三产业也受到严重影响,主要体现在汽修、石化、交通、电力、餐饮、旅馆、零售业、客运等方面。如川南林业局第三产业从 1997 年的 504 万元下降为 2001 年的 112 万元。[①]

产业发展损失(C_4)可以表示为"天保工程"实施前后的涉林产业产值之差,即

$$C_4 = D_1 \times \lambda_5 \times (1 + r_4) - D_2 \times \lambda_6$$

式中,D_1 为"天保工程"实施前的第二、三产业总产值;D_2 为"天保工程"实施后的第二、三产业实际总产值;r_4 为产值正常增长率;λ_5 为"天保工程"实施前涉林产业产值占总产值的比重;λ_6 为"天保工程"实施后涉林产业产值占总产值的比重。

5. "天保工程"间接成本(P)

$$P = C_1 + C_2 + C_3 + C_4$$

(三)"天保工程"的总成本

"天保工程"的总成本(T)表示为直接成本与间接成本之和,即

$T = Y + P$

$= A_1 + A_2 + A_3 + A_4 + A_5 + A_6 + B_1 + B_2 + B_3 + B_4 + B_5 + B_6 + C_1 + C_2 + C_3 + C_4$

五　政策建议

西部大型公共产品的提供,在使全局受益的同时,却使西部地区付出了沉重的代价,不少县域经济濒临崩溃的边缘,许多西部贫困地区、边远山区的农民无法脱贫致富。因此,对于这种大型全局性公共产品,应该在国家层面建立利益补偿机制,使提供公共产品的地区与得益于此类公共产品的地区产生责任与权利的均衡,使前者在为全局

[①]　吴水荣、刘璨、李育明:《天然林保护工程环境与社会经济评价》,《林业经济》2002 年第 12 期。

作出贡献的同时，也能够获得必要的补偿，使之能够有条件调整产业结构、提升人力资本、发展区域经济、摆脱贫困，以实现区域经济的公平增长。

（一）中央转移支付补偿

对于提供大型全局性公共产品的西部地区进行利益补偿的短期办法，可以采用中央转移支付补偿，其补偿下限为西部大型公共产品的直接成本，上限为间接成本。但是，中央财力的有限性以及受益的差异性，使得中央转移支付全面补偿西部大型公共产品的总成本显得既不现实又会导致新的不公平。因此，按照西部大型公共产品溢出效应的产出和受益的关系进行对应补偿，才是彻底的解决办法。

（二）成本分摊、利益共享的制度框架

长期的根本性的解决办法，是实行自上而下进行的成本分摊、利益共享的更具包容性的制度安排，其框架性思路如下：[①]

1. 搭建公共产品溢出效应测算信息平台

在主要地理和生态意义上的分水岭及流域范围内，建立一个自上而下的新的生态管理机构，专门监测、收集涉及各种大型全局性公共产品的收益和成本信息，为中央政府和东西部省区政府提供"成本分摊、利益共享"的基本测算依据，传递相关信息。只要能够获得相关数据，就可以对本文提出的溢出效应指标体系进行赋值，从而计算出溢出效益。

2. 建立西部大型公共产品特别税

根据西部大型公共产品成本及其溢出效应估算结果，从国家层面设计西部大型公共产品特别税，并把溢出效应的估算值作为特别税税额估计的理论基础，达到以后者补偿前者的功能。该特别税设计要点：

一是课征对象为该公共产品溢出效应的受益范围内的各级政府；二是税率采用综合税率，即采用在适用于全部受益者的固定税额基础

---

① 参见陈家泽、陈永正《成渝经济区新时期的制度建设》，《成都大学学报》2005 年第 1 期。

上的按溢出效应递增的累进税率；三是由于该公共产品的受益结果是给受益地区的每一个主体提供了某种普遍的经济发展条件，税基就可以间接视为受益地区的 GDP，为便于计征，税基可直接确定为这种 GDP 的函数的地方财政收入；四是征收方式为每一财政年度由各相关地方政府按应征额向中央政府逆向转移支付并形成中央财政的专项收入，然后，再由中央政府向下（即向该公共产品的提供地区）转移支付以完成受益回馈。

3. 建立西部开发银行

上述税收收入可以考虑以中央政府的名义，吸收西部省区入股，发起成立以该笔税金为基础的"西部开发银行"和某种生态建设基金，逐步走向以市场机制配置某些大型公共产品。

副论　南水北调工程水价制定与"溢出效应"的关系

南水北调工程是迄今为止世界上最大的水利工程，也是解决我国北方地区水资源严重短缺问题的特大型基础设施项目，南北横跨了长江、淮河、黄河、海河四大流域以及多个省（直辖市）。南水北调工程的建设对于缓解我国水资源分布不均、供需不平衡和局部地区供水不足，促进缺水地区社会、经济和生态环境的协调发展具有十分重要的战略意义和实际价值。南水北调工程投资规模大，输水距离长，供水地域广，环节、层次多，运行管理机制复杂。在这样一个庞大和复杂的水利工程中，水资源作为唯一的作用对象，其价格对工程的各个方面将会产生重要的影响，特别是对于这种跨流域调水工程来说更是如此，一个合理水价的制定不仅对于南水北调工程的良性运行有着决定性的作用，而且事关所调水资源与当地水资源的统一及有效的配置，并且影响着受水区、调水区以及工程沿线地区之间社会、经济利益关系的调整，因而关系到南水北调工程最终的成败与否。因此，南水北调工程合理水价的制定问题就是一个必须探讨的重要问题。

依据有关方面的设想，南水北调工程分为东线、中线和西线三条线路进行，因而从总体上看，南水北调工程亦具有西部大型公共产品的性质。由于目前展开的主要是东线工程，本文就此对于水价制定与

"溢出效应"的关系进行讨论。

一 南水北调工程水价制定概述

南水北调工程于 2002 年 11 月批准开工建设,到目前为止,对于南水北调工程水价制定已经有不少的研究,其内容主要集中在下述两个方面。

(一) 南水北调工程水价形成机制

在具体制定水价之前,需要对水价的构成及其制定原则有一个具体的认识,在此基础之上才能做到合理的制定,这便是水价的形成机制。南水北调工程作为大型的调水工程,其目的就是要实现水资源在全国范围内合理、有效的配置,而水价则是配置水资源过程的具体和重要的手段之一。一个合理的水价形成机制,可以促进全社会节水意识的增强,促进水资源的优化配置,提高水资源的利用效率。

水利部发展研究中心对南水北调工程水价形成机制提出了以下几个原则:提高水的利用效率为核心制定水价的原则;受益者付费的原则;合理负担原则;同一用户、同质同价原则;不同行业不同水价原则;定额用水、超定额用水累进加价原则;价格调整原则;用户参与原则。[①] 其认为社会主义市场经济体制下的水价形成机制应符合价值规律的要求,有利于水资源的合理开发和使用,促进节水,提高水的使用效率,要有利于防治水污染和改善生态系统,有利于实现水资源的优化配置,以及水资源的可持续利用,支撑经济与社会的可持续发展。

在南水北调工程水价形成过程中,需要建立动态的调价机制,根据市场中水市场的供求关系变化和供水成本的变化情况,适时调整水价。水价的形成应采用定额管理,超定额用水实行累进加价。并举办水价格听证会,接受社会监督,增加水价制定和调整的透明度。要根

---

① 水利部发展研究中心:《南水北调工程水价分析研究简介》,《中国水利》2003 年第 1 期。

据不同用户消费用水的需求弹性，区别不同的消费群体，实行价格歧视。[1] 对于基本生活用水，尤其是下岗职工、困难群众的基本生活用水，参照其承受能力和平均用水标准，要规定限额，在这个限额以内，水价不应提高，而如果用户超过这个限额，例如用于非生活必需的耗费方面，水价则应成倍地上涨，这样一方面保障弱势人群的基本生活用水，另一方面有利于促进节水。

在南水北调工程水价具体构成方面，目前研究都认为，完整的水价格在其价值基础之上，应该由资源水价、工程水价和环境水价三个部分组成。[2] 水首先是表现为一种资源，资源水价反映的便是水资源的稀缺性，是水权在经济上的表现形式。它是开发利用水资源的资源补偿费用，表现为水资源费，由政府根据各地水资源的稀缺程度，从资源合理配置的角度来确定，它体现了国家对所有水资源实行有偿使用的原则。随着用水量的增加以及水资源稀缺程度的提高，资源水价要不断提高。工程水价反映的则是供水工程和水厂制水的成本耗费和投资收益，这部分水价用来满足补偿工程成本、贷款还本付息和合理利润的要求，根据供水工程开发难度的大小，开发成本和制水成本也有所不同，随着工程技术等手段的逐渐进步，工程水价有逐步下降的趋势。环境水价反映的是用水前后的环境成本，这部分水价主要是生态环境保护、污水处理的成本和合理利润。由于环境自净能力的下降以及治污费用的增加，环境水价有上升的可能。以上这些都是一个合理水价的主要组成部分，也是制定水价的客观依据。在现阶段，人们主要集中对工程水价进行研究和确定，而以为资源水价和环境水价通过资源税和环境税的形式包括在了水价当中，[3] 并不需要对此有过多的设定，因此对于南水北调工程水价制定方面的研究主要是集中在工程供水水价上。鉴于此，下文所指南水北调工程水价的制定亦主要是对工程供水水价而言的。

---

① 刘春生：《南水北调工程水价的合理确定》，《水科学进展》2004年第6期。

② 韩亦方：《水价——南水北调工程的经济杠杆》，《南水北调与水利科技》2003年第1期。

③ 王奂、赵敏、毛春梅、赵海林：《南水北调工程供水两部制水价确定方法研究》，《价格理论与实践》2004年第3期。

（二）南水北调工程水价的制定办法

在水价形成机制的指导原则下才有水价的具体制定办法。目前，我国水价的制定主要有以下几种方法或模式：

1. 成本加成水价

成本加成水价又可以称作为投入法水价，它的确定是从供给方管理的角度，从水作为一种商品在生产过程中的各种投入着手，对此进行成本的分析，提出构成水价的各种因素，根据成本的大小来确定合理的水价。在南水北调工程中，水的输送要经过南水北调主体工程（包括水源工程和水到各地方分水口门的输水工程）、专用配套工程、城市制水配水工程等几个过程才能最终到达用户。因此南水北调工程最终水价如果按照投入法来计算的话，那么就应该由水源工程、主体输水工程、专用配套工程和城市制水配水工程四个环节发生的成本、税金和利润组成。这四个环节的水价分别独立核算，下一环节的水价根据上一环节水价和水量计算的原水成本，再加上本环节发生的成本、税金和利润，构成本环节水价，各环节水价就这样逐步结转成本，形成最终的水价。

按照商品价值理论，水资源经过供水工程的环节生产出来，就成为一种产品，产品成本是产品价值的主要组成部分，是企业在产品生产和销售过程中所耗费的资金总和。对于供水工程来说，所供水的价值就由以下三个部分组成：一是劳动物化后的转移形成 C，即固定资产折旧费、燃料费、材料费等；二是劳动者结合生产资料所创造的归个人支配使用的那部分价值 V，即工资、福利等；三是劳动者结合生产资料所创造的归社会支配使用的那部分价值 M，即利润、利息、税金等。

这样，水商品的价值 S = C + V + M。

公式中的前两项 C + V 表示水商品的供水成本。

根据 1994 年 5 月水利部发布的行业标准《水利建设项目经济评价规范》，供水成本由折旧费、摊销费、利息净支出和年运行费四部分组成。其中：

$$\text{折旧费} = \sum_{i=1}^{n} \left(P_i \times r_i \right)$$

p_i 表示第 i 类固定资产原值。

r_i 表示第 i 类固定资产年折旧率，可由水利工程固定资产分类折旧年限表查出。

摊销费指调水工程的无形资产和递延资产的年摊销费用。

利息净支出是指调水工程运行期各年支付的借款利息与存款利息收入的差值。

年运行费用包括工程及福利费、材料燃料及动力费、维护费和其他费用。

根据该规范制定出的调水工程供水商品的供水成本以后，再加上税金和利润，便可算出供水商品的价格。

以上便是利用成本加成或投入加成计算出供水水价。利用成本加成确定水价的方法也是我国目前最为常用的一种水价计算方法。

2. 单一计量水价

单一计量水价就是按照用水量的大小，按标准收费，每一单位的用水量的价格都相同。这种水价模式是我国目前在城市生活用水中普遍实施的水费征收方式，比较简单和容易计算，收费易于管理和推行。[①] 它与成本加成方法一起构成了我国现阶段水价的主要管理方式。

但是这种管理方式在调水工程的运行过程中存在着重要的缺陷。

首先，南水北调工程是一个跨流域的大型调水工程，由于各流域降水和水资源时空分布的不均衡性和随机性，不同水文年份南水北调工程水源区可调出水量及受水区需水量都有相当大的不确定性。如果继续采用单一计量水价，那么在供水量较大的时段，用水户的水费负担会较重；在供水量较小的时段，供水经营者的水费收入又不足以弥补基本的工程运行费用，这种不均衡性和波动性就会造成供水单位在部分年份或年度内部分季节水费收入不能满足供水生成的需要，不利于供水工程的正常维修养护，也不利于供水单位的正常运转，从而不利于供水工程长期稳定地发挥供水的效益。

其次，如果南水北调工程水价的制定也单独按照成本加成的办法来确定，那么还会有以下几方面的问题存在。一是南水北调工程通水

---

① 张平、郑垂勇：《南水北调工程水价模式分析研究》，《水利经济》2006 年第 2 期。

后，由于工程投资大、工程路线长等原因，如果单独沿用成本加成方法来制定水价，那么就会造成调水水价高于受水区当地水利工程的供水水价。这样，用水户从自身的短期经济利益出发，就愿意多用当地水源，这不仅不利于改善当地的水资源环境、实现可持续发展的目标，而且会造成南水北调工程整个投资的巨大浪费，形成千里迢迢调来的水资源无人使用的尴尬局面。二是采用成本加成方法确定水价不能提高供水单位降低供水成本的积极性。由于调水工程供水市场既有价格规制又存在明显的市场准入限制，其市场内部缺乏竞争机制，从而也就缺乏竞争所带来的刺激，导致供水单位和行业内部资源配置效率都不高，从而使本来就稀缺的水资源的配置形成无效率。三是调水工程和供水工程的成本对于水商品用户来说缺少了解，用户很少或不可能准确掌握工程的建设成本、营运成本、利息、税金等重要信息，因此存在着较为严重的供水方和用户之间的信息不对称，这样采用成本加成的方式确定调水水价会不利于消费调水的用户。[1] 因此，南水北调工程水价的制定不宜简单采用上述的管理方式，而应采用更为科学合理的两部制水价来对该工程的水价进行制定和管理。

3. 南水北调工程中的两部制水价

两部制水价是指根据水利工程的特点，为保证工程正常运营费用在年际之间得到均衡补偿和用水户在年际之间均衡地负担税费，将供水价格分为基本（容量）水价和计量水价两部分。基本（容量）水费用于补偿供水工程每年发生的固定费用，用水户只要购买了水权，不管是否用水或用水多少都要向供水单位缴纳额定的基本（容量）水费。计量水费则按计量水价和实际供水量计收，用于补偿供水工程的变动费用。[2] 两部制水价反映了一种边际成本定价的思想，[3] 它其中的计量水费就根据用户需水量的增加而增加的边际供水成本来决定，这一价格的确定可以有效地表明某一区域对水资源的需求程度大小和供水方供水工程的运营情况，从供求两个方面体现出了水价对水

---

① 刘春生：《南水北调工程水价的合理确定》，《水科学进展》2004 年第 6 期。

② 张军、王华、董温荣、张永平：《南水北调供水两部制水价模式探讨》，《水利经济》2006 年第 3 期。

③ 刘春生：《南水北调工程水价的合理确定》，《水科学进展》2004 年第 6 期。

资源有效配置的基础作用。两部制水价有以下三种基本模式：

（1）容量水价与计量水价相结合

其核算公式如下：

两部制水价＝容量水价＋计量水价

容量基价＝（年固定资产折旧额＋年固定资产投资利息）/年分配水量

容量水价＝容量基价×分配水量

计量基价＝［成本＋费用＋税金＋利润－（年固定资产折旧额＋年固定资产投资利息）］/年实际取水量

计量水价＝计量基价×实际取水量

（2）基本水价与计量水价相结合

其核算公式如下：

两部制水价＝基本水价＋计量水价

基本基价＝［直接工资（含社会保障支出）＋管理费用＋50％折旧费＋50％修理费］/设计供水量

基本水价＝基本基价×分配水量

计量基价＝［50％折旧费＋50％修理费＋直接材料费（含原水费）＋其他直接支出＋制造费用（不含折旧费、修理费、水资源费）＋营业费用＋财务费用＋水资源费］/年实际供水量

计量水价＝计量基价×实际取水量

（3）基本水费与计量水价相结合[①]

该模式包含两个部分，即基本水费和计量水价。基本水费按满足供水单位维持正常运行所需的基本运行管理费和部分折旧费确定；在基本水费确定的基础上，按高于平均水价适当比例拟订基本水价，进而确定基本水量，实际供水量不足基本水量时按基本水费支付，实际供水量超过基本水量时，超出部分按计量水价收费，计量水价在工程平均水价、基本水价和基本水量的基础上分析确定，基本水费与计量水费之和等于按平均水价乘以设计供水量计算的总水费。其核算公式为：

---

① 张军、王华、董温荣、张永平：《南水北调供水两部制水价模式探讨》，《水利经济》2006年第3期。

基本水费 = 直接工资 + 管理费用 + i_1 × 折旧费 + i_2 × 修理费

式中：i_1、i_2 分别为计入基本水费中的折旧费、修理费的比例数。

基本水量 = 基本水费/基本水价

计量水价 =（总水费 − 基本水费）/（设计供水量 − 基本水量）

南水北调工程供水实行两部制水价，有利于用水户在工程建设前提出合理的需水请求，有利于工程项目论证中合理地确定用水需求，从而准确地核定供水工程的规模，使之达到经济规模，避免发生工程实施后迟迟达不到设计规模的现象而造成极大的浪费。两部制水价在南水北调工程中的采用，可充分地调动受水区利用工程供水的积极性，从而不超采或少超采地下水，把城市生活及工业挤占的农业和生态用水退回去，将极大地促进受水区多种水源的合理配置。因此两部制水价在南水北调工程水价制定中有着重要和实际的价值，它兼顾了供水的自然属性、经济属性以及供需水变动的规律，适宜在南水北调工程水价制定中实行。

根据《南水北调工程总体规划》的规定，南水北调工程水价的制定将按照两部制水价进行，同时要按照供水水量和输水距离进行成本分析，测算主体工程的水源水价和分水口门水价。实际上，在这个过程当中，也就需要用到成本加成的办法来对工程的固定成本等方面进行计算，从而确定两部制水价中的容量基价，也即是要对南水北调工程四个环节中的前两个环节：水源工程和主体输水工程进行成本加成，从而确定水源水价和各分水口门水价。因此，在南水北调工程水价制定的实际操作过程中，成本加成办法和两部制水价方法是相结合使用的，在其水价形成机制基础之上，通过对固定成本和边际成本的测量实现对南水北调工程较为合理的水价的确定。

二 南水北调工程的溢出效应与水价制定

南水北调工程作为缓解我国北方水资源短缺问题的战略性基础设施，虽然其建设资金的筹集呈现多元化特征（在主体工程建设中，中央预算内拨款 248 亿元，占主体工程总投资的 20%；通过提高现行城市水价建立"南水北调"工程基金，筹集 434 亿元，占 35%；

利用银行贷款 558 亿元，占 45%[①]），但却具有明显的公共产品性质，属于我国大型的全局性公共产品。南水北调工程这样跨区域的大型公共工程作为大型公共产品，存在着严重的"溢出效应"，即供水地区付出了许多的直接成本或间接成本，承担了巨大的损失，但是从中受益却较少，而工程的主要受益者享受了工程带来的收益，却没有为此付出足够的成本。目前对于该效应的针对性研究还比较缺乏。

现阶段对南水北调工程效应方面的研究还主要集中在它对北方地区或受水地区生态环境的改善、经济效益和社会效益的提高上。主要有以下几个方面，首先南水北调工程可扭转华北平原水资源严重不足的局面。华北地区人口比例占全国的 26%，工农产值占全国的 27%，而水资源分布比例则仅为 6%，相比之下，南方地区人口分布比例为 58%，而水资源比例却占到了 81%，[②] 因此，南水北调工程的建设有利于改变华北地区水资源比例与人口比例、工农业产值比例极不平衡的局面。同时，按有关部门计算，在加进环境用水的前提下，华北地区多年平均缺水量为 200 亿立方米，而按规划，南水北调二期工程建成后可向该地区提供年平均 100 亿立方米的水量，这可以基本上满足该地区工农业生产和生活用水的需要，扭转严重缺水局面。南水北调东线工程建成后，可供黄河以北农业灌溉用水 53 亿立方米，从而可以扩大灌溉面积，促进当地农业生产的发展。[③] 再者，南水北调工程可促成缺水地区水环境改善，极大减轻受水地区地下水和深层水的开采负荷，甚至可对其进行弥补，有利于恢复和保持承压水的平衡。同时南水北调工程的建设可以恢复当地渔业的生产和发展，以及当地旅游业的发展，从而促进受水地区经济的发展。而对于南水北调工程的负面效应，国内也有一定的论述，如它可以导致原河、水库水体环境容量减小，造成其受污染程度提高，水质变差；输水河道径流减少后，会入海口海水倒灌，增加当地河水的含盐度，影响当地居民生活和生态环境，[④] 另外，它对输水河道沿线地区的生态、经济等因素也

[①] 胡润峰：《"南水北调"的水价如何》，《经济月刊》2003 年第 1 期。
[②] 刘铁军：《南水北调不能承受之痛》，《文明》2006 年第 5 期。
[③] 单既云：《南水北调东线二期工程环境效益浅议》，《水资源保护》1988 年第 4 期。
[④] 汪达：《南水北调与生态环境》，《江西水利科技》1991 年第 1 期。

会造成不利影响。

因此，目前对南水北调工程的各种具体效应可以说已经进行了较为详细的论述，但是却缺乏从公共产品方面入手对南水北调工程特性中的"溢出效应"进行论述、研究和归纳总结，更没有提出对"溢出效应"问题进行解决的具体措施和办法。我们认为，南水北调工程的"溢出效应"与较为明显的获益型的溢出效应不同，它主要表现为一种"隐形"的溢出，也可以称为"成本减少型"溢出，同时它也具有很强的地域特点。在公共财政学中，这种溢出效应又被称为"负外溢性"，是指将部分成本外加给了社会的那类行为与活动，然而它主要是针对私人产品而言的，实际上在某些公共产品当中，这类溢出效应也是同样存在的。在南水北调工程当中，我们按照水的流向将受水地区称为下游地区，将输水地区称为上游地区。南水北调工程跨越了多个省（直辖市），在这些地区当中，处于下游地区的省（直辖市）是明显的受益者，而水源所在地以及工程主体（主要是输水工程）经过的省（直辖市）所处的上游地区则是工程明显的提供者。南水北调工程的建设，正如上面的论述一样，有有利的影响和不利的影响，而在地域上，这两类影响的划分就表现得十分显著，具有很强的地域差别：即下游地区主要是受到了工程有利的影响，而上游地区则主要受到了工程的不利影响或负面效应，南水北调工程的直接目的就是给下游地区带来正的效应，这是它作为正产品的体现，而上游地区所受负面影响则是工程的副产品，因此南水北调工程中的溢出效应主要表现为负的溢出效应。关键问题就在于，上游地区的这种不利影响或负的溢出效应对于南水北调工程来说也是一种成本的支出，是上游地区为该工程的建设和运行而承担的必要代价，但是下游地区的受益者却并没有对此成本进行任何形式的弥补或完整的补偿，因此我们可以认为，下游地区的居民在享受南水北调工程带来的收益之时，却并没有为此付出完整的成本或少付出了成本，这一部分少付的成本对他们来说便是一种额外的收益，这也是南水北调工程以及其他类似的大型跨区域的公共工程所共有的一类"溢出效应"，这种效应在具体表现上便主要体现为上游地区所受到的不利影响。此外，我们还需要注意的是，在南水北调工程当中，处于主体地位或作为主体作用对象的是上游地区的水资源，工程的建设实现了这一部分水资源在不同地域之间的调动，在这个过程当中，所调水资源便有可能会产生机会成本，即上游地区调水资源如果不调入下游地区，而用于当地或其他方面的生产、生活等所能产生的最大收益。从经济学的角度考虑或从效率最大化的角度来看，这部分成本同样需要所调水资源的受益者来进行补偿。因此，如果下游地区的居民没有对水资源的这部分机会成本进行补偿的话，那么这部分成本也可以看作是南水北调工程上游地区对下游地区的"溢出效应"。而其他一些全国性的、实现了某种资源特别是稀缺资源跨区域流动的公共工程同样也具有类似的特征。

既然这种"溢出效应"本质上来讲是成本，那么就应该通过某种补偿的形式由下游地区的受益者来弥补和承担，水价便是再好不过的形式了，因为从本质上讲，水价就是为了实现对成本的弥补，在这时，实际上南水北调工程所调水资源作为一种商品，与其他普通的消费品没有不同。通过水价形式对溢出效应进行弥补，可以实现南水北调工程的直接受益者对上游地区所负担成本的准确补偿，保证受益者与成本补偿之间的对称，体现出工程成本—效益分配上的合理性，能很好地调节溢出效应所带来的成本—收益结构中的不公。

但是通过第一部分的论述，我们认为，现阶段南水北调工程水价的制定并没有反映出工程完整的成本情况，它只是单纯地从工程自身的投资情况、建设成本、运营成本以及投资偿还角度对水价进行了分析，并在此基础上对工程水价加以制定。现行的制定方法没有考虑对南水北调工程溢出效应的计量，因此也就无法体现出工程下游地区所享受的溢出效应对上游地区而言所造成的成本支出，而这部分成本支出是上游地区为整个工程所付出的代价。如果我们不对该部分成本代价进行应有的考虑和补偿，那么就会造成南水北调工程所位于的不同区域之间的不公，即造成工程上游地区与下游地区之间的不公。因此，我们就应该在制定南水北调工程水价过程中将工程溢出效应考虑进来，可以在分析归纳工程溢出效益主要方面的基础上，对工程各种溢出效应所引起的代价进行货币化的测量，并将测量结果摊入或折算到工程水价的构成当中作为水价成本的一部分，然后以税收等方式从水价中提取相应的价款对该代价进行弥补，从而最终实现工程上游地区所承受的溢出效应的代价以水价的形式得到来自下游地区的经济补偿。

三 南水北调工程溢出效应的成本基础

与工程直接支出这种显性成本形成对照的是，南水北调工程溢出效应的成本基础还大量体现为使上游地区受损的不利影响这种隐性成本。这些不利影响在上游地区水资源变动的基础之上，通过以下这种模式形成：调水—改变原来的水文情势—自然环境变化—经济社会变化。[①] 因此，对于不利影响的研究我们可以从生态环境变化、经济状况变化和社会影响三个主要方面来进行，这三个方面都有较强的宏观表现，较好地体现出了南水北调工程溢出效应的成本基础。

（一）南水北调工程对生态环境的影响[②]

1. 工程将降低上游地区流域水质及自净能力

南水北调工程建成后，将在上游地区每年抽调 448 亿立方米水资源以缓解北方的水资源稀缺问题，如此大的调水量将减少调水区径流量，对调水区河道、水库的水质以及其自净能力产生负面影响。以中线工程对汉江流域水环境容量及水质的影响为例。中线工程计划调水 145 亿立方米，在这种情况下，汉江中下游总的水环境容量将大幅度减少，损失率为 32.4%。由此可见，中线调水工程后汉江中下游的水环境容量将有较大程度的减少，水体自净能力降低。与此同时，汉江的水质也会受到中线工程的影响而变差。根据工程开工前的研究和预测，汉江每万平方公里每年要纳污 1.45 亿吨，而长江每万平方公里每年纳污 6000 万吨，前者是后者的 2.4 倍，并且汉江自净能力远不如长江，在调水 100 亿立方米甚至 230 亿立方米时，如果不采取其

---

① 刘昌明、沈大军：《南水北调工程的生态环境影响》，《大自然探索》1997 年第 2 期。

② 蒋重阳：《南水北调中线工程对生态环境的影响及其对策》，《环境科学》1992 年第 6 期；窦明、左其亭、胡彩虹：《南水北调工程的生态环境影响评价研究》，《郑州大学学报》（工学版）2005 年第 2 期；陈吉余、陈沈良：《南水北调工程对长江河口生态环境的影响》，《水资源保护》2002 年第 3 期；李燕：《南水北调东线工程对长江口咸水入侵的影响分析》，《规划与治理》2002 年第 5 期；汪达：《南水北调与生态环境》，《江西水利科技》1991 年第 1 期。

他补水措施，则汉江中下游枯水期水流量将降至 120 立方米/秒，而此期该江段总废水流量为 26 立方米/秒，按 1 吨废水需用 15 吨清水稀释才能达到自净的推算，此时汉江污水对清水的比例为 1:6。预测此时汉江中下游水质只达到四级至五级标准以下，这表明，汉江中下游枯水期水环境承载能力或环境容量已小于其自净能力最低保障限度 1:15 的三分之一，即水污染已超过自净能力的 3 倍，其水质将由目前地面水环境二级至三级变为四级至五级以下，因此中线工程对河流水质也将产生较大的影响。东线工程的建设也将产生类似问题，同时由于长江水量减少将扩大江口盐水入侵的程度，并且伴随着流域附近工业发展所带来的不断增加的污水排放量，东线工程引水口所在地的长江口区域的水质也存在着继续恶化的可能。以黄浦江上游河段为例，20 世纪 80 年代初期基本上为 I 类水质，80 年代末至 90 年代初期基本上为 II 类水质，90 年代末至今基本上为 IV 类水质。苏州、无锡、常州水网亦如此。20 世纪 80 年代初，长江徐六泾以下河口水质优良，而现在基本为 II 类，岸边局部河段为 III 类或不足 III 类，据 2000 年有关资料显示，长江自徐六泾以下均属劣 IV 类水质。因此，在这种情况之下，如果不采取相关措施或办法，南水北调东线工程的建设将加强长江口水质恶化的趋势和可能性。

2. 工程将加重长江口盐水入侵程度

长江口的盐水入侵在天然情况下已比较严重，历史上曾造成巨大的经济损失。[①] 而南水北调东线工程的建设将会使盐水入侵的程度得到加强，特别是在长江枯水期的时候。长江口盐水主要由四口入侵，即南槽、北槽、北港和北支，其中北支最为严重。当长江上游来量小（大通站流量小于 25000 立方米/秒）和潮量大（青龙港潮差大于 2.5 米）的情况下，北支的盐水会大量倒灌入南支，成为南支盐水入侵的主要来源。因此，通过对东线工程引水流量与大通站流量的对比，我们就可以得出工程对盐水入侵的影响程度。据资料统计，长江大通

---

① 1978 年冬至 1979 年春，由于长江处于枯季，加上长江沿岸各地大量抽水，导致咸水入侵特别严重，崇明岛全部被咸水包围，长江口徐六泾以下河段遭受咸水侵袭长达 5 个月之久，直接经济损失 1400 万元以上。食品工业、制药工业被迫停产，电镀、纺织、印染、钢铁产品质量下降，宝钢为确保水质，不得不投资 1.2 亿元建造一个避咸蓄淡水库，全市用于购买脱盐的淡水装置资金达 10 亿元以上。

站多年平均径流量 9050 亿立方米，最大年径流量 13600 亿立方米，最小年径流量 6750 亿立方米；多年平均流量 28700 立方米/秒，最大月平均流量 84200 立方米/秒，最小月平均流量 7220 立方米/秒，最小日平均流量仅为 4620 立方米/秒。南水北调东线一、二、三期工程规划调水量分别占大通站年平均径流量的 0.99%、1.17%、1.64%，其占长江径流量的比重都很小，对长江的入海水量不会有太大影响。东线一、二、三期工程的规划引水能力分别占大通站最小月平均流量的 6.93%、8.31%、11.1%，为大通以下引江能力的 3.33%、6.67% 和 13.33%。也即是说，东线一、二期工程引水能力占长江枯水期流量的比重和大通以下引水能力的比重都很小，不会对长江口盐水入侵产生较大影响；但是三期工程的引水能力与后两者的比重却较高，会在一定程度上加强长江口特别是处于枯水期的长江口地区的盐水入侵。而长江枯水期为 11 月至次年 4 月，因此南水北调东线工程会在年度内造成长江口地区在半年的时间内处于盐水入侵干扰较强的状态，在枯水年份更是如此，从而使水质不符合饮用水和工农业用水的标准，给濒临长江河口的上海和江苏人民的生活和工农业生产带来危害。

表 4－3　　　　　　　　　南水北调东线工程调水量表

工程分期	调水规模（m³/s）		调水量（亿 m³）
	现状	规划	规划
第一期	400	500	89.37
第二期	400	600	105.86
第三期	400	800	148.17

资料来源：李燕：《南水北调东线工程对长江口咸水入侵的影响分析》，《规划与治理》2002 年第 5 期。

3. 工程将引起调水区缺水

南水北调中线工程从汉江流域调水，汉江流域的径流总量超过流域的总需水量，这使向北调水成为可能，但是汉江流域的缺水现象也是客观存在的。汉江中下游农田年缺水 3.7 亿立方米，若调水 100 亿立方米之后，汉江中下游平水年、干旱年、特大干旱年将分别缺水 5.2亿、8.8亿、14.93亿立方米，将会出现某些缺水性的生态特征。这样就会加大汉江地区农业用水的缺口，严重影响汉江干流供水区的农田灌溉，使两岸灌溉工程渠首必须移位，渠道改线，甚至打乱整个灌溉系统，对当地的农业和水利灌溉设施会造成较重的负面影响。同时长江口地区作为东线工程的水源地，由于其人口稠密、田畴密布，可用水资源其实并不丰富，江苏、上海人均水占有量分别仅为480.9立方米/人和201.2立方米/人，上海人均水量还低于北京和山东，同时随着工业化、城市化进程，该地区的需水量还会进一步扩大，在这种情况下，东线工程上游地区缺水的趋势会越来越明显。

4. 工程将引起调水地区生物生态改变

以东线工程为例，巨量的长江入海径流是影响长江口及其邻近海区生态的重要因素，入海径流量的分布和变动在很大程度上决定着长江口海区乃至东海中北部海区的理化性质，对长江河口及临近海域水生生物的种类组成、群落结构、数量的平面分布和季节变动均有很大的影响，特别是径流携带入海的丰富营养要素是构成长江口及其邻近海区具有高生产力的主要原因。南水北调工程的结果将人为地导致长江入海径流总量和各月径流量发生变化，从而必将对长江及其邻近海区水生生物的生态产生一定的影响，从而也威胁到长江口的渔业资源及生物多样性。比如在对浮游植物的影响方面，南水北调工程使得长江入海径流量下降，减少了陆源性营养物质的入海数量，从而导致长江口海区初级生产力和浮游植物现存量的下降。在种类及分布方面，东线工程的建设将导致外海高盐种浮游植物的分布范围向西发展，淡水湖泊性种类向河口退缩。此外，由于携带泥沙的减少使得泥沙对河口区营养盐和痕量物质的稀释、吸附作用削弱，使长江口江段的污染物以更高浓度进入河口，同时水体中过剩的营养盐也将导致赤潮的发生率上升，等等。这些对调水区生物多样性及鱼类资源都会产生一定的负面影响。

5. 工程将引起输水河段土壤的盐碱化

南水北调东线工程输水干线多处于黄泛平原，土质、气候等完全具备发生次生盐碱化的条件。据统计，南水北调规划调入水地区及沿线现有盐碱地4000万亩，另有7000万亩潜在盐碱地。如调水工程处理不善，可能使工程输水干渠所在的这些土地发生次生盐碱化。另外，我国河流多自西向东流，南水北调干渠多处与天然河流交叉。由于这些地区地势多平坦，洪涝较重，频繁交叉可能引起洪涝加重。

（二）南水北调工程对经济发展的负面影响

1. 工程会占用大量耕地

我国是一个人多地少的国家，人均耕地不足，耕地资源非常宝贵，且我国肥沃的耕地，主要集中在东部和中部，而南水北调的东线方案和中线方案，均从长江中下游平原和华北大平原通过，延绵几千公里，所占耕地相当于一个山区小省的耕地。这些耕地一旦被占用永久不能恢复，使得我国本就很稀缺的耕地资源更为稀缺。同时耕地的减少将导致输水干渠所经地区的粮食产量的下降，当地农业经济会受到不同程度的影响。[①]

2. 对工程上游地区渔业经济的影响

中线工程的丹江口水库大坝加高调水以后，水库下泄水量减少，使河道水位下降，流速减缓，部分河道变窄，水生生物栖息空间相应缩小。由于弃水减少，坝下河段水位变幅较小，5—6月份鱼类所需涨水过程消失，加之泄水低温影响，产漂流性卵的鱼类所需水文条件将很难满足，使得丹江口至襄樊河段主要鱼类产卵场大多会消失，其产卵期也将相应推迟月余，产卵期间也将缩短。同时，水库水温分层特性更为明显，下泄低温水对汉江中下游四大家鱼产卵将带来不利影响，减少鱼类资源产量，破坏沿江依靠水产养殖业为生的居民的生计来源。另外，东线工程调水将使长江口营养盐类和饲料生物的数量减少，长江口渔业资源的潜力损失约2.02%。[②]

3. 工程对河流航道、发电站发电量的影响

在汉江中下游航道及灌溉的现状条件下，汉江中下游碍航浅滩，枯水期通常达不到设计水深，即使不调水，枯季汉江中下游通航条件也不好。调水后，枯水季节加长，水流量减少，通航保证率降低，同

---

① 谢鉴泉：《南水北调的反方向思考》，《经济学消息报》2004年第1期。

② 董方勇：《南水北调东线工程对长江口渔业资源的影响》，《长江流域资源与环境》1997年第2期。

时，流量变化过快，落水冲刷期缩短，碍航程度增加，中线工程流域的航运业会受到冲击。同时，调水势必会使上游地区流域中电站的发电量因水量的下降而减少，水电站效益会受到较大程度的影响。

（三）南水北调工程对社会发展的负面影响

水利工程对社会发展带来的负面影响主要来自工程所造成的移民问题及由此引发的其他多方面的问题，这些问题关系到众多移民的切身利益，若解决不好会带来很多长期的社会问题。据统计，光工程所需的丹江口水库加高，就将产生 25 万移民，其中农业人口达 23.7 万人。[①]　三大方案付诸实施后，包括沿途失去土地的农民，其数量将超过百万。东、中、西三条线路均在 1000 公里以上，仅东、中线一期工程涉及 7 个省市、130 多个县、2600 多个行政村。[②]　工程征地导致移民数量大，涉及行政区域多，问题错综复杂，主要有以下几个方面：

1. 南水北调工程可能会降低移民经济收入水平

南水北调工程主要是为城市供水，对于城市居民来说是利好。但由于南水北调工程需要占用大量土地，造成大量农民失去土地。目前对占地农民的补偿标准偏低，使失地农民为城市用水作出了牺牲，一定程度上加剧了城乡的不平等。过去由于水利工程造成的贫困移民的例子比比皆是。水利部统计的历史遗留水库移民问题涉及的人口至今仍有近 900 万。丹江口水库已完工 30 余年，但移民问题至今没有完全解决，许多移民至今还依靠国家救济过日子，这次已是他们第三次搬迁了。现在虽然移民补偿标准已经大幅度提高，但仍然低于实际的社会成本。搬迁移民由于丧失了原有的经济来源，对新环境的适应需要一段时间，因此会带来大量移民失业，移民的再就业问题关系到他们搬迁后的生活情况，对于他们意义重大。而有些移民由于对环境的不适应或其他多方面主客观因素一直未能找到好的就业岗位，搬迁后

---

① 陈丽媛、李新民、何百根：《南水北调中线工程丹江库区移民迁建问题研究》，《南水北调与水利科技》2003 年第 2 期。

② 王宝恩、由国文、朱东恺：《南水北调工程征地移民政策与管理体制》，《水力发电》2006 年第 9 期。

的生活困难，由此又可能人为造成大量贫困人口。

2. 南水北调工程可能会影响社会稳定

由于工程建设的需要，征地、移民、拆迁工作具有很强的政策性、强制性和非自愿性，多数移民对土地、建筑物及相关附属物被征用是非自愿的，加之安置后移民的居住环境包括住房、道路、耕地、水资源等都发生了变化，移民从熟悉的甚至是祖祖辈辈生活过的居住地来到陌生的地方安家，对原居住环境的感情和对新环境的不适应会使得他们对搬迁产生排斥心理，如果新环境有所劣化，必然会极大地刺激移民的心理。搬迁使原有环境中所建立的社会关系被彻底打乱，新关系的建立要经历一个过程；丧失原有的经济来源，重新寻找经济来源必定伴随着困难和挫折，前景难以预料；生产生活习惯的地域性差异带来的不习惯，等等。总之，由于自然环境、社会环境、人文环境和生产生活习惯等因素的变化，对移民的生产、生活、心理都造成很大的不适和伤害，会造成部分移民的抱怨和反抗心理，不利于国家和社会的和谐稳定。

四 南水北调工程溢出效应隐性成本的估量

（一）指标选择

依上文分析，招标选择应当考虑自有效应的影响、溢出效应相互性影响和数据量化困难等因素。就自有效应的影响来说，应当遵循"溢出效应＝样本地区的总体效应－样本地区的自有效应"的公式，将测算出的样本地区总体效应中的自有效应部分剔除。但是，由于南水北调工程溢出效应的估算涉及大量难以量化的生态效应和社会经济效应，要清晰界定哪些是自有效应比较困难，因此，效应估算指标的选取应尽量避开自有效应的干扰，把重点放在那些自有效应发挥作用有限的对象上。

就溢出效应相互性影响而言，溢出效应估算指标所涉及对象的选取还应尽量排除相互性影响。因此，在估算南水北调工程溢出效应时，选取的估算指标所涉及对象应尽量不具有相互性，即"A 地区对 B 地区的溢出效应"是"B 地区对 A 地区的溢出效应"所难以比拟的，甚至是完全单向性的。

就数据量化困难来说，由于大部分溢出效应如加重长江口盐水入侵程度、对上游地区渔业经济的影响、对社会稳定的影响等成本难以取得具体适用的数据，而且部分指标难以量化计算，在无法开展全面的大规模数据收集研究之前，就只能从南水北调诸多溢出效应中选择某些易于取得数据的对象作为建立估算溢出效应指标体系的研究起点。

在尽量排除自有效应影响、溢出效应相互性影响以及数据量化困难等约束条件下，我们将分别选择人工净化水费用、耕地减少对农业经济影响以及失地农民补偿成本三个对象来分别估算南水北调工程的溢出效应的隐性成本，同时引入权数 R_i（$i = 1$、2、3）作为以上三者分别占生态环境、经济、社会三个方面的隐性成本的比重，以此估算溢出效应隐性成本在这三个方面各自的总量。

（二）生态环境方面的估算

南水北调工程建成后，将在上游地区每年抽调 448 亿立方米水资源以缓解北方的水资源稀缺问题，如此大的调水量将减少调水区径流量，使上游地区河段的水环境容量减少。在这里我们选择恢复费用法来进行估算。恢复费用法指将受到损害的自然资源或各类资产恢复到环境受到污染以前的状况所需要的费用。[①] 因此，我们选取恢复上游河道的水环境容量[②]所需费用来计算溢出效应的成本。

水环境容量的大小与水体特征、水质目标和污染物特性等有关。但是如果从某一特定断面来判断环境容量，则只与水体特征、水质目标有关。按照国家规定地表水 Ⅲ 类水以上才能用于人群集中取水，所以只有生产出与调出同质同量的水，才是真正意义上的恢复上游河道水环境容量，当然这种做法是不可能的。但是其他方面的努力还是可以取得基本相同的效果，那就是通过减少断面上游污染物的总量，

[①] 王晶、刘翔：《边际机会成本与自然资源定价浅析》，《环境科学与管理》2005 年第 6 期。

[②] 水环境容量：指一定水体在使用功能不受破坏的条件下所能容纳污染物的最大量。在理论上，水环境容量是水体自然特征参数和社会效益参数的多变量函数，可用函数表达式表示为：$Vc = f(Cp、S、S'、Q、Q_E、t)$，式中：Vc——水环境容量或允许纳污量，用污染物浓度乘水量表示，也可用污染物总量表示；Cp——水体中污染物的背景浓度；S——水质标准；$S'、Q、Q_E、t$——距离、水体流量、污水排放量和时间。

并且被削减的污染量等于调出水量所能容纳的环境容量，是分析断面的水质好于原有污染量下不调出水量时的水质，此时断面下游的水环境就得到恢复。

因为跨流域调水不在本流域排放污染，没有对本流域水环境产生直接损害，只应承担因调水而降低取水口下游水环境容量恢复所需的费用，因而跨流域用水户分摊的水环境补偿应低于本流域的用水户，也就是应低于流域内全部污水处理工程建设和运行费用由全部用水户分摊这一极限值。

经济较好的流域，都有水质达标规划，按照这一规划，在流域内建造一定数量水质治理工程（包括截污、调污和污水处理厂等）后，在现有和未来的取水用水规模下，河道各控制断面的水质都处于本流域可接受的水平，此时可认为削减污染物后，河道各断面的水环境容量基本得到恢复。根据分析，得出：

$$P_{ec0} = \frac{ec_2}{W}$$

$$P_{ec2} = \frac{W_c}{W} P_{ec0} = \frac{W_c ec_2}{W^2}$$

式中，P_{ec0} 为流域内用户恢复上游水环境容量的补偿成本；ec_2 为恢复上游水环境容量所需补偿费用，P_{ec2} 为跨流域调水用户恢复上游水环境容量补偿成本，W_c 为跨流域调水实际水量（或称计量水量），W 为不包括农业用水部分的全流域总供水量。恢复费用占生态环境方面隐性成本的权数为 R_1，二者之比即为南水北调工程溢出效应在生态环境方面的隐性成本，即

$$P = P_{ec2} / R_1$$

（三）经济方面的估算

我国耕地资源非常宝贵，且肥沃的耕地主要集中在东部和中部，而南水北调的东线方案和中线方案，均从长江中下游平原和华北大平原通过，延绵几千公里，所占耕地相当于一个山区小省的耕地。这些耕地一旦被占用永久不能恢复，使得我国本就很稀缺的耕地资源更为稀缺。同时耕地的减少将导致输水干渠所经地区的粮食产量的下降，

当地农业经济势必会受到不同程度的影响。在这里我们采用对经济效益的损失进行直接测量的方法，因此，我们选取耕地减少导致农业经济收入的减少额来计算溢出效应成本。

南水北调工程所占耕地给农业经济收入减少带来的经济损失，主要包括财政收入损失、农民收入损失、就业损失以及产业发展损失等四个方面。

1. 财政收入损失（C_1）

涉农财政收入损失（C_1）可以表示为南水北调工程实施前后涉农财政收入之差，即

$$C_1 = F_1 \times \lambda_1 \times (1 + r_1) - F_2 \times \lambda_2$$

式中，F_1 为南水北调工程实施前的总财政收入；F_2 为南水北调工程实施后的实际财政收入；r_1 为财政收入正常增长率；λ_1 为南水北调工程实施前涉农财政收入占总财政收入的比重；λ_2 为南水北调工程实施后涉农财政收入占总财政收入的比重。

2. 农民收入损失（C_2）

农民收入损失（C_2）可以表示为南水北调工程实施前后的农民涉农收入之差，即

$$C_2 = I_1 \times \lambda_3 \times (1 + r_2) - I_2 \times \lambda_4$$

其中，I_1 为南水北调工程实施前的农民总收入；I_2 为南水北调工程实施后的农民实际收入；r_2 为农民收入正常增长率；λ_3 为南水北调工程实施前农民涉农收入占总收入的比重；λ_4 为南水北调工程实施后农民涉农收入占总收入的比重。

3. 就业损失（C_3）

南水北调工程实施后，农业系统原来直接从事农产品再加工和从事农产品综合利用等企业的职工以及未被纳入南水北调管理的人员下岗、分流，在职职工人数减少。就业损失（C_3）可以用南水北调工程实施导致的失业人数与工资之积来表示，即

$$C_3 = Q \times S$$

式中，Q 为南水北调工程实施引起的失业人数；S 为当地涉农工人的工资水平。

4. 产业发展损失（C_4）

产业发展损失（C_4）可以表示为南水北调工程实施前后的涉农

产业产值之差，即

$$C_4 = D_1 \times \lambda_5 \times (1 + r_4) - D_2 \times \lambda_6$$

式中，D_1 为南水北调工程实施前的第二、三产业总产值；D_2 为南水北调工程实施后的第二、三产业实际总产值；r_4 为产值正常增长率；λ_5 为南水北调工程实施前涉农产业产值占总产值的比重；λ_6 为南水北调工程实施后涉农产业产值占总产值的比重。

综上，南水北调工程对农业经济影响的总成本为

$$K' = C_1 + C_2 + C_3 + C_4$$

那么，经济方面的隐性成本为

$$K = K'/R_2$$

（四）社会方面的估算

南水北调工程的移民，由于对环境的不适应或其他多方面主客观因素一直未能找到好的就业岗位，搬迁后的生活困难，由此又人为造成大量贫困人口。

由此造成的社会问题是需要付出极大社会成本的，除了可以选取工程中失地农民征地费用、搬迁安置费用、再就业补偿、社会保障支出等来表示直接成本以外，上游地区为解决相应社会问题而花费的各种开支并未包括在工程建设资金中。设 S' = 南水北调工程建设征地移民资金，其占上游地区为解决相应社会问题而花费的各种开支的权数为 R_3，那么，社会方面的隐性成本为

$$S = S'/R_3$$

于是，南水北调工程溢出效应隐性成本为

$$C = P + K + S$$

五 完善南水北调工程水价制定的建议

显然，目前关于工程水价制定的原则和方法不能全面包括工程建设所导致的所有成本要素，在这种条件下所制定的水价就不能实现实际发生成本的完全补偿。因此，要考虑溢出效应及其补偿问题，就应当对现阶段南水北调工程水价制定的方法和内容进行一定程度的完善补充。

（一）建立反映完整成本的水价形成机制

水价形成机制的正确性和完整性将直接影响到水价的合理程度，而水价制定原则正是反映水价形成机制的基本方针。

本文第一部分提到，有关方面认为南水北调工程水价制定的总体原则是实现水资源在全国范围内合理、有效的配置，其具体化为"受益者付费的原则"。但是，作为南水北调工程水价制定的具体原则，仅提出"受益者付费"是远远不够的。"受益者付费原则"只为工程成本的补偿指明了行为主体，却并没有界定工程成本的补偿范围和程度。因此，如果仅仅按照这一原则，受益者所付费用就可能低于工程的成本总额，导致工程成本不能得到完整的补偿，形成价格机制的扭曲；在某些情况之下，受益者所付费用还可能高于工程的成本总额，使得工程的建造者和运营者获得额外的收益，这两种情况都会引起工程提供者与受益者之间的不公平，降低资源整体配置的效率。

因此，我们主张应该更加鲜明地提出"受益与成本相等的原则"，这一原则体现在水价的制定上就表现为，一个合理水价的制定就应该包含工程所有的成本，受益者通过水价支付的费用既不应该超过工程的完整成本，也不应该少于工程的完整成本。

按照"受益与成本相等的原则"，南水北调工程水价的具体构成就不应该只有资源水价、工程水价和环境水价三个部分；要体现出南水北调工程完整的成本，其水价具体构成中就应该包括溢出水价，即水价中体现南水北调工程溢出效应隐性成本的部分。这样，工程水价包括溢出水价将使水价的构成更加合理，受益者在支付用水费用的时候就对南水北调工程的溢出效应进行了补偿，因而工程水价可以充分反映工程的完整成本。因此，更加合理的南水北调工程水价构成就应该包括四个部分：资源水价、工程水价、环境水价和溢出水价。

（二）确定溢出效应隐性成本合理补偿的水价制定办法

考虑到南水北调工程溢出效应隐性成本（C）的补偿，将其加入水价就是完全应该的。但是，该成本的补偿并不是在原来工程水价基础之上加上（C）通过简单的数值加成本形成新的水价，而是应该同样在两部制水价制定方法的框架内，分溢出效应的不同情况将这种成本加入到工程水价的各个相应部分中去。

1. 南水北调工程调水区内溢出效应隐性成本的补偿

南水北调工程溢出效应隐性成本当中有很大一部分是上游地区中的调水区所承受的，这些调水区都是工程调水水源的所在地。例如，由于大量的调水，水源地区流域自身的净化能力将会减弱，进一步会导致水源地水质的下降；对于长江口地区而言，东线工程的调水使长江口更易发生盐水的入侵，降低长江口水质；此外，大规模调水也会引起调水区的生态发生变化，调水区原有的缺水状况可能加重。这些溢出效应的隐性成本的产生都由南水北调工程中水源工程的建设而引起，并且发生的地理位置固定，并不会发生空间上的变化或转移，因此，这一部分补偿成本就可以作为核算水源工程成本的一部分而加入到水源水价当中。设这部分成本为 C_1，那么

$$水源水价 = 水源工程成本 + C_1$$

2. 南水北调工程沿线地区溢出效应隐性成本的补偿

南水北调工程由于是一个跨流域、跨省区的大型调水工程，工程沿线地区同样也会产生溢出效应的隐性成本，这些地区主要就是主体输水工程所在地。例如，输水工程占用耕地给当地造成的农业经济损失；输水干渠有可能会破坏沿途土壤环境，造成土壤的盐碱化，不利于作物生长等。这部分溢出效应隐性成本随着主体输水工程的存在而产生，它与主体输水工程具有高度的一致性，该效应产生的地理位置、作用范围和大小随着输水工程的路线、长度而不同，其作用到各分水口门时为止，因此可以将这部分溢出效应隐性成本相应加入到输水工程的成本中，形成各分水口门的水价。

在此过程中，各个分水口门的水价就是不相同的。一般来讲，随着输水主体工程里程的不断增加，工程所造成的溢出效应隐性成本呈现出较为明显的累加特征，这样输水距离越长，最终加入到分水口门水价中的溢出效应隐性成本也就越多，水价也就越高。

设这部分溢出效应补偿成本为 C_2，那么，

$$分水口门水价 = 主体输水工程成本 + C_2$$

这样，容量水价的更为完整的核算公式就为：

容量水价 = 水源水价 + 分水口门水价

水源水价 =（水源工程年固定资产折旧额 + 年固定资产投资利

息 $+ C_1$ ）×分配水量/年分配水量

分水口门水价 ＝（主体输水工程年固定资产折旧额 ＋年固定资产投资利息 $+ C_2$ ）×分配水量/年分配水量

C_1 为调水区溢出效应隐性成本，C_2 为输水工程沿线地区溢出效应隐性成本。

其中，C_2 所形成的价款因为具有累加的性质，在实际补偿过程中，应当按照各分水口门之前各地区实际所承担溢出效应隐性成本程度大小对其进行合理的划分。

可以确信，随着南水北调工程全面展开，它将会越来越具有西部大型公共产品的性质，因而西部应当获得其溢出效应隐性成本的相应补偿。通过水价形成的补偿资金可以用基金的形式集中起来，作为对上游地区特别是西部地区经济发展项目的专项补贴。

第五章

后发国家经济快速增长阶段
区域间公平增长的理论

后发国家分为两类：一类是经过短时间努力就成为世界经济强国的后发国家，如美国、日本；一类是正处在快速发展的后发国家，如印度、拉美地区。无论是已经实现了强国梦的后发国家，还是正在崛起通往强国的后发国家，它们都有一个经济快速持续增长的阶段。在这个阶段，为培育新的经济增长点及增长极，发挥经济增长极的引擎效应，这些国家往往会把专有资源、优质资源配置到效益最大化的地区，都留下地区之间经济不平衡发展问题。该子课题首先分析了美国、日本如何解决经济快速增长过程中留下的不平衡问题。这些国家通过制定特殊的扶持政策，如国家财政金融扶持、国家特殊制度扶持以及制度安排，促使国内各个区域体大致均衡发展。在这些国家中，由于逐渐形成了宪政的公平精神、制度的公平机制和社会的公平氛围，保证了国民经济在稳定中发展，避免了大的社会动荡。其次，该子课题分析了正处在快速发展的后发国家如印度、拉美地区，这些国家中有的对地区之间非均衡发展解决得稍好一点，如印度，虽然印度彻底解决地区经济发展不平衡的任务还很艰巨，但差距扩大化的趋势已经有所遏制，经济总体上是在相对健康、稳定的环境里增长；还有一些"发展很不平衡"解决得不好的国家，如一些拉美国家，这些拉美国家在缩短差距上措施不力，致使差距持续扩大，也给我们解决非均衡发展留下了以此为鉴的教训。本章总结了正反两方面的经验，指出制度建设、政策安排、宏观调控是解决发展很不平衡问题的关键。

一　先发国家在快速增长阶段解决区域经济均衡增长的经验与启示

这里所说的先发国家，特指在较短的时间内成为世界强国的国家。由于实现强国梦的时间较短，都有一个经济快速增长时期。一方面，经济快速增长，必然有一发展很不平衡阶段；另一方面，作为世界强国，很好地解决了发展很不平衡难题。所以，我们把这些先发国家的举措和经验纳入后发国家经济快速增长阶段促进区域间公平增长的研究视野。

经济发展水平的地区不平衡现象是世界上各个国家都普遍存在的问题。我们将美国、日本等发达国家作为重点研究对象，是因为这两个世界强国相对于英、法等欧洲强国而言，成长期时间短，在快速发展的过程中，在开发不发达地区方面取得了显著的成绩。因此，我们要借鉴和参考这些国家如何开发不发达地区的方法和经验，并紧密结合我国西部大开发战略和西部地区实际，从而实现区域经济协调发展。

（一）美国西进运动的成就及制度保障

美国是一个新兴国家，仅 200 多年建国史。建国之初，美国领土只包括大西洋沿岸的 13 个州。受殖民统治和移民浪潮的影响，美国经济、政治、文化的中心集中在大西洋沿岸的东北部，特别是新英格兰地区，是美国最发达的地区。美国的资本主义经济首先是在大西洋沿岸以东北部发展起来，并扩展到中北部的五大州地区，由于区位差异、历史条件、资源禀赋、人力资源和文化教育水平等原因，导致美国自建国以来一直存在着区域经济发展差异，即西部和东南部长期为不发达地区。而被称之为"西进运动"的美国西部大开发促进了不发达地区的发展，为美国建立资本主义市场奠定了物质基础，完成了美国东西部地区间经济一体化进程，促进了美国资本主义工业化和美国近代农业革命，对整个美国经济的发展起了举足轻重的作用。因而"西进运动"被后人评价为一场使"美国真正成为美国"的伟大运动。[①] 美国的西部大开发也让我们看到：它对美国的早期经济发展的重要影响，从侧面反映了区域经济平衡发展对一国国内经济的重要性。

美国开发西部的历程可追溯到其独立之初，从 18 世纪末到 20 世纪中后持续近 200 年，特别是 19 世纪上半叶，美国出现了三次西部土地拓荒高潮，被称之为"西进运动"，由于移民以罕见的规模和速度西进，迅速带动了全美与之相关行业的发展。从其开发的历程来看，在开发过程中形成并建立的相应开发制度是西部开发取得成功的有力保证。特别是对各种保障西部大开发外环境的相关法律政策的制定，促进了美国西部大开发的进程。

美国西部开发史实际上也是一部制度创新史。美国西部开发制度供给主要以法律制度供给为主。

1. 土地政策以立法形式出现使得美国西部开发的大环境有了程序和制度保证

美国西部开发伊始，联邦政府即通过一系列法令，将西部土地收归国有，再向广大移民公开出售。1784 年，杰斐逊起草的土地法宣布西部土地属于美国人民，确定了土地治理的原则。1785 年，联邦政府通过新的土地法令，对西部土地的测量和出售作出规定，确定了出售西部公共土地的大政方针，从根本上决定了西部公共土地的商品化方向。[②] 1787 年的"西北法令"确定了西部领地政府的组织原则，从法律上保障了西部居民生命、人身和财产的安全及宗教自由。1787 年，国会通过的《西北土地法令》、《土地法》、《新土地法》等，吸引大量东岸人口向西迁移。1841 年的《土地先购权法》正式承认"占地"拓荒者的优先权，允许他们以每英亩 1.25 美元的价格购买已被其垦殖的 160 英亩土地。这种"先用后买"的土地政策鼓励了移民的西进。1854 年，国会通过《地价递减法》，允许对无人购买的土地一直降到每英亩 25 美分为止。这些法令使购买土地的条件有所

---

① 余永跃：《当代中国西部大开发的制度创新》，中国社会科学出版社 2005 年版，第 37—38 页。

② 滕海键：《美国西部开发中的制度创新及其对我国西部开发的启示》，《北京大学学报》（哲学社会科学版）2002 年第 1 期。

降低，在售地最低限量、底价和支付期限上有所变化，对贫苦农民获得土地和西部开发起到一定作用。[①] 1862 年，作为保障西部农业开发的制度化建设措施，美国农业部正式成立，同时国会还通过了著名的由林肯总统签署的《宅地法》，规定凡在西部尚未有归属的土地上连续耕作 5 年，使用者只需象征性交纳证件费，就可以得到 160 英亩（相当于 970 亩）土地。规定每个符合条件的美国公民可以取得 160 英亩的土地，耕种 5 年后即归其所有。由于西部取得土地较容易，使拓荒者免除了因购买土地而造成的经济负担，他们的财富直接转移成经营成本。政策与法律吸引城市工人不断涌向农村，大量人口以东北部城市迁入西部去开垦土地并经营农场。随着西部土地大规模开发，对矿山、森林、草原的开发以及铁路、公路、运河等交通运输的发展也提出了相应的土地制度要求，形成了一系列与公共土地有关的西部政策，推动着西部开发向广度和深度发展，这些土地政策的法律主要包括三个方面：一是与土地开发本身有关的政策和法律，1873 年颁布的《木材种植法令》，1877 年颁布的《荒芜土地法令》。联邦政府还颁布了一系列处理西部土地的法令，保护移民占有、开垦、改良土地的权益，如 1874 年的《占地法》、1904 年的《金格特法》、1909 年扩大的《宅地法》、1912 年的《三年宅地法》、1916 年的《牲畜饲养宅地法》等，这些法律对促进西部进一步开发具有划时代意义，在一定程度上满足了人民对土地的需要，调动了广大移民垦荒的积极性。[②] 二是与矿产开发有关的法令。19 世纪后半叶，联邦政府的土地法令继续调整，使土地开发与牧业开发、矿业开发、市镇开发、交通建设得以并举互动，推动西部开发向纵深发展。1866 年，公共土地出售政策扩大到矿产领域；1873 年 3 月通过的《鼓励西部草原植树法》规定，任何人只要在自己的土地上种植 40 英亩树木并保持 10 年以上，即可在宅地外再获 160 英亩土地；1877 年国会通过《沙荒土地法》，规定向那些愿意在干旱土地上修筑灌溉沟渠的人，以每英亩25 美分的价格出售 640 英亩土地，荒地灌溉后经有关机构检查合格，再补交 1 美元的地价；1878 年，国会颁布《木材石料法》，使移民有

---

①　［美］比林顿：《向西部扩张》，韩维纯译，商务印书馆 1991 年版。

②　何顺果：《美国边疆史》，北京大学出版社 1992 年版。

可能按每英亩 2.5 美元的地价获得那些"不适合耕种"的土地 160 英亩。1906 年国会又颁布《森林宅地法》，规定对森林地带可以在不伤害森林的情况下被占用。[①] 三是对于修筑铁路、运河等公共设施逐步扩大了土地使用的范围，推动了交通运输业的发展。不断放宽的土地政策，吸引了大批农民西进，有利于西部建立自由农民土地制度，有利于美国以商品化生产为特征的农业经济的蓬勃发展。[②]

2. 移民政策立法

联邦政府大力推行鼓励移民的政策并将其制度化，1864 年成立了美国移民局，通过了《鼓励移民法案》，西部各州也设立了移民推进局，并从欧洲、亚洲、拉美地区招徕移民。由于西部开发的需要，各州基本上执行了一种开放性的移民政策。国会制定了大量非限制性移民条款，如 1795 年关于居住期满 5 年的移民取得公民资格的法案，1808 年的禁止贩运奴隶法案等。国会的非限制性移民立法，从 1861 年至 1910 年期间，大约有 2200 万移民迁入美国境内，其中大部分随着移民浪潮涌进西部。19 世纪最后 30 年移民中的男性占四分之三，其中 14—45 岁的青壮年占 83%，[③] 1860—1900 年美国人口总数从 3100 万增至 9200 万，半个世纪增长了 2 倍。大量移民的迁入和人口的增加为开发和建设西部提供了一支强大的生力军。欧洲各国的工人和破产农民，还有一部分商人、资本家和各种手工业者，他们不仅是普通劳动者，而且是掌握各种技艺的高素质人才，并富有开拓和冒险精神，他们带去了欧洲先进的生产技术和经验，推动了美国西部生产技术的革新和生产力的提高，对西部开发作出了不可磨灭的贡献。

3. 把交通运输业等基础设施建设置于优先发展地位

美国西部交通变革经历了修筑公路、开凿隧道和修建铁路三个阶段。由联邦政府出面修建的被称为国家大道的第一条通往西部的坎伯兰大道的开通对西部的早期开发起了直接的促进作用。著名的分利运

---

① ［美］杰里米、阿塔克等：《新美国经济史》，罗涛等译，中国社会科学出版社 2000 年版。

② 窦玲：《美、日、意开发落后地区制度供给对我国西部开发的启示》，《经济学家》 2006 年第 6 期。

③ ［日］猪谷善一：《美国社会经济史》，商务印书馆 1937 年版，第 97 页。

河的修建极大地改观了东西部的交通运输状况。美国政府采用"积极资助、参与管理"的制度使美国西部铁路运输业飞速发展，由于资金投入有制度保证，西部铁路突飞猛进，先后修成了南北太平洋铁路、中央与联邦太平洋铁路等五条铁路，形成了西部铁路网并沟通了与东部的交通，最终实现了从"海洋到海洋"的贯通。总之，优先发展的交通运输业对推进西部移民和开发起到了基础性的作用。它不仅促进了东部居民迅速向西迁移，推动了大西部的开发，而且通过交通网把东西部的政治经济联系起来，打开了西部农牧业发展的门户，使农场主和牧场主将产品投向国内外市场，促进了西部和全美统一市场的形成和工农业的迅猛发展。[①]

4. 美国的西部自然环境不佳，为了发展美国西部，美国政府采取了以农牧业为主带动工业发展的对西部干旱区开发的策略；采取高投入发展优质、精致、高产值农产品的农业发展方向

积极改良和推广旱地耕作技术，确保干旱区脆弱生态环境的良性循环；实行农业生产的大型化、规模化经营，实现巨大的规模经济效益。同时，政府还注意因地制宜，设计了多种开发模式。由于西部幅员辽阔，各地拥有不同的自然地理条件和资源优势，因此在政府的引导下，在市场经济原则的作用下，美国西部开发针对具体情况采取了不同的开发模式。

5. 设立专门机构保障政策的实施

20 世纪 60 年代，美国对西部地区的开发进入新的阶段，成立了阿巴拉契亚开发委员会、田纳西河流域管理委员会、地区再开发署、经济开发署等多个机构，有力地保障了美国开发西部各项政策措施的执行。此外，联邦政府还确定了开发落后地区所应遵循的基本战略。这些战略主要有：一是综合战略，即通过广泛的财政、货币政策等综合措施，使贫困地区的经济发展保持较高的增长率；二是减缓痛苦战略，即通过失业津贴、医疗保健方案、公共援助等长期和短期救助，消除落后地区的困境；三是根治战略，即通过地区开发计划，职业训

---

① 余永跃：《当代中国西部大开发的制度创新》，中国社会科学出版社 2005 年版，第 48—49 页。

练和教育，促进落后地区自我发展。①

6. 美国政府制定了一系列优惠的政策和法律，帮助西部克服财政和金融困难

1796 年的《公共土地法案》规定，购买土地者可以得到政府 10%的信贷。1816 年，国会通过关税法案，保护国内工商业。1830 年到 1860 年，国会 5 次通过法案，对关税进行调整，平均关税率已接近自由贸易。建立国家监督和管辖下的银行体系有利于西部金融市场的稳定。为促进西部开发，国会于 1917 年通过农业贷款法令，为农民提供长期低息贷款，以购买土地。后来，联邦政府又制定农业贷款法令，为农民提供短期贷款。依法给西部开发者提供贷款，帮助他们脱贫致富的援助方法，加快了西部开发的进程。②

7. 通过立法保护生态环境

环境保护问题是美国西部开发中遇到的一个大问题。美国政府在制定与西部土地开发有关的法令时，联邦政府开始注意自然资源的节约利用和保护。1872 年成立的黄石国家公园可以看成是美国环境保护的一个标志。前述的《鼓励西部草原植树法》和《沙荒土地法》，都是治理生态环境的有效法令。1894 年国会立法规定，对各干旱州拨给 100 万英亩土地资助水利建设。1902 年又决定将联邦农业基金用于水利项目。同年的《新土地开垦法》规定，联邦兴建除印第安保留地以外的灌溉工程，用水者 10 年后出资偿付建筑费用。该法使 3 万多个农场受益。联邦国会先后制定的《泰勒放牧法》、《农业调整法》、《土壤和水资源保护法》和《河流与港湾法》等多部法律，都是有关开矿必须复田、农业开发必须防止水土流失等环境保护问题的。美国早期的环境立法还有针对大气污染和水污染方面的一些限制性规定，如 1881 年芝加哥颁布条例，宣布排放黑烟构成侵害，对侵害者处以 5—50 美元的罚款。其后许多城市也都相继制定了尘烟防治条例。1898 年，关于水污染控制的《河流与港湾法》颁布，联邦政

---

① 窦玲：《美、日、意开发落后地区制度供给对我国西部开发的启示》，《经济学家》2006 年第 6 期。

② ［美］莫里森等：《美利坚共和国的成长》，南开大学美国史研究室译，天津人民出版社 1980 年版。

府开始行使环境管制职能。① 罗斯福上台后推行"新政"。"新政"的一个最重要内容，就是对西部落后地区的开发和治理。1933 年 5 月 18 日，罗斯福政府颁布了田纳西河流域管理法，以对田纳西河流域实行综合治理。据此法案，成立了田纳西河流域管理局，负责控制洪水，改善河运，改善农民生活水平，开发田纳西河及其支流的电力资源。其管辖范围一般限于田纳西河流域盆地，包括亚拉巴马、佐治亚、肯塔基、密西西比、北卡罗来纳、田纳西和弗吉尼亚 7 个州的部分地区。管理局系国有公司，由 3 人委员会负责管理，委员由总统征得参议院同意后任命。该水利系统，最初着重控制洪水，统一管理所有的水坝，效果显著。管理局在 9 座主要水坝建造了航行船闸，加深和改良航道，同时鼓励地方政府和私营企业投资兴建沿河港口设施，从而促进和发展了河运。管理局是这一地区的唯一供电者，到 20 世纪 80 年代初，有 51 座水坝水电站、12 座火力发电站、2 座核电站，发电量共计 3000 万千瓦以上。在全国，田纳西河流域电价最低。管理局的设立，促进了这一流域农业和工业的发展。

综上所述，美国对西部地区的开发不是一种带有很大的自发性和盲目性的个人开发行为，其中政府合理设计的制度和制定的法律为西部开发的成功提供了重要的制度保障。

美国西部开发前，政府很重视科学研究工作，并制定了有效的交通、水利规划。其中密西西比河的规划是由美国陆军工程师团会同有关高等院校、科研机构以及企业集团的科研力量进行合作研究后共同制定的。由于重视前期科学研究，为西部开发提供了可靠的决策依据，这是美国西部开发取得成功的重要因素之一。

美国西部开发过程中，政府应用土地政策、移民政策来吸引要素从外部流入西部，充分发挥了制度的激励和导向作用，并在经济运行过程中坚持市场经济原则，政府在关注西部开发制度绩效的同时却不过多干涉西部开发的具体运行，这样从制度上避免了损害西部开发经济效益的提高。

所有的开发方案都围绕着完成西部开发的目标即实现美国东西部经济一体化来进行。西部开发伊始，东部沿海地区各州就十分注意加

---

① ［美］福克纳：《美国经济史》，王锟译，商务印书馆 1989 年版。

强东西部之间的经济联系，大力促进交通运输事业的发展，西部地区的迅速开发，又有助于逐步缩小东西部之间的经济差距，促进各区域经济的协调发展。这一相互促进的过程表现在 19 世纪前半叶美国区际贸易的巨大进步上，由于运河的修筑和汽船的应用，西部的粮食、棉花、食品等大量运往东部，仅 19 世纪 30 年代由西部内地进入费城的商品价值总额就高达 4000 万美元，同样，东部发达地区的工业制成品也通过运河源源不断地注入西部，地区经济专业化的雏形开始形成。随着铁路的发展和交通网络的建成，使国内贸易格局根本改观，东西部经济联系空前加强。到 19 世纪末，美国统一的国内市场基本形成，各地区经济专业化已形成较稳定的格局，即东北部大湖地区成为世界最大的制造业带，南部成为最重要的产棉区，中西部是世界上最大的粮食产地，西部的矿业具有独特的地位。美国的西部大开发取得了成功，其成功经验值得借鉴。①

（二）日本化解"过密过疏"难题促进欠发达地区均衡发展

第二次世界大战后的日本曾面临过一个相当困难的时期，战争使日本的社会财富耗损了 36%，约为 1057 亿日元。1946 年日本实际国民生产总值仅为战前 1934—1936 年平均值的 62%，工矿业为 31%，农业为 79%，人均实际消费为 57%，1947 年制造业实际工资为 30%，而批发物价为战前的 16.3 倍，消费物价为战前的 50 倍。② 自 1955 年以后，日本人均国民收入超过战前，战后经济恢复宣告结束。经过半个多世纪的经济复兴，经历稳固发展和高速起飞等历史阶段，日本已成为当今世界的经济大国，其整体经济的腾飞与日本对不发达地区进行有效开发以大大缩小地区间差异的制度是分不开的。

日本经济建设主要开始于由农业逐渐转向工业，当时，日本提出建设"太平洋狭带地区"的构想，将日本经济带入高速发展阶段。太平洋狭长地带地区的建设有力地推动了日本战后重化工业的发展，奠定了战后日本工业体系的坚实基础，为日本经济的全面起飞创造了

---

① 余永跃：《当代中国西部大开发的制度创新》，中国社会科学出版社 2005 年版，第 54—55 页。

② 郑长德：《世界不发达地区开发史鉴》，民族出版社 2001 年版，第 193 页。

条件。随着日本工业现代化的发展，其沿海大城市及其周围地区的工业人口再次高度集中，东京、大阪、名古屋三大都市圈占地不到全国面积的6%，而人口几乎占全国的一半。一方面，大城市及其周围地区居住困难、地价高昂、交通拥挤，工业的高度集中又使工业用地用水和运输极其紧张，造成严重的公害，这些过密现象阻碍了社会的进一步发展；另一方面，在农业和山区过疏现象日益严重，这些不发达地区经济落后，加上人口不断减少，地方财政收入日益低下。落后地区更加落后，发达地区过分发达的不平衡状态逐渐显现。为了缓和落后地区与太平洋狭长地带地区的尖锐矛盾，日本政府着手开发不发达地区。

对于"过密过疏"的问题及地区间的发展不平衡问题，日本政府致力于缩小太平洋以南地区与东北、西南及日本西南部分地区的经济差距，加强对落后地区的开发援助，其中日本政府对不发达地区的关注，尤以对北海道的开发最具代表性。[①]

北海道位于日本北部，四面环海，是组成日本国的四大岛之一，面积83451平方公里，占日本总面积的22.1%，人口约600万，占日本总人口的4.6%，人口密度只是日本平均水平的五分之一。该地区森林资源、水产资源丰富，海岸平原土地肥沃，适宜大规模农业开发，但由于远离日本经济中心，运输条件差，劳力不足，加之高山地区面积大，寒冷时间长，基础设施落后，是日本经济发展水平比较落后的地区，给日本经济振兴带来了巨大压力。为了解决这一问题，日本决定开发北海道，利用北海道人少地多、资源丰富的条件，达到为全国经济的恢复和振兴提供粮食和资源之目的。1950年5月1日，日本政府正式发布实施《北海道开发法》，拉开了北海道开发的序幕。[②]

1. 为了确保北海道开发进程顺利推进，日本政府成立了北海道开发厅和北海道开发局两级中央与地方开发机构

属于日本内阁政府直辖的北海道开发厅，厅长官为国务大臣，地

---

① 余永跃：《当代中国西部大开发的制度创新》，中国社会科学出版社2005年版，第66—67页。

② 茶洪旺：《不发达地区开发的国际比较和启示》，《开发研究》2002年第6期。

方下设北海道开发局，厅下设北海道开发局，局直接对厅负责。厅的办公地设在东京，局的办公地点设在北海道的札幌市。北海道开发厅中的工作人员只有少部分在东京的厅本部工作，绝大部分工作人员在北海道工作。北海道开发厅只负责北海道开发中的直辖部分，另有辅助部分交由北海道地方政府负责。这是一种双重负责的开发体制，其特色在于中央为地方开发设立机构，与地方机构并存，而且开发的主要责任不是交给地方政府，而是由中央政府的开发机构负责。这种由中央政府设立直辖的北海道开发机构，便于开发工作在中央政府的各省、厅之间进行协调，有利于北海道的综合开发。

2. 在具体制度上，日本政府注意区域发展政策的法律化

早在 1950 年，日本就制定了《国土综合开发法》，作为地区发展的根本法。该法对有关国土和地区开发的审议会制度、全国和各地方以及特定区域的综合开发规划的制定和实施作出了明确的规定。根本法与后来陆续制定的一系列关于地区发展的法律包括《地区振兴特别措施法》、《新产业城带建设促进法》、《水资源地区对策特别措施法》、《北海道开发法》等一起，构成了一个完整的地区发展法律体系。此外，日本为缩小国内地区差异，用法律的形式颁布实施了许多区域发展政策，如《工业整备特别地区整备促进法》以及专门为北海道不发达地区制定的法律有《北海道开发法》等，区域发展政策法律化提供了严肃性、规范性和稳定性的制度环境，保证了不发达地区开发的顺利进行。日本的区域政策不仅考虑个别地区的开发问题，而且从全国的角度制定开发战略；不仅研究经济发展战略，而且考虑不发达地区的社会设施和生活文化设施建设以及自然生态环境等问题。这种全国性的综合开发计划规定了全国国土整治与地区发展的总体方向和大政方针，不仅给各级地方政府制定中长期计划提供了依据和指南，而且是国民了解政府关于区域发展政策或施政方略的一个重要途径，有利于及时公开地引导地方和企业的投资方向，避免盲目建设。

3. 日本实行规范和大规模的财政转移支付制度

日本学者描述日本财政体制的特征时，称之为"集权分散型体制"。所谓集权，指的是中央政府在提供公共产品和服务方面具有压倒性的发言权；所谓分散，指的是在实际担负公共产品和服务的支出

上地方政府占有较大的比例。全国大部分税收集中在中央财政的税制结构和中央财政向地方财政的大规模转移支付，这是这种体制重要的两个实质性内容。从日本政府颁布《北海道开发法》以来，北海道地区开发一直享受区别于其他地区的优惠政策，主要有以下两个方面：一是在国家财政预算中编制北海道开发事业费预算；二是中央财政给予高于其他地区的补助率，日本财政每年安排用于北海道开发局治山治水、土地改良、道路、机场等基础设施建设的预算，占北海道开发费预算的比例高达70%左右。

北海道综合开发的公共事业预算由总务省财政安排，统一列入国土交通省的年度预算。与国土开发建设有关的部分由北海道开发局执行，其他部分由国土交通省转入相关部门执行，即其辅助部分交北海道地方政府支配。1951年北海道开发时的年度费用是70亿日元，到1995年年度预算已达9450亿日元。该项费用在日本一般公共事业费（灾害除外）中每年占的比重都不轻，1958年最高为16.4%，1993年最低为10.5%。日本政府高度重视并提供制度环境和资金支持是其开发不发达地区成功的重要条件。

在法律的规制下，北海道的开发有严格的计划，根据《北海道开发法》，从1952年起政府就北海道开发制定过6次综合开发规划，这些规划具有以下特点：一是该规划已经完全纳入了日本全国国土开发规划和区域开发体系中；二是北海道综合开发规划持续50多年，规划的连续性保证了规划实施的成效；三是规划有权威性，成为日本在北海道进行的15个五年公共投资（基础设施）计划的基本规划；四是北海道地方政府和国家共同制定、实施国家规划，分工明确。每一期综合开发规划都有一个重心。第一期计划的重点是开发资源和振兴产业，第二期计划是实现产业结构现代化，第三期计划是提高生产水平和进行社会发达福利设施建设，第四期计划是促进社会经济安定性和综合环境的形成，第五期计划是使北海道经济在国内外具有更强的竞争力，能为日本长期发展作出更大贡献，第六期计划是培育地区产业群和建立主导型产业基地。中央直辖部分与地方辅助部分之间要在规划制定前，协调好分歧意见，并将协调结果体现在规划中，具体到规划实施时没有分歧矛盾，只有分工负责。

同时，日本中央政府财政转移支付的财力补助比例高于其他地区。在资金保证方面，政府强化财政金融工具来援助不发达地区。为了加快北海道的经济开发，日本政府对北海道开发实施资金倾斜政策。日本中央财政占总财政收入的 70%，其中大部分拨付给地方政府，在非均衡开发时期，主要拨付给重点开发地区；在均衡开发时期，主要拨付给不发达地区。在 1995 年的政府补贴中，中央政府给予北海道的开发项目补贴比重高于其他地区的开发：日常河流改造方面多补贴 13%；国家高速公路建设方面多补贴 13%；港口建设方面多补贴 35%；渔港建设方面多补贴 30%；公路及其他基础设施方面多补贴 18%。在农业开发方面，则根据不同的实施主体分别予以资金支持。例如农业土地改良所需的调查费用，国营事业是全额由中央政府出资，道营事业则 100% 由道政府出资，也有部分由中央政府出资的。团体营事业则由中央政府出 50% 的补助金。

在金融手段方面，日本通过政府的金融机构以优惠贷款方式向不发达地区提供援助，同时，在政府金融体系的十个公库中，设立了两个直接服务于不发达地区的公库，即"北海道东北开发公库"和"冲绳振兴开发公库"（即政策性开发银行），给予相应财政金融支持。

最后，通过采取减免税收、价格补贴等手段促进不发达地区因产业和人口过疏而滞后的经济发展。根据日本 1961 年颁布的全民年金和全民保险制度，政府保证每一位日本公民不会因经济水平的地区差异而影响其基本生活，这是日本各地区间居民收入差异较小的一个重要原因。

经过 50 多年的开发，现在北海道已经是一个经济实现现代化的地区，大小城市高楼成群，道路通畅，工业发达，商业繁荣；城市与城市之间交通便利，空港、公路、铁路的设施都是一流的；港口整备一新，农业实现了机械化，自然生态环境得到了很好的保护。1991 年第一产业所占比重为 5.5%（同一时期日本为 2.3%），第二产业所占比重为 24.6%（同一时期日本为 39.4%），第三产业所占比重为 69.9%（同一时期日本为 58.3%），产业结构基本上达到发达水平，只是农业生产比重偏高，但这是因为北海道是日本重要的粮食生产基地。目前，北海道的人均收入水平只略低于东京等日本中心地带。北海道跟上了日本经济发展的步伐，没有同先进地区拉开大的差距。①

总的来说，日本经济的持续高速增长有许多原因，而根据经济发展的不同阶段，立足于本国实际，扬长避短，有目的、有计划、有步骤地制定多种区域开发计划，特别是以发达地区为中心和基础，对不发达地区进行有针对性的开发，合理地制定区域开发政策，优化社会生产力布局，调整地区产业和人口结构，消除地区差别，是日本战后经济持续高速增长的重要保证。日本政府的区域干预政策和计划对日本的区域经济协调发展起到了重要的作用。

（三）先发国家解决区域经济均衡发展的方式对我国的启示

1. 立法先行

以法律为依据，设立中央直辖与地方辅助的双重协调机构，为西部大开发顺利进行提供法律保障，立法是保障欠发达地区开发顺利进行的先行性和制度性前提。

为保证落后地区开发的有关政策的落实，保持政策的稳定性和连续性，美日两国都把解决这两个不发达地区与其他地区差距的区域政策上升为法律法规。20世纪60年代，美国对西部地区的开发进入新的阶段后，相继颁布了一系列重要法令，其中主要有1961年的《地区再开发法》，1962年的《加速公共工程法》和《人力训练与发展法》，1964年的《经济机会均等法》，1965年的《公共工程与经济开发法》、《阿巴拉契亚地区开发法》以及1972年的《农村发展法》等。日本政府为开发北海道地区，在1950年专门制定了《北海道开发法》。这些法律以其严肃性、规范性和稳定性，保证了落后地区开发的顺利进行

目前，我国的西部大开发仍处于初级阶段，在西部大开发战略启动初期，应首先制定相关法律，使整个开发过程有法可依，从而保证开发工作的顺利进行，同时又可以为外商投资提供法律保障，有利于吸引外资。在这方面，政策不能代替法律。因为西部大开发作为世纪工程不仅需要有明确的长期目标，而且还需要有分阶段实施的短期目

---

① 张广翠、景跃军：《美国、日本欠发达地区开发的经验对我国西部开发的启示》，《东北亚论坛》2003年第4期。

标，每届政府之间如何保证西部大开发长期目标的连续性和短期阶段目标之间的继起性，这都必须用立法的形式予以保障。因此，我们务必要尽快制定出台以《西部大开发法》为中心的一系列法律、法规，使西部大开发一开始就纳入法制化轨道，而且随着西部开发进程的推进，根据开发过程中出现的新情况和新问题，要及时地、不断地制定和出台相关的法律法规，保障西部开发政策的稳定性和连续性，一直到西部大开发目标的最终实现。同时，中央政府还应成立西部开发的专门管理机构，通过这个机构来贯彻执行国家有关的宏观调控政策，监控地区差距实情，落实有关规划和措施；协调区域开发中各方面的关系，应有计划有步骤地尽快制定一套完整的有利于西部综合开发的法律法规，如《西部开发促进法》、《西部自然资源开发法》、《西部外商投资促进法》等，使西部开发有法可依，为实施西部开发的战略提供法律保障。同时应尽快设立中央直辖的国家西部开发委员会和地方开发委员会，以及西部开发基金办，共同协调地区开发和管理，统一使用国家资金进行西部重大项目开发。这样既可以充分调动中央和地方在实施西部开发时的积极性，又可以加强中央各部委和西部各省区之间的联系与沟通，保障西部开发能高效和顺利的进行。

2. 制定重点突出、目标分期、依次推进的开发计划

西部开发应确定明确的目标，制定科学的开发规划。北海道开发历经六期，每期都有明确的目标，期期相连，环环相扣，依次推进，成效显著。美国尽管没有全国性的区域发展援助指导计划，但也有针对个别区域的局部开发计划，如阿巴拉契亚地区开发发展计划，该计划先是把公路建设作为发展重点，约十年时间完成公路系统建设后，又把重点转向教育与卫生等基础设施建设。该发展计划极大地促进了阿巴拉契亚地区的开发，取得了很大成功。

我国西部的开发也要有明确的目标，并制定科学的开发规划，有计划、有步骤地加以实施。我国的经济发展实力有限，近期内不可能一下拿出大量的财力、物力投入西部开发，因此西部开发要力求避免目标过于笼统，以至于开发的有限力量用不到刀刃上，最终影响开发的效果。西部开发要根据国家经济发展的整体需要和西部自身的客观情况，因此，因时制宜地制定各个阶段的开发目标，适时转换和推进，才能确保开发的成效。而且，在制定每一期开发规划和目标时，

要注意中央与地方之间的协调和分工，避免实施过程中的冲突和扯皮，造成规划和目标空置。应增强规划和目标的透明度、权威性、协调性和可操作性，提高其实施的效率和质量，保障开发的有序推进。

3. 实行积极有效的财政金融支持政策

西部开发应加大中央对西部的经济扶持力度和政策倾斜度。财政与金融政策是现代经济发展的两个驱动轮。为了加快北海道经济开发，日本政府对北海道开发实行积极有效的财政金融支持政策。首先，对北海道开发给予财政倾斜政策。增加预算内的直接公共投资，中央政府年平均资助的公共投资占当地财政支出的比例，比全国平均水平高 1 倍左右；在政府补贴中，中央政府给予北海道的开发项目补贴比重明显高于其他地区。日本政府通过采取减免税收，推行全民年金和全民保险制度等形式，保证北海道地区居民不会因经济水平的地区差异而影响其基本生活水平。其次，政府运用政策性金融手段，以提供优惠贷款的形式支持北海道开发，如设立专门的“北海道东北开发金融公库”（资金的 70% 来源于大藏省财政部）。实践证明，日本政府对北海道开发实行的财政金融支持政策是卓有成效的。日本政府设立的规范化大规模的财政转移支付制度，为日本开发北海道提供了雄厚的财力保障。美国政府也制定了一系列优惠的政策和法律，帮助西部克服财政和金融困难，包括建立国家监督和管辖下的银行体系，依法给西部开发者提供贷款，实施帮助脱贫的援助方法，加快了西部开发的进程。在美国，从 20 世纪 30 年代开始，联邦政府直接投资兴建了落后地区的三大开发工程和项目，其中就有两个是在西部（即从 30 年代至 80 年代末的田纳西河流域工程和从 60 年代初实施的阿巴拉契亚区域开发工程），仅阿巴拉契亚区域开发，到 1981 年为止国家就投资了 46 亿美元。我国实施西部大开发，一方面国家要增加对西部地区的转移支付力度；另一方面要增强地方政府的自主性，有效调动地方政府的积极性，增强西部地方政府的造血能力。在西部开发中，国家所能投入的财力将是有限的。国家不可能从东部抽取大量资金用于西部的开发。因此，西部开发资金的筹集，除中央财政拿出一部分外，应采取多种形式进行融资，如创办基金、贷款、集资等方式。美日开发落后地区及我国东南沿海地区发展的经验表明：政策出效益，政策促发展，政策是最大的潜在资本。“在一个地区的经济发展中，中央政府的政策倾斜是一个关键性因素。"因此，西部大开发，中央一定要加大相关政策的倾斜力度。我国以前的区域倾斜政策即差别政策在促进西部发展、开展扶贫方面都取得了一定的成效，但在实施西部大开发战略中，仅有这些还远远不够，对于西部而言，资金短缺将是一个长期面临的问题，就目前情况看，西部地区自身不可能完全解决这个问题。因此，国家要加大对西部的资金投入，同时要实行更加优惠的财政金融政策，比如对西部实行收入补偿性的财政转移制度，实施刺激性的财税制度，对主导产业实行减税让利，等等。此外，为保证西部开发有相应的资金保障，还应建立西部开发促进基金和若干专项开发基金。

4. 必须把生态环境建设放在优先突出地位

美国西部开发早期，由于对环境保护问题认识不足，导致了自然生态环境的严重破坏。后来，美国西部开发先后制定了《泰勒放牧法》、《农业调整法》、《土壤和水资源保护法》、《河流与港湾法》、《鼓励西部草原植树法》和《沙荒土地法》等一系列治理生态环境的法律。日本北海道开发也重视生态环境的保护，在实施的六期综合开发规划中，从最初的资源开发与产业振兴，建设高生产、高福利社会；发展到形成稳定的综合环境，为日本的长期发展作出贡献。我国西部开发同样面临高度重视环境保护和生态建设与经济发展协调的问题，当前，我们在西部开发过程中，应坚持科学发展观，坚持可持续发展战略，对西部大开发作出相应的政策调整。西部开发应围绕治山治水、土地改良、保护环境，建立人与自然和谐的社会。

5. 依靠教育科技促进开发，重视人力资本和发挥高科技产业的作用

美国联邦政府为适应西部开发需要，加大对西部的教育投入，从创办"赠地学院"到西部拥有发达的高等教育事业，在大力发展教育事业的同时，联邦政府通过各种渠道，向西部地区倾注巨资开发高新科技产业，使西部成为美国科技革命的发源地，可以说，战后美国西部经济的高度发达，主要得益于高科技的推动。除创办"赠地学院"外，美国政府还通过引导各类专业人才向西部移动，给动迁户发放迁移补贴和住房补贴，提供就业培训，加大对西部的教育投入等措施促进西部教育事业的发展，为西部开发提供必要的人力资源。这

一系列政策措施的实施，对美国西部开发起到重要的推动作用。发端于斯坦福大学及其周围地区的科技研究与开发活动，使得加州圣何塞市的圣克拉拉县变成举世闻名的硅谷。在高科技产业的带动下，加州的经济从 60 年代起进入了腾飞阶段。硅谷高科技园区对工业创新和科技成果的孵化作用为美国西部乃至整个美国的经济发展作出了重大贡献。此后，美国各地相继建立了十几个类似的园区。教育科技事业的发展对西部地区乃至整个美国经济发展都起到了巨大的推动作用。由此可见，美国对发达地区的开发历史就是一部教育科技进步史，正是依靠教育科技的不断进步，使美国对不发达地区的开发取得了如此惊人的成就。日本在开发北海道的后期，也将开发的重点逐步转移到对技术创新和国际竞争力的加强和提高方面，高科技产业在其中发挥了重要的作用。

综观美国、日本等国对不发达地区开发的历史，都创造出了"科学技术是第一生产力"的成功范例。我国西部教育科技发展相当落后，西部大开发一定要借鉴美口依靠教育科技促进欠发达地区开发的经验，采取切实措施加大对西部地区教育科技的投入力度，在加快发展西部地区教育事业的同时，积极利用原三线建设的国防工业和西安、重庆、成都、兰州等城市高校与科研资源的某些优势，建立国内一流的高新科技研究院和开发园区，加快发展高科技产业，使之成为西部经济发展的引擎。加强落后地区教育的发展，为开发提供必要的人力资源。美国政府在西部开发过程中充分认识到科技进步靠人才、人才培养靠教育的道理。

6. 充分发挥政府在西部大开发中的积极作用

北海道开发成功的关键之一，是日本政府正确处理了政府与市场的关系，注重把政府引导和市场配置相结合、技术开发和人才培养相结合、条件建设与智力投资相结合，既对北海道"输血"，促进经济社会发展，又强调自身"造血"功能，为经济社会长远发展奠定坚实的基础。美国西部开发与我国西部开发都存在"军转民"的现象，美国政府在西部投入巨资，创办了许多军事工业，成立了许多科研机构，后来大量的军工企业实现"军转民"，带动高新技术产业的发展。与此相似我国西部地区早在"三线"建设时期，就发展了一批出于国防考虑的重化工业和军工企业，奠定了西部地区相对雄厚的工业基础。但是由于没有利用好"军转民"时机提高技术层次，积极发展高新技术，造成目前整个西部的产业结构调整进展缓慢，工业效益不够理想。我国西部开发是一项系统工程，需要发挥政府、市场、企业、社会多个积极因素的作用，关键是既要政府引导，又要充分发挥市场在资源配置中的基础作用，促进西部地区的资源优势转化为经济优势，促进欠发达地区的潜在优势转化为现实优势，增强自我积累发展的能力。我国西部地区地大人少，交通、信息闭塞，技术相对落后，但资源丰富、劳动力成本低，依托当地比较优势，发展小型企业更能适合西部的市场容量、收入水平和消费结构，而且也有利于这些企业的生存和竞争。随着小企业的发展，经济实力和配套建设的逐步改善，然后选择中心城市，围绕当地支柱产业，通过小企业的联合兼并，发展成具有真正长久竞争力的大型企业。从国际经验看，政府在不发达地区开发中的重要作用是不可替代的。在发展社会主义市场经济的大背景下，通过国家干预手段来支持西部地区发展既有必要性，也有可能性和可行性。因此，一定要充分发挥政府在西部大开发中的积极作用。但是，要特别注意防止政府行为过度的"泛政府主义"倾向，因为一个"无限的政府"，必然压抑企业和个人的活力和经济发展的生命力。这对处于经济转型时期的中国来说十分重要。

7. 建立人力资本引进到西部的机制

美国国会制定了大量非限制性移民条款，鼓励人力资本到西部。北海道开发中不但重视和加强落后地区的基础设施建设，而且还重视教育、生活及文化基础设施的建设。我国西部开发也应发挥人才优势对高科技产业的拉动作用，西部地区发展高科技产业不一定像东部沿海地区那样全方位、大规模地展开，可以利用原有较强的技术与人才力量和基础，在个别地区、个别行业集中人才发展高科技产业，使其成为带动西部地区产业结构升级换代的"龙头"。例如，西部地区拥有酒泉、西昌两个卫星发射中心，西安飞机制造基地，重庆钢铁和汽车生产基地，兰州石油化工基地，等等，都可以为发展高科技产业提供技术和人才，西部地区也可以通过建设自己的"硅谷"来提升产业层次和人才素质。

8. 设立专门的开发管理机构，保证政策、规划的贯彻和实施

美国的历史经验表明，进行大面积的区域治理开发，仅靠当地

州、县政府协调是难以实现的。因此，1933 年美国政府根据"新政"中的有关法案，成立了"田纳西河流域管理局"，负责组织管理田纳西河流域和密西西比河中下游一带的水利综合开发。1965 年根据《阿巴拉契亚地区开发法》，又组成了美国第一个由联邦政府和州政府合作管理的机构，即阿巴拉契亚区域委员会，由它来制定该区域开发规划，协调各方面关系，组织开发规划的实现。

9. 西部开发必须重视基础设施建设

美国历来把基础设施作为投资的重点。独立伊始，美国政府和人民就致力于交通运输业的改造与发展，把西部开发置于一个发达的交通运输基础上。从 18 世纪末卡斯特大道建筑开始，到 19 世纪末全国铁路网络基本形成，美国的交通运输业发生了根本性的变化，尤其是铁路对西部开发和国民经济的影响之大，以至有人称 19 世纪的美国内陆运输史基本上是一部铁路史。全国交通网的完成加强了东西部的联系，促进了全国统一市场的形成，带动了西部农牧业经济的发展。美国政府在对西部的开发建设中，还十分注重水、电等基础设施建设。20 世纪 30 年代实施的田纳西河流域开发工程和 60 年代实施的阿巴拉契亚区域开发工程实际上主要就是改善基础设施条件。同时，在水利、电业、农业、林业、原子能、化工、煤炭生产等方面也取得了很大成绩。阿巴拉契亚区域开发计划经过 20 多年的开发，在交通、能源、教育、住宅和公共设施等方面也发生了巨大变化。到 1985 年已建成铁路 3200 多公里，开通了从田纳西河到通比格比河的航道，降低了煤炭、木材和农产品的运输成本。日本政府在对北海道的开发过程中，不但注重交通、通信、电力等生产性基础设施建设，而且还注重生活及文化性基础设施建设。从 50 年代开始设立的北海道开发事业费预算基本上用于基础设施建设，包括治山治水、道路港湾、住宅和城市街道、下水道及环境卫生建设、农业农村整备（含农田基本设施建设）、林业和水产业的基础设施建设等。1980 年低收入的北海道地区用于基础设施建设的公共投资在地方政府的支出中就占到 17%。

因此，西部地区大开发，基础设施建设必须先行。特别是交通、通信、水利等投资比较大的基础设施建设项目，国家应在通盘考虑和科学论证的基础上，给予重点扶持和安排。在投资方式上，借鉴国外的经验，除了国家投资外，还应鼓励和支持地方、企业乃至个人和外资共同投资和建设。通过适当超前的基础设施建设，为落后地区的经济开发乃至起飞创造必要的条件。

二　后发国家在快速增长阶段解决区域经济均衡增长的经验与教训

这里所指的后发国家指的是在经济上正较快发展的发展中国家，这些国家在发展本国经济时，都不同程度地采用了西方资本主义国家的经济发展模式，并以西方经济理论为指导，虽然也取得了一些成绩，但由于过度依赖西方经济理论，发展中国家面临了严峻的问题。对保障区域均衡发展方面的忽视，是其经济改革失败的主要原因。这里主要介绍印度及以巴西为代表的拉丁美洲国家。

这些发展中国家，由于西方资本主义长期的殖民统治和掠夺，导致其生产力的畸形发展，宗主国为满足其对粮食和经济作物的需要，并考虑到交通运输的方便，在殖民地、附属国的沿海地区发展单一种植，导致发展中国家农业生产的地区分布极不合理。为便于输出，宗主国在殖民地的铁路铺设均以出海商埠为中心，连接农矿原料产区，致使发展中国家内陆交通极不发达。宗主国对殖民地矿产资源的掠夺性开发，造成发展中国家矿物原料产区与非原料产区的经济发展严重不平衡。宗主国工业品的侵入，沉重地打击了发展中国家原来手工业比较发达、经济相对繁荣的地区并使之迅速萎缩。宗主国在殖民地的沿海地区投资创办以原料加工为主体的制造业，使发展中国家形成了工业集中于少数大城市的畸形布局。而在发展中国家独立后，由于多种原因，地区间经济发展不平衡的局面一直未能从根本上扭转。在社会经济结构方面，多种经济成分长期并存，城乡生产关系极不平衡。在资源配置方面，长期保持不正常的二元结构状态，如自然资源蕴藏丰富与能源、原料依赖进口并存；部分地区农业部门的劳动力严重过剩与部分地区地广人稀、劳动力短缺并存；拥有近现代工业的少数城市与从事传统甚至是原始农业的广大农村并存。在 20 世纪五六十年代，多数发展中国家采取以工业化为经济发展主要内容的传统发展战略，但由于与发展中国家现实中地区经济发展不平衡的国情不符，不平衡的矛盾未能解决。进入 20 世纪 70 年代以后，一系列新的经济和社会问题的出现更加剧了不平衡的矛盾。客观现实要求把不发达地区的开发问题放入发展中国家的发展战略考虑之中。

因此，自 20 世纪 70 年代以来，不少发展中国家实行发展战略转移，把开发国内的不发达地区、缩小地区发展差异、开发人力资源、增加社会就业等作为经济发展战略的重点。

（一）印度坚持不懈地解决公平矛盾

印度是南亚的大国，也是中国的重要邻邦之一。印度和中国一样，都是具有悠久历史和灿烂文化的文明古国，都是人口众多的发展中国家，都是在 20 世纪中期摆脱殖民主义的束缚，走上民族独立发展道路的国家。印度和中国都是热切渴望崛起的世界上最大的发展中国家，它们的优势比较，它们的竞争合作，它们的经验教训，都是21 世纪的宝贵财富。从 20 世纪 90 年代初至今，中国和印度的经济增长在世界上是有目共睹的。以购买力平价（PPP）计算，目前两国的 GDP 之和已占到全球 GDP 总量的 18%，而 1990 年这一比例只有10%。更重要的是，中国和印度两国的经济增长成为全球经济增长的发动机。以购买力平价计算，在 2003 年，中国和印度的 GDP 增长已经占了全球 GDP 增长量的 32%，而在 1990 年这一数字只有 13%。以美元计算，在过去的 5 年里，中国和印度的名义 GDP 增长平均速度分别为 8.3% 和 7%。这两个亚洲国家的相似点很多，同时差异也很大。而在发展经济，促进区域、产业协调发展方面有许多值得我们借鉴的地方。

中印两国的自然资源、社会资源和人力资源分布严重不均。在中国的西北、西南与东部、中部地区之间，由于存在着资源差异，以及实行不均衡的东西部发展战略，导致了东西部差距的拉大。不过，仅从 2000 年两国各地区的人均收入来看，印度最高的德里比最低的比哈尔多 572 美元，中国最高的上海比最低的贵州多 874 美元，也就是说，就最高地区和最低地区之间的差距而言，中国比印度高出 302 美元。目前，中国的经济实力是印度的两倍，贫困人口总量要小于印度。但是，中国的贫富差距却要大于印度，基尼系数已经超过了 0.4的警戒线，达到了国际上通常认为的中等贫富差距程度。而印度的贫富差距却被控制在比较合理的范围内。当然影响中印两国各自贫富差距产生并扩大的原因是多方面的，也是复杂的。

印度由产业内部和产业之间的差异所引起的收入差距，首先反映在农业生产活动中。有的农户经济实力雄厚，使用拖拉机、播种机和收割机等农业机械，实行机械化生产；而许多农户依然沿袭传统的种植方式，使用极为传统的甚至原始的农业生产工具，用手工方式进行生产。在工业生产活动中，一些大型工厂由于资金实力和技术力量雄厚，大量使用先进的机器设备，甚至自动化设备，因此，生产效率较高，发展也较快；而大多数中小企业由于缺乏资金和技术，仍在使用传统的手工生产工具，因而生产效率低下，发展缓慢，并由此造成不同情况下劳动者财富占有上的差别。

印度小规模家庭经营方式所带来的生产率低下和商品率低下，是农村居民生活水平低于城镇居民生活水平的根本原因。印度长期的殖民统治，以及独立后对经济的严格控制，在1991年启动的"经济解放与开放"中，农业涉及不多，工农业产品价格剪刀差也得不到改变。无独有偶，1950年，中国建立起来的计划价格体制，形成工农业产品价格剪刀差和收入上的城乡差别，导致农村居民收入相对较低的局面。可是，农产品收入又是农村居民财富的主要构成，农民的低收入又是导致农民贫困的主要原因，穷困得不到改变，也就在其家庭世代沿袭。

基于上述经济不均衡发展的国情，印度在经济建设中强调社会公平，印度政府认识到，缩小贫富差距、实现社会公平固然是必须的，但是，如果没有经济增长作为基础，没有财力保证，再好的实现社会公平的设想都只能是空中楼阁，至多是在低水平上搞平均主义。因此，印度强调以促进增长为取向的经济政策。

自20世纪90年代初期以来，印度就开始了其内部和外部的各项改革，包括缩小国家政府部门对商业投资的干预、减少国家对生产要素投入与产出价格的不当限制、不断地降低税率和减少对外国直接投资的限制等。但在经济改革政策贯彻的12年间，印度改革的最大成效是改善了宏观经济环境和减少了生产费用，为发展经济提供了稳定的大环境。

改革至今，印度已成为一个混合经济国家。印度采用了一种考虑各方利益的渐进式改革模式。这种模式更加强调首先具备一个发展完备的制度架构，包括法律框架、知识产权的保护、各种各样的市场规则和重新分配机制等。印度在制造业方面已拥有雄厚和多元化的基础，并且形成了新型产业导向和国际竞争优势。如纺织、化工和机械加工是其传统的优势产业。近年来，印度在食品、精密仪器、汽车、航空航天等新兴产业方面发展迅速，已渐具国际竞争优势。从整个产业基础和环境看，印度制造业配套完整，产能巨大，产业链条布局和内部结构合理，其间的失衡现象、薄弱环节或缺失甚少。与中国相比，IT 产业，特别是软件业是印度在世界上最具有国际竞争优势的产业。虽然印度 10 亿人口中近一半是文盲，但却拥有 50 多万合格的软件人才，20 多万常驻海外的软件工程师。

印度软件业在过去 10 年中发展尤为迅速。1990 年，信息技术产业作为一个新兴产业出现的时候，它创造的产值还不足 20 亿卢比。但此后它以每年高于 50% 的速度持续增长，1990—2000 年创造的产值超过 2450 亿卢比。据印度软件和服务企业全国协会与世界著名的麦肯锡咨询公司研究表明，印度软件产业仍将以 50% 以上的增长率继续发展，到 2008 年，其产值将达到 850 亿美元，出口逾 500 亿美元。另据印度软件和服务企业全国协会对 2020 年的前景预测，届时信息技术产业创造的产值将占印度国民生产总值的 28%。除了软件业外，印度通过计算机和互联网进行办公室终端服务、信息服务、会计服务、技术服务、咨询服务和各类远程服务的智能产业也正方兴未艾。据统计，全球 500 强中，有一半将"办公室"转移到了印度，甚至世界银行的会计部门也已经转移到了印度。在 IT 应用服务业这个领域，印度公司将有望成为全球的领导者。

在体制环境方面，印度拥有比较完善的金融体系和发达的资本市场。印度银行多数都是民营银行，运转良好，坏账率很低，整个银行体制比较健全。根据麦肯锡咨询公司的一项研究报告显示，直到 2001 年，印度的银行资产中仅有大约 10% 属于不良贷款。这个数字与印度愿意承认的差不多。据 2003 年 11 月 18 日印度《经济时报》报道，到当年的 3 月底，印度银行系统总的不良资产减少超过 200 亿卢比，占净资产的 4.4%，为 3276.4 亿卢比；占总贷款额的比例为 8.8%。印度的资本市场已有 100 多年的历史，监管制度非常完善，全国有 23 个证券交易市场，其中最大的孟买交易市场，有 5000 多家上市公司，是中国的 5 倍。2003 年印度股票市场的表现与它的经济增长相互辉映。汇丰投资管理的印度基金经理指出，印度股市持续上升，已吸引了大批外国投资者，2003 年 11—12 月的资金流入创历史以来的最高纪录。作为印度股市指针的孟买 BSE 指数，2003 年 12 月 19 日收报 5541.3 点，较上一年底的 3374.9 点，累计上升了 64.19%，令所有印度基金 2003 年大丰收。在香港可以投资的 6 只印度基金，2003 年回报率由 73.76% 至 106.38% 不等，而且升势未停，预计会吸引更多新资金进入这个新兴市场，吸引力不逊于中国。而中国的资本市场与印度比，可谓相形见绌。过去两年中，中国物物交易市场的繁荣让世界叹为观止，但股票市场却表演着全球独一无二的跳水。据统计，至少有 8000 亿人民币市值化为乌有。印度的法律体系和制度机制也更加健全。2000 年，根据亚洲里昂证券对全球 25 个新兴市场经济国家所作的调查显示，印度在规范化管理方面排名第六位，而中国仅列第十九位。印度政府除了制定法律制度和市场规则的基本框架之外，在更多的时候充当的是服务者的角色。在比较完善的法律制度约束下的印度市场，已经形成了支持和保护市场化运作的制度基础，为国内外投资者和市场参与各方提供平等的游戏规则，这些因素都大大提高了印度市场的效率和信誉。早在殖民地时期，印度就有很多民营企业，它们和印度国大党有着很深的渊源，并支持了国大党的独立运动，印度独立之后，政府没有限制这些民营企业的发展。到今天，很多大型民营企业已有上百年的历史，使印度民营企业积累了比中国民营企业丰富得多的经验，它们经营稳定，机制成熟，早已走向世界，能够同欧美大公司竞争，还有一批世界级企业和企业家。目前，一批新财团、跨国公司和世界级企业也正在崛起，印度公司在信息技术、生物制药领域已出现了好几个世界顶尖企业。比如印度最大的公司塔塔集团，它下属的子公司塔塔咨询服务公司，是亚洲最大的软件服务咨询公司之一。在印度，像塔塔集团这样的大型私营企业在很多行业占据了垄断地位。印度政府允许民营经济进入除基础设施之外的所有领域。但现在印度政府也开始允许一部分民营企业涉足基础设施领域。在 2002 年《福布斯》杂志对世界上最好的 200 家中小型公司年度排名中，印度就有 13 家上榜，而中国内地一家也没有。

与印度的民营经济相比，中国的民营经济发展只有改革开放后20多年的时间，而且规模都很小，实力不强，迄今为止中国没有一家民营企业的规模能够与印度塔塔集团这样的民营企业相比。根据世界经济论坛CCI评比显示，中国的微观竞争环境不如印度，特别是公司的成熟程度和商业环境，中国与印度的差别较大。这对中国民营企业的发展非常不利。通过上述比较，我们可以看出，制造业产品市场远不及中国繁荣的印度，在生产要素市场上却比中国更有效率。印度的产业体系已在国际分工中找准了定位并找到了发挥优势的方面，印度的现代经济制度环境，特别是金融环境和法制环境已与国际接轨，这些都是印度经济腾飞的基本条件。

1991年以来，印度通过继续深化经济自由化改革的成果，以消费刺激经济增长，创造一个宽松的、有利于资本运营的环境，吸引国内外企业投资，以此来扩大就业，增加社会财富。印度实施的新经济政策，内容包括全球化、自由化和私有化。2003年，印度的经济增长率已超过了中国，呈现出比较良好的经济增长趋势。目前，"印度现象"引起了国际学术界、商业界、舆论界的高度重视和评价，甚至被认为大有赶超中国之势。[①]

1. 印度为促进经济平衡协调发展的努力

（1）贾瓦哈拉尔·尼赫鲁的第一次绿色革命

贾瓦哈拉尔·尼赫鲁是印度民族解放运动的著名领导人，印度共和国的缔造者，是确定印度独立后头15年发展方向的关键人物。尼赫鲁对贫富悬殊、阶级分裂、以追逐私利为动机的资本主义深恶痛绝，他说，我们必须致力于一个寻求结构根本变革的社会哲学，一个不为私人利润和个人贪欲驱使以及建立在政治经济权力公平分配基础上的社会。他力图把现代的经济发展目标和传统的社会道德准则结合起来，保存社会政治特有的"印度精神"，这样就产生了建立一个独特的"印度式"社会主义的概念。同时他认为社会主义就意味着社会所有权，国家通过中央计划进行干预和平衡经济。对于一个发展中社会来说，并不是要直接或完全的由国家掌握所有的生产部门，但是

---

① 李中一、李军：《中国和印度的贫富差距比较分析》，《西南政法大学学报》2004年第5期。

要掌握主要的生产部门，并且不要用暴力推翻现存的社会制度，而是要在民主框架下稳步前进。国家不实行全部国有化，而是控制经济战略要点。尼赫鲁也接受了一些马克思主义的观点。他认为，为了实现没有任何特权阶层和无巨大阶级差别的社会，必须改善印度社会广大无权阶层的社会经济状况，限制少数既得利益集团。尼赫鲁中间道路的思想强调不用暴力或强制力消灭私有财产，又希望通过建立国家对经济的控制为中小企业奠定发展基础，同时还考虑到社会的公平民主，强调要提供充分就业机会、实行劳工保障、消除贫困等社会福利政策，以减少收入和财富的不平等。这样的平衡既得到大资产阶级的认可和中小资产阶级的支持，其浓厚的社会主义色彩也对广大下层人民产生了很大的吸引力，为大多数印度知识分子所接受，在印度发展战略的方方面面都打下了深刻烙印，对印度社会政治经济发展产生了重大而深远的影响。

（2）贾瓦哈拉尔·尼赫鲁旨在促进社会公平的措施

20 世纪 50—60 年代"土地改革"和"绿色革命"。

印度独立之初，失业、贫困化问题很普遍，占人口 80% 的农村严重缺粮。为了恢复经济和安定人民生活，尼赫鲁政府制定的第一个五年计划把重点放在发展农业生产和实行土地改革上。印度整个农村简化为地主、自耕农、佃农和雇农四个阶层，最终确立了土地私有权。但是印度的土地改革并没有达到预期的目的。佃户改革的结果是地主以各种"理由"夺佃。政府宣布剩余的土地远远少于人们所期待的，而获得的土地又少于宣布的，在无地农和边际农中间分配的土地又少于获得的土地，实际可耕种的土地又少于分配到的土地。到 1992—1993 年度为止，实际可耕种土地占宣布剩余土地的 2%。印度的土地改革的不彻底性，导致农村土地所有结构没有彻底的改变，因此，土地改革没有直接的或间接的阻止穷人贫困化进程。

在印度独立前，高利贷在印度农村信贷中占绝对的统治地位。独立后，在印度政府的积极支持下，各种信贷机构有了较快的发展。但是，穷人真正想获得信贷支持是十分困难的。首先，穷人受许多条件的限制，如文化水平，缺少与信贷机构交往的知识与经验。其次，银行由于贷款给穷人存在很大的风险，因而对穷人的信贷附带十分苛刻的条件。再加上一些信贷机构效率低下，官僚作风、贪污腐化现象的存在，使 70% 最底层的贫弱阶层处于信贷的边缘。

从 20 世纪 60 年代中期起，为了解决因人口剧增造成的贫民粮食供应不足引起的贫民饥荒，印度政府开展了"绿色革命"运动。

这一运动为那些新获得地权的土地所有者（其中多半是地主、富农）发展农业提供了机会。由于他们有地权，有较为雄厚的经济实力，以及国家在信贷上给他们的优待，他们中有不少人在"绿色革命"中使用高产种子、化肥、农药、机耕，发展商业性的农业生产。"绿色革命"最初的目的是通过发展农业生产力，增加粮食供给解决部分贫困人口吃饭问题，以此解决一部分农村地区的贫困危机。"绿色革命"尽管在解决印度粮食供给方面成绩斐然，但就其结果而言，和最初的设想与初衷尚有较大差距。因为"绿色革命"主要是在条件和气候较好的地区，国家的优惠信贷的对象又多半是地主和富农，因此，推行的结果使已存在的地区间和农户间经济差距进一步拉大。针对这一问题，印度政府对前一阶段的战略进行了调整，从 20 世纪 70 年代中期开始，实行"缓解农村贫困计划"。

20 世纪 70—80 年代政府政策转移到直接向穷人提供医疗卫生、营养和教育服务。

从 20 世纪 70 年代初，印度政府开始实施公营分配制度的反贫困策略。所谓公营分配系统就是政府控制价格的一系列平价商店，保证以合理价格向广大人民特别是贫弱阶层供应基本消费品。这是一种有效的增加穷人实际收入和确保粮食安全的方法。它使穷人有足够数量的食品和其他必需品。它供应的基本物品主要有七种，即小麦、大米、食糖、食用油、焦煤和煤油。这些物品由中央政府负责收购，并把它们供应给各邦的供应分配系统。到 1987 年底，印度全国平价商店的总数为 34.3 万家，1989 年初接近 35.4 万家，1992 年 3 月 31 日接近 40 万家，覆盖全国 5 亿人口。粮食分配的方法是对人口在 5 万以下的城镇实行非正式定量配给制，对人口在 5 万以上的城镇则实行正式定量配给制。粮食定量为每人每月 8—10 公斤，并根据粮食形势和各邦的具体情况进行调整。

但是，公营分配制度也面临一些问题。自由市场上的商品价格不断上涨，以至于供应分配系统不能正常运转，结果穷人必然依赖于自由市场购买大量的商品。尤其是粮食产量下降时，供应分配系统的粮食无法到位。如何正确确定享受供应分配系统的问题一直困扰着公营分配制度的运行。因为，平价供应不仅包括对穷人的供应，也包括非穷人在内，以至于供应分配系统覆盖面太宽，不能达到反贫困的目的。

20 世纪 90 年代侧重于强调"发展与公正"并重的战略。

为创造就业机会，1989 年 4 月 28 日，拉吉夫·甘地总理宣布开展"贾瓦哈尔就业计划"。与以往就业计划不同的是，中央援助占 80%，邦占 20%。其目的在于使每个乡村都实行就业计划。这个计划突出特点是创造就业机会的 30% 保留给妇女。在选择落后的群体时，低种姓族占 60% 的人口，其余人口占 40%。在"贾瓦哈尔就业保证计划"中，有两个辅助计划"英迪拉·赫瓦伊计划"和"百万水井计划"，共为低种姓部族及无地劳动者修建 107.4 万套住房，共挖掘了 36.7 万口水井。在一定程度上改善了贫弱阶层的生活状况。然而，在大多数邦实施就业保证计划并没有使穷人跨过贫困线，这主要是由于穷人没有能力和机会利用投资兴建的基础设施，并且这一计划忽视了贫民自谋就业的作用。[1]

（3）英迪拉·甘地及其第二次绿色革命

1966 年 1 月，尼赫鲁的女儿英迪拉·甘地就任总理。她一上任就对尼赫鲁时期的混合经济政策和不结盟政策进行调整，在解决粮食危机上又巧妙地与外交策略相结合，采取了一系列解决印度粮食危机的措施。[2]

英迪拉·甘地政府组织专家，对独立以来的农业政策与后果进行评估，结论是：印度十几年的土地制度改革不彻底，无法真正充分调动起农民生产的积极性，而乡村发展及合作化运动又不完全适应印度农业和农村的特点。虽然这些政策与措施在某些地方取得了一些效果，但是，从整个印度农业发展和提高农作物产量的角度看，这些政策和措施所发挥的作用不大，因而必须进行新的改革和采取有效措施，尤其是应当加强对农业进行现代科学的指导和提高农民粮食生产的积极性。印度工业的发展，尤其是重工业的发展，与落后的农业形

---

① 明拥军：《印度的反贫困经验与启示》，《农村经济》2006 年第 6 期。

② 吴永年：《印度的第二次绿色革命》，《南亚研究》2006 年第 2 期。

成矛盾。印度农业的落后不适应工业及其他产业需求的矛盾也越来越突出。印度再不重视发展农业生产，必将导致国民经济的失衡，最终使印度经济停滞不前，甚至出现倒退。另外，印度农业技术的落后状况与靠天吃饭的观念也必须改变。印度农业的发展必须有大量的资金投入，而用牺牲农业来发展重工业与其他工业是失策之举。农业是基础，农业是立国之本的思想必须贯彻到政府的各项方针政策之中。

基于以上认识，英迪拉·甘地政府针对印度农业的问题与农村的特殊性，及时采取了以下几项措施：第一，为解决粮食短缺的燃眉之急，寻求美国更多的粮食援助，英迪拉·甘地在对美外交上采取了更加实用主义的策略。她改变了印度长期以来反对美国侵略越南的政策，并表示"印度理解美国在越南问题上的痛苦"。英迪拉·甘地此举马上获得了美国300多万吨的粮食及9亿美元的紧急援助。与此同时，英迪拉·甘地放弃了以土地制度改革为主的农业发展战略，不断增加对农业的投入。自1966年以来，国家每年对农业的投资增长率为10%。另外，她还采取各种措施鼓励有条件的地区和个人，增加现代化农业技术投入以提高粮食产量，并采取宏观调控手段，在价格补贴和税收上向农业倾斜，扩大对农业的信贷，规范农业产品销售及加强农副产品市场经营管理。第二，接受并贯彻执行农业专家及世界银行的意见，确定绿色革命是印度农业的根本出路，也是解决粮食危机最有效的办法。为此，英迪拉·甘地特别强调要更全面有效地在全印度推广实施1965年制定的绿色革命的新战略，在大面积采用墨西哥高产小麦良种的同时，还引进水稻、油菜及其他农作物的高产良种，并加快利用生物技术培育农作物的高产新品种。为了确保绿色革命的成功，英迪拉·甘地政府在全印度开展了农业水利灌溉系统的建设运动，切实加强农田科学管理，大力推广农业机械、化肥和农药的使用。第三，英迪拉·甘地政府对农业的科学研究和教育投入了巨大的资金。在全印度普建农业技术科学研究推广站，建立农业学校，基本上全印度各个邦有一所农业大学和农业科学技术研究基地（院所），专门为全国的农业生产服务。与此同时，把全印度农业研究院改为农业理事会，由它协调农业科学技术的研究和推广工作。由于英迪拉·甘地政府进行了印度农业有史以来最全面的农业科学技术革命——绿色革命，印度的粮食产量大幅度增长，从而逐步解决了粮食危机。印度粮食的产量从 1964—1965 年度的 7234 万吨增至 1990 年的 1.7 万亿吨。在旁遮普、哈里亚纳和北方这三个邦，粮食产量增长尤为迅速。从 1967—1968 年度至 1989—1990 年度期间，这三个邦的粮食增长率分别为 5.4%、4%、3.4%。至 1991 年开始新的经济改革，印度已实现了粮食的自给自足，而且还有余粮出口。印度从粮食进口到有余粮出口这一事实，不能不说是英迪拉·甘地政府在农业领域实行绿色革命的巨大成功。同时，印度农业的现代化运动对工业的现代化也产生了积极的作用和影响。农业机械工业迅速成长，化肥和农药产业得到长足的进步和发展。所有这些不但将印度农业推向了一个新的发展阶段，更使印度经济逐步走上了良性循环的道路。另外，值得注意的是，绿色革命的成功，使农村的贫困率出现了下降的趋势。尤其是在旁遮普、哈里亚纳、北方邦和安德拉、马哈拉施特拉、泰米尔纳杜等邦，情况更为明显。不少农民成了真正的农场主，有了自己的拖拉机和其他各种农业机械，有的还建造了小型的粮食加工厂。根据印度计划委员会公布的文件，绿色革命在减少农村贫困率中所作的贡献达到了 55.38%。

综上所述，可见，作为联邦制国家的印度，如果地区差距、城乡差距持续扩大，不仅会阻碍印度经济发展，而且会影响中央和各邦的关系，危及国家安全和稳定，引起严重的社会问题。因此独立后印度政府非常重视地区差距和城乡差别问题。印度的改革几乎与中国同步。无论是经济总量还是人均 GDP，印度均无法与中国比，但改革给印度带来的巨大发展，其综合竞争力一直紧逼中国。据世界经济论坛发布的全球竞争力报告，2005 年，中国名列第 49 位，印度名列第 50 位。到了 2006 年，印度则上升为第 43 位，中国下降到 54 位。表明印度也如中国正处在快速发展阶段。在这个快速增长阶段，独立前就严重存在的南北差距，进而更加严重。为此，印度政府采取了一系列政策措施：如重点扶持落后地区、设立援助落后地区咨询机构、重视对落后地区的资金援助、实施落后地区发展计划、促进向落后地区投资、把绿色革命引向深入等。虽然印度彻底解决地区经济发展不平衡的任务还很艰巨，但差距扩大化的趋势已经有所遏制，经济社会总体上是在相对健康、稳定的环境里发展。

（二）巴西等拉美国家的经验与教训

1. 经验与教训交织的巴西

巴西幅员辽阔，各地自然条件和经济发展差异显著。19世纪末国家经济主要靠农产品出口，20世纪初农产品出口受国际市场竞争影响而走下坡路，刺激农业转向多种经营，投资流向工业。特别是第二次世界大战后开展新工业运动，工业得到了突飞猛进的发展，20世纪60年代工业产值超过农业，20世纪70年代国民生产总值跃居世界第十位，年增长率在10%以上，成为战后世界经济发展最快的国家之一。巴西按经济收入和发展水平通常划分为五个区域：北部区、东北部区、东南部区、南部区和中西部区。据巴西国家地理统计局公布的材料，巴西最发达地区是东南部区，最不发达地区是东北部区。然而经济的发展却使原来的地域不平衡性更加扩大，巴西东南部和南部地区较为发达，占全国国土面积60%的东北部、北部和中西部地区经济发展长期大大低于全国的平均水平。为此，不仅出于经济的目的，更出于国家安全和巩固政权的需要，巴西采取了加速开发北部不发达的亚马逊边远地区的措施，以扭转这种不平衡性，并缓解巴西东北部地区2300万人口因长期遭受周期性旱灾而造成的贫困和农业劳动力过剩问题。

亚马逊平原位于巴西北部区，背靠安第斯山，面向大西洋，亚马逊河流贯穿其中，形成360万平方公里的冲积平原。北部区面积占巴西全国面积的42%，人口仅占全国的5%，人口密度为每平方公里1.7人，该区国民生产总值仅占全国的2.5%，因此亚马逊地区实际上是待开发的人口和经济空白区。区内土地资源丰富，可耕地约占20%—30%，仅开垦8%，区内森林覆盖率达70%，树种达4000多种，是世界上最大的热带雨林区。

巴西亚马逊地区的国土开发始于第二次世界大战后的20世纪40年代中期，但直到20世纪70年代，在巴西政府强有力的支持下加快了开发步伐。在1966年成立巴西亚马逊地区开发管理局之后，1970年又制定了"全国一体化计划"，政府动用了北部、东北部地区工业发展的税收鼓励资金的50%，并吸收外资重点项目，实行联合经营。在政府的信用担保下，跨国公司有了积极的响应，并提出了一系列的开发计划。

巴西政府自 1964 年以来，为保持地区发展计划的连续性，先后设立了亚马逊地区、东北部、中西部、南部四个开发管理局，分别负责本地区发展计划并监督实施。同时各个地区分别设立开发银行和专项基金，为地区开发筹集资金。

许多发展中国家在确定不发达地区的具体开发目标时，注意研究被开发地区的自然条件和资源特点，做到扬长避短，因地制宜，并重视将不发达地区的开发目标同国民经济发展计划总体需求相结合。

第一，巴西对亚马逊地区的开发重在能源建设。一方面重点开发亚马逊丰富的水能资源，促进北部电气化铁路和铝工业的发展；另一方面利用廉价的甘蔗渣资源制造酒精，生产汽车燃料。重在能源建设的具体开发目标提高了亚马逊地区乃至巴西全国的能源自给率，降低了对国外石油和煤炭的依赖程度。

第二，利用外国资金和技术来加速不发达地区开发。发展中国家在不发达地区的开发过程中，为解决国内发展资金不足和一些技术上的困难，普遍重视利用外国资金和技术，并大致采取三种制度安排方式：一是由政府担保获取外国贷款；二是在被开发地区同外资兴办合营企业；三是在不发达地区开辟自由贸易区。在亚马逊地区开辟马瑙斯自由贸易区即是第三种方式，在这一地区，外资企业享受税收豁免，创办了具有现代水平的电子器件、电子手表、光学仪器等工业。马瑙斯在 1967 年始建时只有 30 万居民，到 1982 年已发展成为拥有近百万居民、有 200 多家工厂、6 万名工人的工业区。巴西政府通过自由贸易区成功地吸引外资，使其开发为巴西电子工业的主要基地。

第三，交通设施建设先行。巴西从 20 世纪 50 年代后期到 70 年代初期，制定了两个全国公路发展计划，分别以北部和中西部为重点，一方面将新首都巴西利亚与全国各大城市连接起来，形成一个中心在中西部的公路辐射网；另一方面建设出口走廊，将内地与沿海港口连接起来，打通内陆地区的出海口。

第四，运用多种优惠措施鼓励私人资本参与开发投资。巴西在开发不发达地区时普遍重视私人投资的作用。鼓励私人资本向不发达地区投资的主要措施有：一是简化投资审批手续，营造良好的投资环境。二是提供基础设施服务。许多发展中国家为保证私人建厂方便，在开发地区由国家投资建设水、电、气，甚至厂房等基础设施建设。三是给予税收优惠。如巴西政府规定，凡向东北部开发管理局认可的发展项目进行投资的私人企业，均可免交 50% 的所得税。四是提供优惠贷款与私人资本配套投资，进行捆绑式开发。五是免征设备进口关税，鼓励私人资本介入技术和设备引进，参与投资开发部开发地区，等等。

第五，政府财政支持落后地区。开发落后地区，实现全国经济社会一体化是整个巴西的责任，因而政府每年都从发达地区调拨一定数量的资金支援落后地区的开发。据统计，每年调拨资金约占落后地区工农业总产值的 15%—20%，最高年份达 25%，约相当于落后地区当年投资的 50%。据巴西著名经济学家德尔芬内托估计，20 世纪 70 年代前后，巴西南部地区向东北地区的资金转移总额，相当于同时期发达国家向发展中国家资金转移的总和。

第六，为开发亚马逊河流域，吸引劳动力、资金和技术。1967 年巴西政府颁布法令，正式成立了世界上不多见的位于内陆的马瑙斯自由贸易区。政府采取各种减免税收的优惠政策，引来大批国内外投资，建立起商业中心、工业中心、旅游文化中心，使这里成为一个巨大的自由市场。为了带动整个亚马逊河流域，特别是中西部的发展，巴西政府规定，自由贸易区每年必须以其收入的一部分作为无偿援助，支援周围地区建立工业、农业、科学、文化事业，还规定自由贸易区要支援国内科研机构，以开展对亚马逊河流域发展问题的研究。

经过自 20 世纪 70 年代以来的不懈努力，巴西开发不发达地区取得了一定的成效。发展中国家通过开发不发达地区推动了交通运输的发展，加速了铁路、公路和水运建设，运输地理状况有所改善，使分布畸形的运输地理面貌有相应的改观。但是，巴西在开发落后地区方面也有一些重大失误，如开发亚马逊地区热带雨林，由于贪大求快，不仅造成投资资金的极大浪费，而且使亚马逊热带雨林被毁面积达 1.68 万平方公里，犯下"不可逆转的世纪性过失"。一个"发达的巴西"和"落后的巴西"并存。

2. 发展很不平衡的拉丁美洲诸国

拉丁美洲诸国在近代历史上曾是较落后的殖民地地区，独立后，拉丁美洲诸国为了发展经济，开始了改革。该改革起步于 20 世纪 70

年代，由于拉美自然资源丰富，曾经一度实现了经济的增长，但20世纪80年代和90年代重新陷入"贫困的陷阱"。对拉美国家陷入的"两个失去的十年"的教训进行研究，对于我们是有着现实意义的，尤其是在改革过程中推崇效率优先而对公平的必要性和重要性的漠视，更对处于改革发展重要阶段的我国具有借鉴意义。

第二次世界大战之后，一批拉美国家学者提出了摆脱对发达国家的依赖、实现独立自主发展的"发展经济学理论"。大批拉美国家在这一理论的指导下，走上了通过国家支持发展民族工业，取代长期以来外国进口产品的发展道路，并取得了显著的成效。但是，由于多数拉美国家在推进进口替代战略的过程中，普遍实现了政府主导型经济体制，市场机制的作用被严重削弱，加之拉美国家在发展中割裂了本国经济与世界经济发展的联系，难以获得国际经济分工中的比较利益，因此到20世纪70年代，拉美国家的经济发展大都出现严重衰退，经济社会问题层出不穷。面对诸多矛盾与问题，从20世纪70年代中后期开始，以智利、阿根廷、乌拉圭等国为代表的拉美国家，采用了一批西方经济学家开出的经济自由化药方，到了20世纪80年代，新自由主义思潮风靡拉美。按照新自由主义的要求，多数拉美国家在这一时期放松了政府控制，开放了市场，走私有化道路，实施贸易自由化，金融自由化，拍卖国有企业，拉开收入差距，推行扩张性财政政策，减少甚至取消政府补贴。经过十多年的改革，拉美经济在进入20世纪90年代以后，摆脱了"失去的十年"的阴影，出现了经济复苏的迹象，随着通货膨胀得到控制，财政失衡逐步缓解，外资开始回流，中心城市现代化建筑拔地而起，银行、企业在政府担保下依靠大量借债表现出景气与生机，西方国家开始以拉美国家的实践作为样板，在世界范围推广。1990年，美国国际经济研究所在华盛顿召开了有关拉美经济改革的研讨会，与会代表通过了由美国国际经济研究所所长约翰·威廉姆斯提出的以私有化、自由化、市场化为主要内容的十点共识，并取名为"华盛顿共识"到处推广。然而，在拉美国家和印度曾经有过的发展中，隐藏着的是沉重的发展代价。下面我们就此作简要分析。

为了谋求经济社会的发展，面对诸多矛盾与问题，从20世纪70年代中后期开始，以智利、阿根廷、乌拉圭等国为代表的拉美国家，接受了以西方国家为主导的国际货币基金组织的建议，开始了声势浩大的拉美经济改革，具体政策主要包括以下七个方面：第一，贸易自由化。为了开放市场，从 20 世纪 80 年代末开始，拉美国家实施了贸易自由化战略，就整个拉美地区而言，平均关税从改革前的 44% 下降到改革后的 10% 左右。此外，拉美国家还降低了非关税壁垒，基本上取消了用行政手段控制进口的做法。第二，放松对外资的限制，从而使外交的投资领域进一步扩大。此外，拉美国家还通过提高利润汇出的额度和允许外资参与私有化等方式吸引外国直接投资。第三，私有化。第四，税制改革。20 世纪 90 年代后，拉美税制改革的方向是实现中性化，并在立法和行政管理方面使税制简化，力求获得更多的税收。第五，金融改革。重点是降低政府在配置银行信贷方面的作用，最大限度地放开存款和贷款利率，降低存款准备金率，加强中央银行的独立性，强化对金融机构的监督和管理。第六，劳工制度改革，重点是减少解雇的成本和简化招聘临时工的程序，使雇员和顾主的关系更加适合市场经济体制的要求。第七，社会保障制度改革，20 世纪 90 年代后，一些拉美国家仿效智利的做法，建立了一个以"个人资本化账户"为基础的私人养老金基金，并发挥私人部分在养老金管理中的作用，从而为提高储蓄率和维系社会保障基金的平稳创造条件。

改革之后，尽管有少数国家（如智利）或某些局部改革成效较好，但从整体来看，改革的代价却是沉重的，其"改革衰退"的教训是深刻的：在改革中，拉美国家由于在政府调控上放松了对外资的限制，实行贸易自由化，因而丧失了经济发展的主导权。由于放松政府控制的市场开放，造成了以金融危机为核心的经济危机的频频爆发。拉美国家的改革，是从金融自由化改革开始的，这种改革曾经在短时期内使拉美国家引进了国际投资，减缓了金融压力，也促进了经济的发展。但是，它也在建立国内资本市场、放开利率、国有银行私有化和减少对外资流进流出限制的过程中，更容易受制于国际金融市场的影响和形成严重的货币贬值与债务负担，政府逐步失去了对本国经济资源的控制权。统计表明，1980 年到 2000 年，拉美国家的本国货币对美元平均贬值 50%—70%，而进入 20 世纪 90 年代以后，就先后爆发了墨西哥金融危机、巴西金融危机、阿根廷金融危机等严重的经济危机。危机的影响加之经济发展的对外依存度过高，使政府失去了对金融安全、经济发展的干预能力，群众失去了对经济发展的信心，人民生活水平下降，社会矛盾逐渐突出，社会动荡开始此起彼伏。

对外资的过度依赖，导致本国民族工业发展几乎处于停滞状态，失业人口激增，因为拉美国家发展模式是以牺牲广大民众利益为条件，换取经济发展速度。20 世纪 90 年代以来，拉美国家以积极姿态参与全球化进程，在这一过程中，它们大幅度削减关税，使跨国公司和外国产品轻而易举进入本国市场，这一态势使其民族工业面临激烈的竞争。几乎所有拉美国家，尤其开放度较大的墨西哥和阿根廷等国，因不敌外来竞争而陷入困境或倒闭的民族企业屡见不鲜。其结果表现为贫困化与经济增长同步，甚至超过经济增长的速度，绝对贫困和相对贫困人口均成倍增长。

最为重要的是，新自由主义指导下的"市场原教旨主义"的改革使收入分配不公问题变得越来越严重。新自由主义理论推崇效率优先，漠视公平的重要性和必要性，并认为市场是万能的。少数人从私有化和市场开放等改革措施中大发横财，而社会中的弱势群体则没有或很少从改革中得到好处，其结果是两极分化和贫困化更加严重，贫富差距不仅没有缩小，反而呈扩大趋势。在追求效率的经济改革中，财富分配不公和收入差距拉大，刺激了以呼唤社会公正为核心的社会诉求。"效率与公正"是发展中国家改革中既不能回避又必须妥善解决的突出矛盾。在拉美改革中，致力于经济的快速发展并没有什么过错，但是，在效率至上的新自由主义改革中，效率与公正形成顾此必然失彼的两个对立面，经济改革成了拉大收入差距的代名词。在拉美的经济改革，在使一部分人迅速致富的同时，贫富分化也愈演愈烈，地区差距和城乡差距急速扩大。2004 年拉美国家平均基尼系数达到 0.52，远远超出了国际公认的警戒线。在过去被认为分配比较公平的阿根廷，自由化改革使基尼系数 10 年内由 0.43 上升到 0.55，1980 年，阿根廷最穷的 40% 的家庭的收入占总收入的比重为 17.4%，最富有的 20% 家庭的收入占总收入的 45.3%；到 1990 年前者占总收入比重下降到 14.9%，而后者则上升至 50%；同期的基尼系数由 0.375 上升到 0.423。1979—1990 年，巴西 40% 最穷的家庭收入占总收入的比重由 11.8% 下降到 9.7%，而 20% 最富的家庭收入所占比重则由 56% 上升到 59.37%，基尼系数由 0.493 上升到 0.534。为了加快经济发展，缩小与发达国家的差距，拉美国家在第二次世界大战后的较长时期内注重经济增长速度，依靠国家对经济的强大干预，不惜一切代价，拉动经济增长，但是其经济的高增长并没有解决贫困问题，反而加剧财富分配不公、收入分配不均和两极分化等社会问题。在人均 GDP 不断提高的同时，拉美贫困化的绝对人数和在人口中所占的比重也都出现了增加的趋势，1980—1990 年，拉美贫困人口总数由 1.3 亿增加到 2 亿，其中城市贫困人口几乎翻了一番，由 6290 万增加到 1.2 亿，农村贫困人口由 7300 万增加到 7640 万。2004 年，拉美贫困人口高达 2.24 亿，占总人口的 43%，其中赤贫人口为 9000 万，占总人口的 19%。贫困化程度的加剧对经济增长产生了严重的消极影响，直接制约了经济和社会的发展，甚至已危及整个社会的稳定。这就是不公平增长所造成的恶果。

另外，改革中关于社会保障制度的规定不完善，社会保障水平低下，生活没有保障的人，进一步引起了社会的动荡。而社会的动荡不安又反过来影响拉美国家的经济增长。因此，从整体上来说，拉美的经济改革是失败的。

拉美国家"贫困的陷阱"告诫人们，国家转向发展市场经济，新兴的市场经济能够在较短的时间内创造骄人的业绩，但如果发展丢失了公平，发展的速度越快，发展很不平衡的程度就会越重，必将导致其他经济问题、社会问题大爆发，不仅经济骤然下滑，宣告了"华盛顿宣言"的破灭，而且引发了大的社会动荡。正如中国社会科学院拉丁美洲研究所经济室副主任杨志敏博士所指出的那样，"地区不平衡严重危及社会和谐"。他指出："地区差异的不断扩大是对拉美政治稳定的一个挑战，甚至对国家的统一构成威胁。在拉美一些地区差异较大的国家中，地方离心倾向增大。在巴西，20 世纪 90 年代不仅在南部奥格兰德、圣卡塔琳娜和巴拉那三个州存在 20 多个分裂组织，一些分裂分子甚至酝酿成立独立国家，而且在东北部的分裂分子也提出要建立一个包括经济发展比较落后地区的独立共和国。而在墨西哥，尽管地区间发展差异并非引发暴力事件的唯一因素，但却是重要诱因之一。1994 年发生暴动的恰帕斯州是墨西哥经济发展最落后的州之一，也是印第安人最集中的州。"① 并非拉美国家不重视、不想解决非均衡问题，根本原因是措施不力，以致差距持续扩大到难以解决的程度，这给我们解决非均衡发展问题留下了深刻的教训。

实现了强国梦的后发国家所创造的经验和正处在发展中的后发国家所留下的教训，为我们更好地处理东西部发展很不平衡的问题提供了明鉴：第一，非均衡发展的问题不会因为经济总量提高后自动解决，甚至，措施不力就难以解决。非均衡发展持续扩大的后果，会背离中国改革发展的指导思想，即改革的力度与发展的速度要和社会可承受的程度相统一。所以，非均衡发展的警戒线就是社会可承受的程度。第二，经济快速发展阶段出现的非均衡发展格局，往往是国家阶段性发展战略实施过程中形成的，因为化解这个矛盾，主要是依靠国家的力量，需要在制度建设上强化公平理念、构建公平机制、营造公平氛围，使"公平—均衡发展"成为国家意志、公民意志。

3. 后发国家开发落后地区的经验对我国的启示

综观巴西、墨西哥等后发国家的区域开发历程，我们可以看到，这些国家的中央政府都十分重视本国落后地区开发与区域平衡发展问题，都采取了一系列区域经济政策措施并取得了明显成效。目前我国东西部差异不断扩大，区域发展不平衡问题日益突出，因此，后发国家开发落后地区的经验和教训对我国具有重要的借鉴意义，综合起来主要有：

第一，大力加强基础设施建设，尤其是社会性基础设施建设。加强基础设施建设不仅可以改善投资环境，为经济开发提供良好的基础，而且对落后地区的经济开发起着先导和带动作用。

第二，用立法加以保障。法律以其严肃性、规范性、强制性和稳定性，可以确保开发持续有效地进行，这是任何政策措施无法替代的。各项政策措施以法律为基础，立法先行，根据各种新情况和新问题及时出台相关法律法规，保障开发的连续实施。

第三，充分运用政府与市场两种手段。实践证明，任何经济的顺利进行和发展，都需要"看不见的手"与"看得见的手"的有机结

---

① 杨志敏：《地区发展不平衡不利于和谐社会的建立》，《中国社会科学院院报》2007年3月29日。

合。落后地区的开发既需要政府的积极干预，又需要充分发挥市场配置资源的有效机制，即实现政府主导与市场相结合。

第四，重视人力资源开发。国外的实践经验证明，人力资源是落后地区开发的关键要素，加强人力资源的开发与管理，对改变落后地区状况有极其重要的意义。

第五，完善专门开发组织机构。设立专门的组织管理机构对落后地区开发进行组织、管理、引导工作，专司其职，是开发落后地区的有效组织保证。

第六，保护生态环境，走可持续发展道路。由于受到单纯经济增长观念的影响，一些国家在落后地区的开发管理过程中，忽视对资源与环境的合理开发与保护。这是国外落后地区开发的重要教训之一，在前苏联西伯利亚开发、巴西亚马逊地区开发等实践中都有不同程度的体现。我国要避免这种先污染后治理、先破坏后恢复的老路，要吸取教训，重视生态和环境保护，走可持续发展的道路。

三　先发国家协调区域经济公平增长对我国的启示

先发国家诸如美国、日本、韩国、新加坡等，能够走在世界前列，原因当然是多种的，但在公平与效率关系上协调处理得好，不能不说是一个重要原因之一。

实际上我国经济已经取得了长足的发展，经过近 30 年的改革开放 GDP 总量增长了 10 倍，[①] 已经处于世界前列，目前更为突出的是公平问题，也具备了解决公平问题的能力。换言之，现阶段经济发展上存在的"瓶颈"，不是我们经济发展的速度与总量问题，而是区域差距、城乡差距以及部分社会成员收入差距不断扩大，公平丧失的问题。因此，公平是和谐社会最重要的价值目标，也是我国社会主义市场经济的必然要求。因而学习并借鉴先发国家的经验，通过妥善处理公平与效率的关系来处置地区间发展很不平衡的难题，具有重大意义。

中国经济发展已经进入一个新阶段。新阶段发展经济需要有新的

---

① 　连玉明、武建忠：《中国国情报告》，中国时代经济出版社 2006 年版，第 3 页。

指导思想。新一届中央领导集体适时提出了"科学发展观"，强调社会发展的全面性、协调性和可持续性。党的十六届三中全会通过的《中共中央关于完善社会主义市场经济体制若干问题的决定》，以"五个统筹"① 构筑了全面、协调、可持续的科学发展观，着手解决城市与农村之间、不同地区之间、经济发展与社会发展之间、人与自然之间以及国内发展与对外开放之间存在的不协调问题，不仅触及了我国经济发展中的深层次问题，也触及了社会建设方面存在的不和谐之处。以科学发展观为指导思想，就能解决这些影响经济发展和社会和谐的深层次矛盾和问题。

科学发展，包括统筹区域发展，关键是解决好公平问题。改革开放后东部先发地区快速发展，首先得益于地理区域优势，但更重要的是得益于优惠政策的扶持和全国特别是西部后发地区人力、物力等资源的支持。在邓小平先富后富和共同富裕的思想指导下，以前政策和资源向东部先发地区倾斜，让东部先发地区先富，西部要服从这个大局，现在我们经济发展水平总体达到了一定的高度，东西部差距的不断扩大，"两个大局"的第二步就显得尤其重要和紧迫。那么先富起来的东部先发地区去帮助带动西部地区，这也是个大局。所以国家和东部先发地区应加大对西部的政策、资金、技术和管理的扶持力度。但是，缩小区域经济发展差距，不是放慢东部地区发展速度，而是在东部经济发展"火车头"的作用下，要统筹各区域的公平发展。2005 年 2 月 19 日，胡锦涛在省部级主要领导干部提高构建社会主义和谐社会的能力专题研讨班上的讲话中指出，根据马克思主义基本原理和我国社会主义建设的实践经验，根据新世纪新阶段我国经济社会发展的新要求和我国社会出现的新趋势新特点，我们所要建设的社会主义和谐社会，应该是民主法治、公平正义、诚信友爱、充满活力、安定有序、人与自然和谐相处的社会。其中，公平正义是社会主义的核心价值之一。社会主义和谐社会是社会各方面的利益关系得到妥善协调，人民内部矛盾和其他社会矛盾得到正确处理，社会公平和正义得到切实维护和实现的社会。

---

① "五个统筹"：统筹城乡发展、统筹区域发展、统筹经济社会发展、统筹人与自然和谐发展、统筹国内发展和对外开放。

　　党的十六届六中全会通过的《中共中央关于制定国民经济和社会发展等十一个五年规划的建议》指出："注重社会公平，特别要关注就业机会和分配过程的公平，加大调节收入分配的力度，强化对分配结果的监管。""要按照以人为本的要求，从解决关系人民群众切身利益的现实问题入手，更加注重经济社会协调发展，加快发展社会事业，促进人的全面发展；更加注重社会公平，使全体人民共享改革发展成果。"① 在《建议》中，没有如以往那样将"效率优先、兼顾公平"放在一起表述，而提出了要"注重社会公平"和"更加注重社会公平"，这并不意味着效率不重要，只能说解决社会公平的问题更加凸显出来了，强调我们要正确处理公平与效率的关系。之所以要更加注重公平，因为，这不仅由于我国是社会主义国家，促进公平和正义是社会主义国家应有之义，而且还由于我国自古至今都有强烈的公平思想的传统，如果社会差距过大，就会产生动荡，进而也会影响到效率的实现。故可以看出，效率是实现和增进公平的物质基础，公平是提高效率的保障。因此，构建社会主义和谐社会必须更加注重社会公平。

　　公平与正义作为社会主义制度的本质特征，是马克思主义政治制度思想的精髓。1867 年，马克思写出经典作品《资本论》。1867 年前后，欧洲资本主义几乎要到达尽头，整个社会无法再容忍不公平。所以《资本论》的结论就是资本主义必定灭亡。经典马克思主义强调用革命的方式来推翻这个非公平的制度。在马克思主义影响下，无产阶级革命运动风起云涌，极大地震慑了资本主义，要么继续沿着原始积累的非均衡、非公平发展方向发展自取灭亡，要么在制度建设上做重大改造，提高社会公平的程度。如果我们承认马克思主义对世界历史的进程发生深刻影响，同时也就得承认在马克思主义公平思想的冲击下，其后的资本主义就逐渐社会主义化。事实也正是如此，《资本论》对公平的追求影响了欧美国家此后数十年法治系统的改变。除了利用法律追求一种新形式的平等之外，后续的法律依然受到马克思理论的冲击，由此，我们的阐述是：欧美先发国家经启蒙运动所播

---

① 《中共中央关于制定国民经济和社会发展第十一个五年规划的建议》，《人民日报》2005 年 10 月 19 日。

下的公平法理思想，又经马克思主义洗礼后，促使了公平理念成为国家意志、公民意志，并作出相应的制度安排。这是国家内各地区之间非均衡发展得以解决的关键。① 公平是个纲，纲举目张。确立了公平作为国家意志，并贯穿到所有的制度安排和政策设计，其他矛盾都好解决。

中国是以马克思主义为指导的社会主义国家，将公平作为国家意志，有制度保证和制度支撑。西部的落后并非几年、十几年能够解决。美国开发西部用了一两百年，美国的建国史几乎就是一部西部开发史。日本在第二次世界大战中虽然经济受到重创，但人才和科技实力并没有受多大影响，开发北海道仍然用了半个多世纪。中国提出2050 年实现全面建设小康社会的奋斗目标，西部仍然是难点，即使很理想，也需要花近半个世纪的时间。所以，坚持马克思主义，坚持社会主义，将公平上升为国家意志、制度安排及政策设计的价值取向，促进各地区间协调发展、公平发展，学习和借鉴先发国家的经验，至关重要。为此，我们提出如下建议：

（一）尽快出台"西部开发法"

"西部开发法"本质上是以立法的形式解决西部非均衡发展难题，体现国家公平意志和总体发展战略思想的法律。换言之，"西部开发法"是为了实现国家西部大开发战略目标、体现国家公平意志的区域性法律，具有相对独立性和针对性。

1. 中国市场经济的发展，需要给西部发展单独立法

市场经济是法治经济。市场经济是一种理性经济行为，市场的日渐发达使得经济行动者在自身利益的动机下追求利益最大化，并且学会在可控资源的分配和利用上实行理性决策，作为市场主体自觉追求利益最大化必将为其自身寻求保护，而法律规则是最好的方法。② 市场经济下的多元利益关系需要法律规范的有效调整，统一的市场经济

---

① 日本、韩国虽处在亚洲，但战后的日本、韩国在治国理念、制度设计方面深受美国影响。

② 崔卓兰、赵静波：《中央与地方立法权力的变迁》，《吉林大学社会科学学报》2007 年第 3 期。

规则无法回应多元利益的诉求，"不同法律的供求状况不同，以及法律规范在不同地区、行业、组织中的不同规定，实际上就是法律权利围绕不同主体所形成的不同关系组合，地方政府和地方立法机构从中央获取更多特许权和政策优惠，其实质也是一种权利博弈"[①]，法治是市场经济发展的有效保障。

单一体制下的一元立法体制，适应了我国当时的计划经济体制，但是十一届三中全会确立了以经济建设为中心的指导思想，提出了一系列改革开放的政策，广东、福建、沿海开放城市不断从中央获得了某些经济特权，使得我国东南沿海地区经济有了飞跃式的发展，但同时也造成我国目前东部沿海先发地区和西部后发地区之间的巨大差异：2005 年我国东部先发地区 GDP 为 122009.42 亿元，占全国 GDP 总量的 61.69％；西部后发地区 GDP 为 25522.01 亿元，占全国 GDP 总量的 12.9％。[②] 西部无法拒绝市场经济的脚步，我国东部先发地区明显具有地理区位优势和人才优势：东部先发地区交通发达，城市密布、基础设施完备，是发展经济的最佳区位；西部人才总量只占全国总量的 25.4％，比东部地区低 19.1 个百分点。西部地区每万人中人才数量为 323 人，远远低于全国 487 人的平均数。东部平均受教育年限为 10 年 3 个月，而西部仅为 3 年 8 个月。[③] 在我国一元法制下，东部先发地区在吸引外商投资的竞争中明显处于优势状态，在这样的情形下，西部地区的工业化进程将难以为继，工业化的滞后，必然造成后发地区和先发地区之间的经济差距持续拉大，无法达到公平的目标，严重影响到我国和谐社会的构建。

2. 借鉴美国等先发国家立法模式的有益经验

"西部开发法"虽然体现国家的公平意志和总体发展战略目标，但落脚点是促进西部发展，保证西部的利益不受到非公平力量的侵害。因而"西部开发法"实际上是体现区域利益和实现区域目标的区域性法律。这一点，实质是近似美国的地方立法。

美国赋予了地方为发展经济单独立法的权力，既能保持地方发展

①　赵小宁：《中央与地方立法的经济分析》，《甘肃高师学报》2003 年第 8 期。
②　《中国统计年鉴（2006）》，中国统计出版社 2006 年版。
③　《西部地区人才队伍建设进展及存在的问题及原因》，甘肃省扶贫信息网。

经济的积极性，符合地方自治的要求，也有利于中央统一调控经济。美国地方经济立法主要是通过宪法确定联邦与地方各州之间的立法权界限。美国联邦政府的权力限于宪法授权的范围，这与构成其成员单位的州的"原始主权"有着本质的区别。① 美国宪法所确定的"联邦列举，各州概括保留"的原则，不仅为联邦与各州的立法权限范围划定了界限，同时也为联邦和各州行使立法权提供了法律依据。既顺应了地方民主自治的要求，保证地方发展地方经济特色的权利，又赋予了联邦宏观控制经济的权力，有效地保持了中央与地方权力关系的平衡。美国各州在"原始主权"的支配下，包括税收立法权、管理州内经济事务等方面的经济立法权在内的权力一直都比较大。这对于各州的经济均衡有序发展起到了很大作用。出台"西部开发法"，是解决我国西部先发地区和东部后发地区之间公平发展的有效方法。

3. "西部开发法"主要内容

一是确立矿产资源价格的调控权限。尽管西部地区的经济基础明显薄弱于沿海地区，但这一地区却有煤、原油、天然气等丰富的矿产资源。遗憾的是我国目前对这些资源依旧严格按计划体制进行配置，矿产资源的市场未放开。而由于技术落后和资金短缺，对矿产资源的加工利用一般以制造初级产品为主，深加工的能力十分有限，大量的资源经过初级加工后流入沿海地区，经过深加工后又返销回来，价格成倍上涨。这种"剪刀差"式的价格机制，使西部后发地区的资金大量外流，严重地影响了这一地区经济发展的后劲。单纯的引进先进技术进行深加工是不够的，实际上，在满足国家使用的范围内（如国防、国家投资的重大项目等），可以实行国家计划价格，其余之外应赋予地方对矿产资源价格立法调控权。

二是确立对农产品和畜牧产品自主定价。东西部地区之间农民收入极不平衡。珠江三角洲、长江三角洲地区 2003 年农民人均纯收入为 3598 元；西部不发达地区农民 2003 年的纯收入只有 1936 元。有资料显示：1978 年东西部农民人均纯收入比为 1.45:1，而到 2003 年

---

① 金月蓉：《美国的二元立法体制及其对我国的借鉴意义》，《甘肃政法学院学报》2004 年第 12 期。

发展到 1.86:1。① 农产品价格的不稳定性给农民增收带来了许多不确定的因素，西部后发地区农业和畜牧业占西部农村经济的比重较大，因此，在满足国家调配的计划价格外，应允许实现对农产品和畜牧产品以市场价格定价。

三是确立位于江河上游后发地区的生态效益补偿法规和机制。我国的西部后发地区基本上处于江河的上游，近年来，这些地区为了保护水流环境，已停止或者减少了林业、矿产等开发活动，甚至停建了可能污染水体的建设项目，才保住了下游良好的水环境和经济发展环境，这种发展代价国家理应予以补偿。2001 年全国人大常委会《关于修改〈民族区域自治法〉的决定》中规定：民族自治地方为国家生态平衡、环境保护作出贡献的，国家给予一定的利益补偿。其实不论涉及民族自治地方，跨行政区域水环境管理和利用及补偿，都是沿江河上下区域不能回避的问题。先发地区通常都要求上游后发地区做好水土保持工作与水源保护，而后发地区有自己的经济发展目标，如何在环保与发展之间寻求平衡，直接关系后发地区的切身利益，所以后发地区作出产业上的牺牲保护水环境，先发地区应对后发地区给予补偿。对于东部后发地区直接使用后发地区水资源的，也应直接予以补偿。我们初步考虑，可以在国家定价外按 1 元/吨予以后发地区补偿。

（二）建立健全公平的税收制度

税收优惠政策作为政府主动运用税收手段干预经济的措施，是国家促进落后地区开发、缓解区域经济发展失衡的重要工具，也是调节区域公平的重要杠杆之一。

我国现行税收体制是改革开放以后，经过不断调整发展起来的以所得税、增值税、流转税等为主要税种的税收体制。我国现行税收体制不仅不能使西部地区从中获益，反而损害了西部地区的经济利益。对我国实现共同富裕、缩小地区差距甚至起到了破坏作用，更是背离了我国和谐社会的目标要求。下面我们主要从个人所得税和企业所得税来说明。

---

① 东方伯：《农业税取消遭遇农民增收缓慢的尴尬》，支农网。

1. 个人所得税的完善

我国个人所得税从 1980 年起征，1994 年将原来全国统一的起征点 400 元调至 800 元，并且从 1994—2005 年十几年间长期停留在 800 元的起征标准。西部与东部人均 GDP 的差距到 2003 年扩大为 1:2.63,[①] 东部最富裕的上海市 2005 年人均 GDP 为 52378 元的情况下个税的起征点为 800 元，而西部的贵州省同年人均 GDP 只有 4893 元的情况个税起征点仍为 800 元，这种表面上的公平，实际上加剧了后发地区和先发地区之间的经济差距，造成了实际上的不公平。在 2005 年进行个人所得税的立法时争议颇大，沿海先发地区认为起征点应该更高，而西部后发地区则认为起征点应该更低。最终个人所得税法确定了 1600 元的起征点，实行全国一盘棋、一刀切的做法，而且以个人为单位，不考虑纳税人是否成家及家庭负担状况，这种表面上的公平造成了西部后发地区和东部先发地区之间更大的不公平。所以我国的税收应该根据不同地区之间的经济发展水平来确定不同的起征点和税率，对后发地区应实现起征点提高，税率降低，而对先发地区实行相反的调整。比如说贵州的经济发展水平落后上海很多，所以贵州的个人所得税的起点应该比上海高，而税率应该降低。而由此造成西部地方财政收入的减少，应当由国家政府予以补贴。

世界上许多国家在个税征收方面都有极具人性化的制度设计，而不是简单的"一刀切"。比如德国个人所得税的起征点每年都要调整。美国"宽免额"随着个人收入的增加而按一定比例减少。在印度，妇女的个税起征点要高于男性，享受优待。[②] 大多数国家都以家庭为单位，考虑抚养子女等实际家庭情况采取不同的个税起征点。我们可以借鉴其中有益经验，在费用扣除的标准上重视基本人权的保障和国家税权干预的界限。个人生存权保障的优先性需要在个人所得税法中得以贯彻，纳税人的家庭抚养义务应优先于其纳税义务，从而使得每个人生存权保障的支出得以在所得总额中减除，确保其个人及其配偶、子女生存之必需。这样，我们既可以解决先发地区和后发地区之间的公平问题，也可以实现地区内部之间的公平，有利于我国和谐

---

① 林双川：《和谐社会大布局》，中国人大新闻网。
② 胡鹏：《论我国个人所得税法的几点不足》，《经济论坛》2006 年第 3 期。

社会的目标的实现。

2. 企业所得税的完善

企业所得税税率和优惠规定也不利于西部地区企业的发展。因为我国至今仍实行内外有别的两套企业所得税制，而且无论是税率上的照顾还是优惠规定的实行，均不利于中西部地区企业的发展。一是我国现行内资企业所得税实行的税率主要是照顾中小企业，而西部地区的骨干税源以国有大中型企业为主；二是我国目前实行的内外两套所得税制，在税收优惠上，外资企业多于内资企业，且优惠幅度大、优惠期限长，甚至无限期优惠，但是受区位条件投资环境的制约，西部地区吸引外商投资并不理想，外资企业绝大多数集中于东部地区。

2007年3月16日，中华人民共和国第十届全国人民代表大会通过了《中华人民共和国所得税法》，2008年1月1日开始，分治十余年之久的企业所得税法最终获得了统一。实现内外资企业两税合并后，是否真的有利于公平的实现呢？我们回头来看，改革开放以后，我国通过推行"梯度推移"战略，优先发展了东部沿海地区。据资料显示，从1985—1992年，东部仅由于工业企业等享受的税收减免优惠，就相当于中西部获得的全部优惠，其数量由19亿元增加到225亿元，年均增加近30亿元，这个数字比1992年新疆、宁夏、青海三省区上缴的税收总和（28.1亿元）还要多。在税收方面，东部地区无疑获得了巨大的收益。伴随着东部区域经济发展的迅速拉升，也呈现出了东部沿海地区与西部地区差距扩大的趋势，2005年上海市的人均GDP是贵州省人均GDP的10倍多。西部后发地区和东部先发地区之间差距的扩大，造成西部先发地区资金、人才的大量外流，经济环境和生态环境的不断恶化。统计数据表明，仅东部5省市工业增加值占全国的比重近年来一直在46%以上。在这样的情形下，内外资企业所得税合并，企业所得税率普遍降低，对我国工业化水平较低的西部后发地区来说，犹如雪上加霜，工业化进程可能会陷入阻滞状态。

我国现阶段企业所得税改革思路主要是：赋予西部后发地区政府一定的税收立法权，以便充分发挥当地政府的积极作用；允许各省在超过中央财政收入的基础上，实行相对独立的有差别的税收政策；给予后发地区更为优惠的财税。譬如，按西部现行经济状况企业所得税率应比东部先发地区优惠不低于5%，这样既能使西部较少的企业获得更好的发展，更能吸引更多内外资企业。实际上，这种对欠发达地区的税收优惠政策是长期以来政策反向调节所造成的不同区域之间差距累计性扩大的一种补偿性措施。通过对税收制度的这些改革措施，有利于实现吸引投资，对于加快我国的城市化进程和工业化进程有巨大的推动作用。改革后的税收法制为避免中央政策变化，应将授权立法权和税收的优惠政策通过立法予以巩固，以充分发展西部后发地区的经济，实现社会公平发展。

（三）建立并完善打破行政区划界限的社会保障制度

在和谐社会建设中，社会保障发挥的作用主要是促进社会公平。社会的公平正义显然主要依靠包括税收制度、财政转移支付制度、教育制度等各项社会制度的共同作用，其中，社会保障制度是当仁不让的主要功能承担者。社会保障是指国家立法强制规定的、由国家和社会出面举办，对农民在年老、疾病、伤残、失业、生育、死亡、遭遇灾害、面临生活困难时给予的物质帮助，旨在保障全国范围内无论是发达地区还是欠发达地区的每一位公民和每一个家庭基本生活需要并提高生活水平、实现社会公平和社会进步的制度。[1]

1. 完善西部后发地区社会保障制度的意义

我国各地区的经济增长是在不同水平上起步的，20 世纪 90 年代后的经济发展更成为一个"零和博弈"[2]，在增长的同时，经济个体的贫富差距和经济总量的区域差距逐渐拉大。党的十六届三中全会提出了"构建社会主义和谐社会"的执政目标，社会保障是伴随市场经济建立的，它有助于化解市场风险，保障社会成员生活，促进经济发展，保障社会稳定，此外还有显著的对储蓄、劳动力市场、收入再分配、积累和消费进行调节的经济效应，被称为社会发展的"稳定阀"和"安全网"。西南和西北是我国贫困人口最集中、贫困面积最大、贫困程度最严重的地区，贫困人口率占全国人口的比重超过

---

① 林嘉：《社会保障法的理念实践与创新》，中国人民大学出版社 2002 年版，第 3 页。

② 许晓茵、韩丽妙：《社会保障和地区经济差异：1996—2004 中国面板数据分析》，《社会保障制度》2007 年第 4 期。

50%。① 西部后发地区农村居民平均每人全年纯收入只有全国平均水平的57%—89%。② 劳动力的自由流动使得农村大量青壮年涌向收入较高的东南沿海地区。虽然在一定程度上可提高当前收入，但人才外流导致农村失去了技术创新和经济增长的原动力。西部农村与东南沿海贫富差距将会进一步拉大。社会保障制度的建立是西部人才资本投资的基本形式，是留住当地人才、吸引外地人才、遏制人才外流的基本条件。要改变"孔雀东南飞"的现状，西部开发要"以人为本"，为西部开发的主体特别是科技人才提供老有所养、病有所医、废有所依的社会保障体系，才能为他们扫除后顾之忧，使他们全身心投入到西部经济建设中去。因此，从缩小区域发展不平衡、实现社会公平和建设社会主义和谐社会的目标出发，根据西部后发地区特点完善其社会保障制度相当重要。

2. 我国西部后发地区社会保障制度的现状

我国地区发展的不平衡阻碍了统一的社会保障体系的形成，我们通过表5－1来了解一下我国东西部社会保障水平的巨大差异。

表5－1　　　　我国各地区社会保障水平状况（2002年）

地区 项目	先发地区三省市			后发地区三省市		
	上海	浙江	广东	贵州	甘肃	青海
人均GDP（元）	40646	16838	15030	3153	4493	6426
社会保障支出/GDP的比重（%）	7.39	3.19	2.89	8.69	8.74	13.83
财政社会保障支出/财政支出（%）	4.32	5.47	9.57	10.46	16.10	21.47

资料来源：徐红芬：《我国社会保障水平及适度水平的统计研究》，中国优秀硕士学位论文全文数据库。

很明显，后发地区三省市的社会保障支出占当地GDP的比重远远高于先发地区三省市。社会保障支出水平一般反映了一个国家或地区的社会保障水平。社会保障支出随着经济发展而增长。从理论上讲，社会保障制度是经济发展的"稳定器"，社会保障支出水平与经

---

① 《中国统计年鉴（2002）》，中国统计出版社2002年版。

② 张立光、梁莉：《西部大开发与社会保障制度建设的相关性分析》，《经济经纬》2004年第2期。

济发展速度一般呈"此增彼减"的关系。当经济快速发展时，居民收入水平增长较快，享受社会保障的人数相应减少，社会保障支出水平往往下降；当经济发展速度放慢或者衰退时，居民收入水平出现停滞甚至因失去就业机会而下降，享受社会保障的人数相应增多，社会保障支出水平往往上升。但我国的社会保障支出水平并非反映地区的社会保障水平，社会保障支出水平高，主要是反映了这些地区经济发展仍然很落后，导致 GDP 极低，而造成的表面社会保障水平看似较高。我们可以从财政社会保障支出占财政支出的比重看出西部后发地区存在的问题：后发地区由于经济落后，职工工资较低，因此，职工养老保险负担较重，社会保险资金收缴情况也就较差，而财政支出基数较小，故财政社会保障支出占财政支出的比重也就偏大。

3. 解决西部后发地区社会保障水平现状的对策

我国目前东西部之间的巨大差距是无可非议的事实，进行西部大开发，稳定是前提。我国绝大部分现行贫困人口集中于西部后发地区，当地经济发展滞后，地方财政收入较少，社会积累能力弱，个人支付能力低，再加上自然灾害的威胁，这使当地社会负担过重，为此要实现西部后发地区和东部先发地区经济的公平增长，中央政府必须承担本地社会保障资金供给的责任，而且要制定西部特殊的社会保障制度。因此，国家应当积极加快西部后发地区社会保障立法工作，解决社会保障领域法律缺位的问题。经济实力弱、发展底子薄、各地经济发展状况不平衡，要在这样一个广大的欠发达地区建立起与全面建设小康社会相适应的完善的社会保障体系，同时又能够与各方面的承受能力相适应，就必须借鉴和吸取国际社会带有共性的经验，适当参照国际标准，但不能照搬；总结我国社会保障法制建设的经验，通过大胆改革和稳步推进制度创新，尽快建立起适合后发地区发展的公平有效的社会保障法律制度。其中最关键的应当从以下几个方面入手：

（1）构建西部后发地区社会保险体系

社会保险是指国家通过立法，多渠道筹集资金，对劳动者在因年老、失业、患病、工伤、生育而减少劳动收入时给予经济补偿，使他们能够享有基本生活保障的一项社会保障制度。社会保险主要包括养老保险、失业保险、医疗保险、工伤保险和生育保险等项目。社会保险的保障对象主要是全体劳动者，目的是保障基本生活，具有补助收入减少的性质。[1] 社会保险是市场经济国家保持社会公平的一个重要手段，其作用主要表现在两个方面：一是通过保障全体社会成员的基本生活，在一定程度上消除社会发展过程中因意外灾害、失业、疾病等因素导致的机会不均等，使社会成员在没有后顾之忧的情况下参与市场的公平竞争；二是通过在全体社会成员之间的风险共担，实现国民收入的再分配，缩小贫富差距，减少社会分配结果的不公平。

在社会保险方面，我国西部后发地区还较为薄弱。原因表现在：一方面，由于贫困面广度深、企业经济运行的质量和效益不高、城乡居民的收入与东部先发地区相比普遍偏低、自然灾害频繁等，因此西部后发地区对社会保险有着特殊的更为迫切的需求；另一方面，由于经济基础薄弱和社会发展水平落后，现有的一些社会保险制度相当不完善，甚至在某些方面仍是空白。所以加快建立和完善西部后发地区社会保险法律制度，对缩小东西部差距、维护社会安定和民族团结、保证经济和社会协调发展具有重要意义。构建西部社会保险体系应当从以下几个方面着手。

第一，加大政府投入，扩大西部后发地区养老保险的覆盖率。

养老保险又称老年保险，是指通过立法由政府和社会强制建立养老保险基金，当劳动者达到法定退休年龄或因病丧失劳动能力、退出劳动岗位时可以从基金中领取养老金，以保障其基本生活的一种社会保障制度。[2] 养老保险在社会保障法中占有重要地位。我国养老保险从 90 年代开始改革以来，结合实际情况取得了一定的成就。但由于不同地区在历史债务、经济发展水平、人口结构、养老保险覆盖范围、待遇水平等方面的差异，以及过去长期以来形成的中央、地方、企业、个人等不同的利益格局等因素，故区域间的差距非常明显。

依据《中国社会保险年鉴》和《中国统计年鉴》提供的数据，可以得到不同省区养老保险的覆盖率（见表 5 - 2）。

---

① 劳动保障部社会保险研究所：《世纪抉择——中国社会保障体系框架》，中国劳动社会保障出版社 2002 年版，第 42—45 页。

② 徐智华主编：《社会保障法》，中国财政经济出版社 2006 年版，第 99 页。

表 5 - 2   2003 年部分省市养老保险的覆盖率

地区	参保职工人数（万人）	城镇就业人数（万人）	覆盖率（％）
全国	11647	15892	73
上海	461	522	88
浙江	657	742	89
辽宁	755	845	89
江苏	864	961	90
广东	1279	1295	99
陕西	265	515	51
新疆	121	339	36
贵州	120	243	49
西藏	4	27	16

从表 5 - 2 中可见，养老保险的覆盖面在不同省区存在较大差距，2003 年西藏的覆盖率最低，全部参保人数仅为同期在职人数的 16％，新疆的覆盖率也只有 36％，而广东省的覆盖率高达 99％，上海、浙江、辽宁、江苏的覆盖率也接近 90％，陕西、新疆、贵州、西藏的覆盖率不仅仅远远低于东部先发地区，而且也低于全国 73％ 的覆盖率。由此可以看出，基本上呈现出经济发展水平越高，覆盖率越高的正向关系。同时在 2005 年养老基金收支情况上，以万元为单位，江苏省基金收入为 3875751，基金支出为 3099149，累计结余 2410226；广东省基金收入 4576734，基金支出为 2799381，累计结余 7754623；四川省基金收入 2331002，基金支出为 1806205，累计结余 1959706；陕西省基金收入 1052042，基金支出为 832228，累计结余 530677；贵州省基金收入 532469，基金支出为 433645，累计结余 494217。[①] 可见西部后发地区在养老保险基金上存在很大的缺口。但是西部地区由于经济发展水平低，企业效益普遍不好，导致很多企业的社会保险基金的交费率比较低，再加上国有大中型企业养老负担比较重，结果造

① 参见《中国统计年鉴（2006）》，中国统计出版社 2006 年版。

成西部地区的社会保险基金不能实现收支平衡，需要由财政部门对其进行补助。然而由于西部地区财政收入基数小、财政缺口大、财政自给度低，需要进行补助的社会保险基金的缺口又比较大，在这种情况下就要通过建立社会养老保险的转移支付机制来协调地区间的发展与平衡。中央财政要加大对西部地区财政的社会保障支出的补助力度。同时西部地区也要调整财政预算中的社会保障支出，以适应建构社会安全网的社会保障制度改革的目标。

第二，建立以中央政府为主导的医疗保险体系，加大财政支持。

就医疗卫生事业保护健康、挽救生命的基本功能而言，无疑应当属于维持生存的基本权利，政府或社会有责任保障国民在享有这一基本权利上的完全平等，这也就是医学人道主义的基本原则和基本医疗卫生服务公平的根本依据。世界卫生组织和瑞典国际发展合作机构在1996 年《健康与卫生服务公平性》中指出，医疗卫生领域中的公平性意味着生存机会的分配应以需要为导向，而不是取决于社会特权或收入差异，医疗卫生公平性就是要努力降低社会各类人群之间，在健康和医疗卫生服务利用上的不公正和不应有的社会差距，力求使每个社会成员均能达到基本生存标准。因此，必须通过一定的政策，对基本医疗卫生服务的分配过程进行干预，使不同人群均等化地享有基本卫生资源和服务，根据需要而不是支付能力分配基本卫生资源和服务。[①] 换言之，公平的医疗卫生筹资至少应满足两个基本要求：一是个人不应为因病就医而倾家荡产——这意味着公平的医疗卫生筹资应有高水平的风险分担机制；二是穷人向医疗体系支付的费用应该比富人少——穷人因为收入低而又必须将收入的绝大部分用于满足食物、住房等基本生活需求。因此，医疗卫生筹资应该反映穷人和富人在可支配收入上的区别。西部后发地区从经济实力和社会发展的角度看，与东部先发地区相比较属于欠发达。在建立基本医疗保障制度的过程中，主要受制于地方经济的发展水平和地方财力的匮乏。对西部后发地区尽快建立职工基本医疗保险制度，是解决落后地区贫富差距的一项重要制度，是提高落后地区人民生活水平和生活质量的重要保证，

---

① WHO. Equity in Health and Health Care, WHO/SIDA Initiative. WHO, Geneva, 1996.

是改善落后地区公众医疗服务的重要举措，更是一项推动落后地区尽快建立和完善市场经济体制的配套措施。从发展经济学的角度分析，医疗保险投资与教育投资一样，越来越被人们视作人力资本投资。

现阶段区域间医疗消费支出比例差别悬殊，有资料显示，在2000年，北京、上海、浙江城市居民人均医疗卫生支出分别为农村居民的2.36倍、2.4倍和2.7倍，而贵州为8.43倍，西藏高达16.48倍。就各地农村家庭人均医疗保健支出来看，差异也很大，天津为271元，北京为249元，上海为209元，浙江为200元，而贵州和西藏仅为27.68元和16.07元，最高与最低之间相差16倍。① 同时在2005年医疗基金收支情况上，以万元为单位，上海市基金收入为1510763，基金支出为1464370，累计结余660798；江苏省基金收入为1179901，基金支出为905982，累计结余1044373；广东省基金收入为1417976，基金支出为933241，累计结余2153549；四川省基金收入为623791，基金支出为430297，累计结余694515；陕西省基金收入为240267，基金支出为177114，累计结余223500；贵州省基金收入为117655，基金支出为85554，累计结余106568。② 可见目前我国在医疗保险方面区域间差距是相当大的。

公平性是医疗卫生体制的一个基本目标，医疗方面的均等是一种社会稳定器，是整个改革发展能够持续进行的一个非常必要的条件。面对西部后发地区医疗水平的低下和资金的严重不足，需要国家财政上的干预，对西部后发地区进行直接的财政预算拨款，将此纳入中央的年度财政预算中去。同时针对特别贫困对象，建立医疗救助制度，以弥补其他医疗保障计划的不足之处。

第三，完善失业保险制度，实施再就业工程。

就业是民生之本。就业与失业问题已成为中国经济运行和社会发展的重大问题，它与体制转轨和就业结构调整有着紧密的联系。政府在不断完善西部后发地区失业保险制度的同时，也应从国家宏观经济社会政策的制定中，加大对西部后发地区的倾斜力度，体现出对再就

---

① 周雁翎：《差异悬殊——中国卫生保健事业面临严峻挑战》，http：//www. gzjk. cn/2006 年 3 月 2 日。

② 参见《中国统计年鉴（2006）》，中国统计出版社 2006 年版。

业的促进。

搞好再就业工程是西部后发地区完善社会保障制度的长期任务。与东部先发地区相比，西部地区所面临的再就业压力更大。首先，由于西部地区工业底子较薄，处于这一地区的不少国有大中型企业都是在"一五"期间设立的战备性企业，随着和平年代的到来和国家计划的取消，改造转产的任务非常繁重，这些企业在转型时期出现大量职工下岗分流是不可避免的。其次，面对激烈的市场竞争，西部地区的企业由于缺乏技术补充和信息资源，与沿海地区的企业在竞争环境上不可同日而语。再次，传统的手工生产妨碍了现代化生产的进程，一些先进的生产设备与生产工具在这些地区无用武之地，在市场的开放性方面与沿海地区也有很大差距，加上在资金来源、运输条件等方面的先天不足，其工业生产确实面临比沿海地区更大的挑战，一旦破产制度全面推行，下岗人员将会大幅度增加，无形中增加了再就业的负担。最后，由于商品经济不发达，第二产业落后，个体、私营经济发展缓慢，可容纳的劳动力数量有限等，加剧了失业和再就业之间的矛盾。如果不能很好地解决再就业问题，西部与沿海的差距会越拉越大。西部地区更应当把再就业工作当作一件政治大事去抓。在我国已经确定依法治国战略方针的前提下，要搞好再就业工作，必须将其纳入法制的轨道，实现再就业的法制化。在西部地区尤其要依法实施这项工程，要用法律明确政府、企业、个人三者在再就业工程中的权利与义务，规范再就业市场和再就业秩序。西部社会保障制度的建立与完善，很大程度上取决于再就业工程的实施程度。

（2）完善社会救助机制，减轻西部地区贫困

所谓社会救助是指国家和其他社会主体对于遭受自然灾害、失去劳动能力或者其他低收入公民给予物质帮助或精神救助，以维持其基本生活需求，保障其最低生活水平的各种措施。社会救助是最古老最基本的社会保障方式，在矫正"市场失灵"，调整资源配置，实现社会公平，维护社会稳定，构建社会主义和谐社会等方面发挥着重要的和不可替代的作用。[①]

---

① 朱勋克：《社会救助立法的一般指向》，中国论文下载中心 2006 年 9 月 23 日。

　　社会救助是社会稳定的"安全网"和"平衡器"。随着我国市场经济改革的深化，传统的社会救助模式日益不适应经济的发展和社会的稳定。针对我国西部地区的贫困现状和与东部经济差异日益扩大的现实，为了维护社会稳定，达到东西部地区经济的公平增长，促进我国社会、经济的可持续发展，必须要加强和完善西部地区的社会救助。

　　西部地区的贫困问题由来已久，我国西部地区既是农村贫困的重灾区，又是城市新贫困人口的高发区。2005 年，西部贫困人口占全国比重比上年有所增加，贫困人口比重为 50.8%，增加了 0.8 个百分点；低收入人口比重为 52.1%，增加了 4 个百分点。为了减轻西部地区的贫困程度，使社会救助真正起到"安全网"和"平衡器"的作用，提出以下完善社会救助机制的措施：

　　第一，社会救助模式应以政府主导为主。

　　本着公平原则，根据西部地区严峻的贫困现实，为促进东西部经济的平衡发展，我国社会救助模式应以政府扶贫为主采取开发式扶贫方式即"造血式扶贫"，从而使西部贫困人口逐步从根本上摆脱贫困。

　　政府扶贫是指政府运用财政、金融、投资等经济手段和相应的政策、法律扶持贫困地区。这就需要中央政府将更多的财政收入投入到西部的社会救助基金之中，并且实施相对于东部更加优惠的金融、投资政策来刺激西部企业经济实力的增长。如国家对在西部地区设立的银行和非银行金融机构采取政府拨款扶植的形式，实施比东部更加宽松自由的行业限制，从而为西部地区企业的发展壮大注入活力源泉。另外，我们建议应在西部地区设立证券交易所，从而吸收全国的闲散资金在西部聚集。这些措施都需要国家财政转移的大力支持。

　　社会救助基金来源有四个部分：财政拨款、社会筹集、信贷扶持和国际援助。其中财政拨款是社会救助基金来源的主渠道，包括中央财政拨款和地方财政拨款。无论采用何种形式的救助，都需要一定的救助基金作为物质保证。"低保制"运作中所遇到的最大困难即是资金不足。现行保障金的供给主要由各地方财政自筹解决，这就带来一个问题，越是贫困地区，需要救济的贫困人口就越多，而财政越困难，实际得到救济的人越少；反之，越是富裕地区，需要救济的贫困

人口少，但由于财政有钱，实际得到的保障人口却越多。如上海
1997 年保障金总额是 18716 万元，通过现金或实物救助方式保障的
对象达 30 多万人；而四川保障金总额仅 3000 多万元，实际保障的人
数仅有 6 万人，占应该保障总数的不到 20%（33.8 万人）；贵州保
障金总额更少，375.96 万元，保障对象仅 0.73 万人，占应该保障人
口的比重不到 3%。[①] 显然，由于财力有限，西部地方政府无力支付
更多的社会救助基金用于贫困人口的扶贫解困，这不仅大大缩小了应
该享受救助的贫困居民人数或户数，而且使享受了救助的贫困人口只
能获得很少的救助金。因而由西部地区各地自筹财政资金解决贫困人
口的生活保障有违社会公正、公平原则，也不利于真正缓解中国城市
的贫困问题。因此，我们在这里提出，中央财政应加大对西部地区社
会救助基金的投入。

自 1997 年到 2002 年中央财政对最低生活保障资金的投入从无到
有，呈逐渐增加的态势，投入的重点在中西部。2001 年中央支持地
方最低生活保障资金用于东部、中部和西部各占 25.8%、45.9% 和
27.5%，2002 年通过转移支付来支持东部、中部和西部的比例调整
为 19.3%、50.6% 和 28.9%，对中西部的支持力度有较大提高，支
持的金额也较大，2002 年通过转移支付中部得到了 23 亿元的中央最
低生活保障补助款。但是中央政府的这种帮助带有很强烈的暂时性
质，体现为对社会保障体制改革试点城市与地区的倾斜和支持。没有
明确的相关法规和制度界定和约束中央政府在社会救助中的作为或不
作为，[②] 因而我们建议应制定相应的法律法规来约束中央政府在社会
救助中的不作为，在必要时，可以由民政部门牵头，起草一部《社
会救助法》，全面规范社会救助事业所涉及的各种社会关系，尤其是
政府在社会救助中的责任界定。

第二，将东部地区财政收入的一部分转移到西部的社会救助基
金中。

东部地区由于区域性倾斜政策和多方面的先天优势，经济实力远

---

① 《西南城市贫困的特征、原因与反贫对策》，新华网，2001 年 9 月 3 日。
② 慈勤英、张建华：《中央、地方与公民权利——中国城镇反贫困政策地区差异的批
判》，2006 年 9 月 15 日，http：//www. chinaelections. org/NewsInfo. asp？NewsID=95597。

远高于西部地区，因而社会救助水平无论从绝对量还是相对量来说都高于西部地区。在市场经济的区际竞争中，市场调节机制必然使西部贫困地区处于劣势地位，为促进东西部经济的平衡发展，促进社会稳定，应将东部财政收入的一部分投入到西部地区的社会救助基金之中，这部分财政收入大部分来自于东部的企业所得税和个人所得税收入，另外，国家还可以调动东部甚至全国社会各界，尤其是企业界将自己的财力、物力投入到西部的社会救助基金之中，增加西部本地政府解决贫困问题的财政能力。

第三，全国应实行统一的生活最低保障标准。

最低生活保障是指政府对贫困人口按其最低生活需要保障标准给予现金资助的社会救助制度。凡家庭人均收入依据家庭人口平均计算低于当地政府公告的最低生活标准的人口，由国家给予一定现金资助，或者直接提供适量生活用品，以保障该家庭成员基本生活需要。[1] 最低生活保障制度是最具普惠性质的社会救助制度，在社会保障制度中具有"兜底"作用。目前全国低保标准呈现由西部、中部、东部阶梯式的攀升，低保标准在 141—160 元之间的都在西部地区，东部沿海大都在 200 元以上，最高的地区为北京、上海、广州，达到或接近 300 元。最低的为呼和浩特和南昌，不到 150 元。自 1997 年最低生活保障线建立至 2002 年，各地区最低生活保障标准提高的幅度也有较大差异，东部城镇增幅明显高于西部城镇。[2]

社会公平是人类社会发展过程中产生的一种心理状态和客观需要。社会公平体现在经济利益方面主要是社会成员之间没有过分的贫富悬殊。实现全国人民的共同富裕是社会主义的本质要求。在国家实施非均衡发展战略时期，由于西部只出售原料、一次性能源、半成品、初级产品，导致东西部之间收入差距拉大。针对这种情况，国家就必须运用政府力量对社会经济生活进行适当干预，通过对西部后发地区城乡居民提供最低生活保障，将高收入者的一部分收入合法地、恰当地转移给低收入者。因而我们认为全国应实行统一的生活最低保

---

① 徐智华：《社会保障法》，中国财政经济出版社 2006 年版，第 218 页。

② 慈勤英、张建华：《中央、地方与公民权利——中国城镇反贫困政策地区差异的批判》，2006 年 9 月 15 日，http：//www.chinaelections.org/NewsInfo.asp？NewsID=95597。

障标准，虽然西部地区因为相对消费水平低，实质上享受到了更多的救助，但是这对原本贫困经济底子薄弱的西部来说，却是真正意义上的公平。

第四，自然灾害救助的重点应注重对西部的保障和支持。

一项关于我国西部地区经济和社会发展情况的权威研究显示，西部农业生产条件总体上非常恶劣，面临严峻的环境压力，自然灾害频繁发生。调查结果显示，48%的西部地区社区在过去一年中至少遭受过一次较为严重的自然灾害，最为常见的灾害是洪水和旱灾。过去五年间，近10%的家庭曾有过农业用地损失，其中48.4%的损失是因自然灾害所致。[①] 在自然灾害发生的频率和严重程度方面西部地区明显高于东部地区，形势十分严峻。因而需要出台一部统一的《灾害救助法》，在其救助的对象、救助的内容、救灾款物的使用方面都要优先考虑到西部的利益，加强对西部受灾地区的保障和多方面支持。

（3）加强西部后发地区社会优抚力度

社会优抚是指政府或社会对现役、退伍、复员、残废军人及烈军属给予抚恤和优待的一种社会保障法律制度。

优待是指国家、社会、群众对现役义务兵家属和抚恤补助对象给予优待金，以及在医疗、交通、住房、就业、入学、入托、生活困难补助、救济等方面提供的优厚待遇。抚恤，是指国家对伤残人员和牺牲、病故人员的家属所采取的物质抚慰形式。抚恤分为伤残抚恤和死亡抚恤两类。伤残抚恤是指向取得革命伤残人员（含伤残军人、伤残机关工作人员、伤残人民警察、伤残民兵）身份的人给予物质照顾。死亡抚恤是指对革命烈士、牺牲病故军人、死亡的国家机关工作人员（包括民主党派、人民团体的工作人员）之家属发放抚恤金。

从社会福利、社会救济和社会优抚来看，由于没有对应的固定收入来源，只能依靠财政一般性收入来解决，所以其主要的财力来源是由政府经常性预算收入安排的。社会优抚工作具有特殊的地位，加之其所保障的对象和标准明确，社会优抚资金形成了一个相对独立的运行系统，如图所示：

---

① 邹声文：《西部农村近半社区年至少遭一次较严重自然灾害》，中国经济网2006年9月28日。

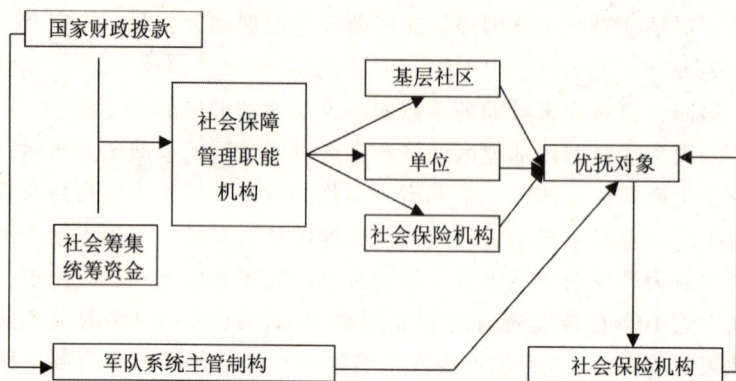

社会优抚资金运作图

我国的社会优抚制度经过不断完善与发展，其体系、制度、框架已基本建立。目前，以国务院军人优抚条例为基础，民政部、解放军总政治部制定、颁布的配套性法规、文件已达30多个，全国2000多个县以上行政区域出台了优抚法规，社会优抚法律体系的框架基本建立，为社会优抚工作的开展提供了法律保证。[①] 但是，我国的优抚制度现在还存在的区域间不平衡的问题亟待解决。从图中我们可以看出社会优抚的资金主要来源于两个方面，一是国家财政的直接拨款，二是来自地方的财政资金投入。而东部先发地区和西部后发地区经济发展和 GDP 总量存在着巨大的差距，地方财政不可比拟。相应的社会优抚一部分资金来源在中央财政拨款全国统一的情况下，对于西部后发地区而言显然就有失公平。如果社会优抚标准全国统一的情况下，西部后发地区投入社会优抚资金占整个财政收入的比例就会远远高于东部先发地区；若社会优抚以各地方为标准的情况下，那么东部先发地区的社会优抚水平就会远远高于西部后发地区。

社会优抚本身就是实现社会公平的一个方面，所以在全国尽可能地实行统一的社会优抚标准。但是我国区域间经济发展水平极不平衡，针对这一现实，建立社会优抚转移支付制度势在必行。社会优抚

---

① 陈信勇：《社会保障法原理》，浙江大学出版社1996年版，第43页。

转移支付制度的建立要考虑到地区社会经济发展、人口、地理等一般因素。财政转移支付制度的构建应当分为两个部分。

第一，中央对西部后发地区的直接转移支付。由于我国区域经济不平衡问题非常突出，中央财政负有平衡全国社会优抚水平的重任，这就要求社会优抚财政责任适当集中于中央财政。当西部后发地区财政无力承担社会优抚责任时，中央财政应当承担这一责任。对西部后发地区加大拨款力度，以补齐地方财政不足的差额。

第二，东部先发地区对西部后发地区的转移支付。如前所述，我国东部先发地区的经济发展有西部后发地区的贡献，东部先发地区的超前发展是以牺牲西部后发地区的发展为代价的。因而，东部先发地区的地方财政对本地区社会优抚的责任应当重于西部后发地区的地方财政对本地区社会优抚的责任，为了避免不同地区之间社会优抚水平的差别过度，东部先发地区财政针对社会优抚应对西部后发地区进行转移支付。

（四）切实解决西部人才流失问题

西部后发地区经济不发达，这与该地区的人口素质较低有很大的关系。相比东部先发地区，西部后发地区由于历史、自然、经济环境等多方面原因，西部人力资源开发和人才队伍建设仍然存在很多问题，目前西部人力资源开发面临的主要问题是：人口数量增长较快，人口素质普遍较低；人力资源既多又缺，多是指低素质的人力资源数量众多，缺是指缺乏高素质、高质量的人力资源；整体教育水平低下，人力资源结构失调，人才流失严重；人力资源开发环境有待改善。著名国情研究专家胡鞍钢在 2001 年出版的《地区与发展：西部开发新战略》一书中指出，西部地区是中国知识资源最贫乏的地区，也是知识发展差距最大的地区，这是西部发展将遭遇的最大"瓶颈"。

1. 西部后发地区人才状况

（1）西部后发地区教育现状

西部后发地区人才不足，突出表现为人口受教育程度普遍较低。1998 年，西部 15 岁及以上人口中文盲、半文盲人口的比重为27.1%，远高于中、东部 13.1% 和 13.4% 的水平；据抽样调查显示，西部大专以上人口的比重仅为 17.9%，远低于中、东部的 33.4% 和

48.7%。与全国平均水平比较，大多数省份特别是人口较多的省份劳动者受教育程度较低，1999年，高中文化程度人口比重低于全国平均水平的西部省份有9个，大专以上人口比重低于全国平均水平的西部省份有6个。①

西部后发地区的高等教育在全国来说也相对比较落后。从学校数量上看，1949年新中国成立时，西部普通高校占当时全国高校总数的25.4%，经过50多年，西部高校虽由55所增加到202所，但占全国普通高校总数的比例却下降了近5个百分点，由25.4%降到20.6%。中东部地区平均每100万人拥有1所普通高校，而西部地区则每200万人才拥有1所，差距在一倍以上。据《中国统计年鉴（2004）》提供的资料，2000年每10万人拥有的大专及以上文化程度人口全国平均为3611人，西部地区除内蒙古、陕西、宁夏、新疆高于全国平均水平外，其余8个省区市均低于全国平均水平；2000年每10万人拥有的高中和中专文化程度人口，全国平均水平为11146人，西部地区除内蒙古、陕西、新疆高于全国平均水平外，其余9个省区市低于全国平均水平。时至今日高等教育发展差距还在进一步的拉大。北京、上海、天津3个直辖市每万人口在校大学生数量在飙升，而西藏、甘肃、青海、宁夏、贵州等省、自治区每万人口在校大学生的标准化得分不仅低于全国的平均值，而且与平均值的差距已扩大至1953年的程度。② 而西部高校师资队伍的短缺使西部许多大学教学、科研水平不断下滑，办学质量也越来越差，在第一批92所"211工程"高校中，西部仅有16所，全国5个省份没有"211工程"学校，除海南省外，其余4省区均集中在西部（西藏、贵州、宁夏、青海）。③

由于教育水平的低下，势必导致西部地区相应的也缺乏高层次人才。全国大专学历比例结构为30.99%，东部地区为31.19%，而西部的26.72%不仅低于东部，也低于全国平均水平；大学本科比例结

---

① 《中国统计年鉴（2004）》，中国统计出版社2004年版。

② 连玉明、武建忠主编：《中国国力报告》，中国时代经济出版社2006年版，第56页。

③ 教育部网站 http://www.moe.edu.cn。

构依次为：全国平均为 14.69%，东部地区是 15.46%，而西部仅为 11.58%；研究生比例结构全国平均是 0.84%，东部地区为 0.69%，但西部却只占 0.25%。[1]

对于西部教育事业的发展来说，其教育经费严重不足。当然近些年来国家加大了对西部地区教育的财政支付投入，但力度仍不够。2003 年西部地区平均教育经费总额为 99.5 亿元，而东部地区为 266.9 亿元，是西部地区的 27 倍。地方区域间由于经济状况的不同，在教育经费的投入上有着相当大的差距，比如 2004 年，广东省教育投入为 289.51 亿元，江苏省是 263.6 亿元；而处于西部地区的青海仅仅是 15.37 亿元。[2] 并且西部地区教育经费的来源依靠政府财政性拨款的比重也较大，西部地区财政性教育经费占总教育经费来源的 69.1%，而东部地区为 61.9%。

西部的发展不仅需要大力引进知识经济领域的高层次人才，更重要的是提高西部人力资源的整体素质。

（2）人才数量和人才结构的分布不合理

人才资源是人力资源中素质较高的部分。根据《中国统计年鉴（2004）》提供的资料，0.982‰抽样人口调查显示，6 岁及 6 岁以上人口中，大专以上学历的人数：内蒙古 1214 人，广西 2000 人，重庆 1045 人，四川 3004 人，贵州 1831 人，云南 712 人，西藏 20 人，陕西 2192 人，甘肃 1062 人，青海 242 人，宁夏 284 人，新疆 1726 人。大专以上文化程度人口的比重，全国平均水平为 5.5%，西部地区只占本地区人口的 4.5%，而东部地区占本地区人口的 6.8%。西部地区低于全国平均水平，与东部地区相比差距较大。虽然西部地区高级人才仅占全国的 13.6%，但是其中的 78% 却集中在机关、教育卫生系统，只有 22% 分布在生产第一线。

（3）人才流失情况严重

人才流失已不仅仅是西部地区特有的问题，而且也是全球不发达国家和地区的一种普遍现象。受多种因素的影响，人才不断地从不发达国家和地区向发达国家和地区流动。人才流动已成为制约许多发展

---

[1]　马金书：《西部地区产业竞争力研究》，云南人民出版社 2004 年版。
[2]　北京国际城市发展研究院数据中心。

中国家经济的一个重大问题。据联合国开发署统计，发展中国家和地区专业人才以每年 10 万的速度外流到发达国家，特别是流到像美国这样的国家。就中国国内来讲，西部地区人才流失现象更加严峻。因为它的人才不仅向国外流动，而且还向国内东部沿海省市流动。人才流失给西部地区带来的后果极其严重。比如，甘肃省 2000 年与 1999 年相比，全省除教学人员增长 1.24% 外，其余专业技术人才数量均有所下降，工程技术人员下降 0.03%，卫生技术人员下降 0.05%。人才外流的专业门类主要集中在高校教师、高中骨干教师、高级工程技术人才、高级技工、医生、企业经营管理人才、科研院所的研究开发人才等方面。[①] 又比如从 20 世纪 80 年代以来，西部地区高校骨干教师流失数量惊人。兰州某高校每年都有 20—30 名博士和副教授职务以上的教师调出；内蒙古某高校 2000—2002 年三年间共流失骨干教师 60 人。其中流向中、东部省区 38 人，占 63.3%，流向其他国家及港澳台地区 7 人，占 11.7%；从学历来看，具有硕士以上学历 23 人，占流失教师的 38.3%；从职称来看，具有副教授以上职务的 26 人，占流失教师的 43.3%。据一家媒体调查结果分类统计：西部流失的教师中，具有副高级职称的教师流失比例为 71.7%，具有硕士以上学历的教师流失比例为 59.1%，高新技术及社会急需专业的高校教师流失所占比例为 68.8%。[②]

当然还有方方面面的人才流失，以上数字虽相比实际西部地区人才流失的数量来看，实在是微不足道，但足以使人触目惊心。所带来的后果是使现有西部地区人才队伍整体质量下降。但从中长期来看，问题的严重性还在于，它势必影响我国西部大开发战略的长期坚持和顺利推进。

2. 西部人才流失问题分析及解决

（1）西部后发地区人才流失原因分析

西部人才流失的原因较为复杂，具有多样性。主要有以下几方面

---

① 中共甘肃省委组织部课题组：《甘肃省人才队伍建设的现状与对策研究》，《组织人事学研究》2002 年增刊。

② 徐淑凤等：《我国高校教师流失问题的原因及对策研究》，《东岳论丛》2004 年第 3 期。

的因素：

第一，地理区位处于劣势，科研环境差。相对于东部和中部地区，西部地区自然条件、生存条件较差；对于个人而言，人力资源的成本自然就高于中东部地区。然而一直以来，各级政府却对此问题要么视而不见，要么无能为力，总之没有建立一套稳定、有效的人才补偿机制。同时，由于西部地区大多地处比较偏远，科研的基础设施较为落后，使科研受到很多客观条件限制，故科研成果产出效率偏低。再者国家科研资金长期对东部的倾向明显。据《中国科技统计年鉴（2002）》所统计的2001年各地区研究与开发机构科技活动课题的情况，全国排名第一的北京市，其所获得的科研课题总数达12730个，投入经费总计694534万元。与之相比，西部省区相当落后，比如，陕西、甘肃、青海、宁夏、新疆五省区科研课题总数只有1347个、1282个、217个、189个、1010个，分别只是北京市的10.6%、10.1%、1.7%、1.5%、7.9%，经费的投入也分别只有178537万元、24159万元、1828万元、1608万元和9104万元，与北京市不可同日而语。[①]

第二，国家政策倾斜，用人单位观念落后。西部某些地区在人才的观念上比较落后。由于历史的原因，长期以来，西部的思想还是比较封闭落后的。新中国成立后，面对东西部畸形的经济结构，国家主张加速西部等不发达地区的发展。在人才方面，1953—1978年，国家有计划地组织了大量的专业人才和普通劳动力内迁，在此就无需讲述。自改革开放以来，国家在区域经济上采取"非均衡发展战略"，所以资金、技术、人才、各种资源迅速向东部流动聚集，在较短时间内使东部的经济水平有了很大的提高，对我国的经济发展水平有了根本性的改观。但在投入总量不变的情况下，对东部的加大投入也就意味着牺牲西部。在人才领域，我国实际上执行"东部优先，兼顾全国"的原则和政策，对东部的人力资源投入远超过西部。

第三，东西部经济发展的巨大差距，人才待遇不平衡。在市场经济中，有这样一个规则，那就是技术跟着人才跑，人才跟着资本跑，

---

① 国家统计局、科技部：《中国科技统计年鉴（2002）》，中国统计出版社2002年版，第56页。

资本跟着利润和机会跑。改革开放以来，西部地区的发展严重滞后于东部地区，人才在西部地区的待遇很低，而东部的一些省市，许多相同职位的待遇往往较西部而言要高出很多倍。比如以西安、兰州、西宁、银川、乌鲁木齐的在岗职工平均工资看，据 1999 年的统计数字，在全国 236 个城市中，它们都处于较后的位置，最靠前的乌鲁木齐只排在第 49 位，最靠后的银川排在第 113 位。排名全国城市第一的深圳市，当年在岗职工平均工资达 20714 元，与之相比，西安、兰州、西宁、银川、乌鲁木齐只有 7998 元、8359 元、8128 元、7755 元和 9448 元，分别只是深圳的 38.6%、40.3%、39.2%、37.4%、45.6%。[①] 又比如，2000 年我国东部大城市教授级月收入（包括工资、津贴、社会服务所得）约 8000 元，副教授约 5500—6000 元，讲师约 3000 元；中部地区教授级约 6000—7000 元，副教授约 4500 元，讲师约 2500—3000 元；西部地区教授级不足 5000 元，副教授不足 3000 元，讲师级不足 2000 元。

总而言之，西部不仅在劣势的地理自然环境下没有稳定的人才补偿机制，在待遇上更是与中东部地区存在着巨大差异。可以这样说，对于西部即使与东部地区同工同劳也要付出由于自然地理条件下的各项人力资源成本支出，更何况目前却是西部与东部地区相比较同工不同酬，难以吸引留住人才。

客观地分析，人力资源的流动，从微观层面上来看，是人力资源对自身流动的预期收益——成本及风险的比较权衡之后的理性行为，是人力资源自身所拥有的人力资本动态优化配置的实现过程，即所谓"人往高处走"。从宏观层面上来看，则主要是地区之间的资源与财富差异的结果。这种资源与财富的差异导致的非均衡状态，存在一种"势能"，从而使得人力资源从资源与财富较为"匮乏"的地区向较为"富足"的地区流动。西部地区就好像处于同一条河流的两个不同的河段，西部处于河流的上游，东部处于河流的下游，上游与下游

---

① 国家统计局城市社会经济调查总队：《中国城市统计年鉴（2000）》，中国统计出版社 2001 年版，第 549—552 页。

地区的落差（不公平）越大，水流自然就越快、越急。[①] 由此我们可以看出，其实人才的流失收益，在我国国内就是西部地区付出，而东部地区受益。

（2）西部后发地区人才流失的解决对策

第一，大力发展各层次教育。

首先，大力发展基础教育。西部后发地区在人才的前期基础教育培养上与东部先发地区相比处于劣势。特别是很大一部分适龄学生由于家庭困难而辍学，使西部后发地区的城市化、工业化、GDP 发展都丧失了公平，加大了这些地区的贫困程度。

对于教育的财政投入低，中央政府要加大财政转移支付力度，按西部后发地区的人口比例建立相应数量的中小学，从基础上解决西部后发地区人才建设的根本性问题。从一些发达国家的经验看，中央对地方教育财政拨款大多采取差别对待的办法。美国联邦资助和州拨款不仅考虑各地区的教育事业规模和具体情况，而且也考虑地方财政能力的差异。

东部先发地区及社会各界对西部教育应加大支持力度，可以出台相关政策，制定实施东部先发与西部后发地区分区域进行"对口扶教支援工程"。可以按省市地区进行实施，但必须是以政策法规形式予以颁布，作为地方政府的专项工作。西部基础教育的发展关系到我们整个中华民族的发展，不能仅仅寄希望于"希望工程"。如果一个国家、一个民族将基础教育寄托于"希望工程"，施舍般的去开办基础教育，那么这个国家、这个民族的"希望"又在哪里？

其次，加强继续教育，建立培训机制。继续教育就是对现有的劳动者进行的再教育。包括，政府部门领导干部和公务员的再教育，使他们改变观念，跟上形势，发挥作用，提高工作的能力和效率；培养一批高素质的企业管理人才、信息技术人才、创新型人才和销售人才等，以适应知识经济时代的要求。并且要结合自身优势，充分利用西部高等院校的办学条件。

西部人力资源丰富，但整体素质不高，甚至有一些文盲或文化水

[①] 陈建新：《我国西部人才流失的成本收益分析与对策》，《兰州学刊》2004 年第 5 期。

平低的人员，要开展有系统性、计划性的培训工作，政府投资建立针对此范围人员的培训学校。要面向市场、面向农村、牧区发展多种形式的技能培训。根据各自自身情况制定培训计划，但一定要密切与市场相结合。

再次，重视西部高校发展，均衡高校财政划拨。中央在对西部高校考察评比的情况下，适度发展重点院校的数量，加大财政资金的划拨。同时也要增加东部先发地区高校对西部地区的招生规模。政府制定特殊政策，对一些贫困后发地区实行特殊的照顾办法，采取学生免费上学或减免学费，成立专项"西部学子奖学金"基金，以保证大学生不因经济困难而辍学。

高等教育的发展不仅能带动当地经济的发展，还为当地发展提供强有力的智力支持，成为当地政府的"智囊"，同时也为西部地区人才的引进打下了基础。

第二，制定优惠政策，以待遇留人。

制定优惠的人才政策或相关配套的办法、规定，以适应吸引人才和聚集人才的需要。在引进和使用政策上不受地域、年龄、身份、工作年限、婚姻和家庭状况的限制，广开"绿灯"。在人才使用政策上，要提高住房、医疗、带薪休假等各项福利待遇。同时对人才的引进上由中央与西部后发地区政府结合，成立专项"西部人才引进基金"。

待遇方面，西部后发地区的企事业单位在无法满足当地技术人才待遇的前提下，中央政府不能按照当地标准给予待遇，应当以东部先发地区同种工作性质的平均值为标准，给予补偿差额。对地方政府管理的企事业单位，由于地方政府财政无力给予，由上一级政府给予相应的补差，特别是省一级无法支付的，由中央结合当地省会城市标准给予补差，基本上实现东部先发地区与西部后发地区在人才待遇上的"同工同酬"。

第三，制定西部后发地区岗位津贴制度。

西部后发地区自然环境大多非常恶劣，又属于民族地区，对在这些地区工作的人才，中央应划拨专项资金，制定西部后发地区岗位津贴制度。根据西部后发地区的位置、工作性质，给予工资待遇之外的补偿，以体现在艰苦地区工作的人们的公平价值。比如在西藏工作的高原补贴和云南的边防津贴，中央长期以来都会划拨专项资金。但覆盖面过于狭窄，应当扩大到西部后发的所有地区。这方面中央和地方政府共同负担，地方不足的由中央支付。

第四，制定单位高级人才流失补偿机制。

随着我国经济的发展以及加入 WTO 后，人才争夺战日益升级。西部后发地区由于地理环境、经济基础等各种原因处于劣势，对外缺乏吸引力。东部先发地区，靠着良好的工作环境、丰厚的收入招引了大量的各类高级人才，而偏僻落后的西部后发地区只能发出"孔雀东南飞"的哀叹。西部后发地区的许多单位对内部高级人才的流失没有任何办法，对单位因此而造成的巨大损失更是无能为力。比如我国法学界很多知名的专家现在大多在东部城市高校中工作，而他们当中又有许多当初都是从西部的一所政法学校中出走的，这所政法学校的发展因此受到了巨大的损失，从当年恢复高考后全国唯一一所招收法学专业学生的赫赫有名院校，到如今与东部某些重点院校的差距明显。针对这种状况，应当参照体育系统中的各个俱乐部运动员流动补偿（购买）机制，制定单位高级人才流动补偿机制。一单位从另一单位招引高级人才时，应当按照一定的比例给予引进人才所在原单位一定的经济补偿，以维持原单位的良性发展，也体现了社会的公平。

参考文献

《西部大开发"十一五"规划》，国务院西部地区开发领导小组办公室（www. chinawest. gov. cn）

世界银行：《中国：推动公平的经济增长》，清华大学出版社2004 年版。

中国社会科学院课题组：《西部开发与东部、中部发展问题研究》（上、下），《中国工业经济》2000 年第4、5 期。

王梦奎：《西部大开发与中国的现代化》，《理论前沿》2000 年第5 期。

胡鞍钢：《加快西部开发的新思路》，《经济研究参考》2000 年第28 期。

魏杰：《西部大开发与当前我国经济发展的几个问题》，《当代财经》2000 年第5 期。

蔡挺、肖善：《西部大开发的历史回顾与未来战略》，《经济体制改革》2001 年第3 期。

林凌、刘世庆：《审视西部大开发》（加拿大维多利亚大学2003 年"中国西部大开发战略与全球影响国际研讨会"论文），学说连线 http：//www. xslx. com/htm/jjlc/hgjj/2003 - 12 - 11 - 15654. htm。

林毅夫、刘培林：《中国的经济发展战略与地区收入差距》，《经济研究》2003 年第3 期。

王冰、马勇：《经济理论与实践地区经济结构优化升级的理论渊源与对策取向——兼论缩小区际差异》，《武汉大学学报》（社会科学版）2002 年第1 期。

林伯强：《中国的经济增长、贫困减少与政策选择》，《经济研究》2003 年第12 期。

［美］S. 霍罗维茨、C. 马什：《利益群体、制度和区域特点——中国地方经济政策的解释》，孙宽平、唐铮译，《经济社会体制比较》2003 年第 3 期。

沈坤荣、耿强：《外国直接投资、技术外溢与内生经济增长——中国数据的计量检验与实验分析》，《中国社会科学》2001 年第 5 期。

魏后凯：《外商直接投资对中国区域经济增长的影响》，《经济研究》2002 年第 4 期。

王宗礼、侯万锋：《从政治整合视角全面审视东西部经济发展差距》，《学术论坛》2006 年第 10 期。

乔国锋：《从宏观经济政策角度对东西部差距成因分析》，《太原大学学报》2004 年第 2 期。

蔡忠瀛、窦玲：《东西部经济增长中制度因素的比较分析》，《北京邮电大学学报》（社会科学版）2006 年第 3 期。

李天德、熊厚：《中国东西部经济发展不平等现象分析》，《西南民族大学学报》（人文社科版）2005 年第 3 期。

陈秀山、徐瑛：《中国区域差距影响因素实证研究》，《中国社会科学》2004 年第 5 期。

《中国西部贫困状况调查报告：贫困有固有化趋势》，中国发展门户网（www. chinagate. com. cn）。

陈华、尹苑生：《区域经济增长理论与经济非均衡发展》，网易财经（finance. 163. com）。

陈伯君：《中国愿境："效率"与"公平"并重——破解经济增长的"黑洞"》，《体制改革》2006 年第 11 期。

保建云：《转型经济中区域市场治理机制形成与演进分析》，《东部经济评论》2004 年第 1 期。

秦晖：《关于公正的首要问题》，天益网（www. tecn. cn）。

茅于轼：《谁妨碍了我们致富》，天涯在线书库（www. tianya-book. com）。

丁任重：《论中国区域经济布局新特征——兼评梯度推移理论》，《经济学动态》2006 年第 12 期。

陈伯君：《解开西部发展的死结》，《改革内参》2004 年第 31 期。

本力主编：《崛起?! 中国未来 10 年经济发展的两种可能》，社会科学文献出版社 2007 年版。

孙鸿烈：《为西部生态建设号脉》，《人民日报》（海外版）2002 年 10 月 14 日。

樊明：《市场经济条件下区域均衡发展问题研究》，《经济经纬》2006 年第 2 期。

张致富、覃成林：《中国区域经济差异与协调发展》，中国轻工业出版社 2001 年版。

李克：《适度差距与系统优化：中国现代化进程中的区域经济》，中国社会科学出版社 2000 年版。

刘夏明、魏英琪、李国平：《收敛还是发散？——中国区域经济发展争论的文献综述》，《经济研究》2004 年第 7 期。

张帆：《中国区域经济非均衡发展论》，广东科技出版社 2003 年版。

国家统计局课题组：《我国区域发展差距的实证分析》，《中国国情国力》2004 年第 3 期。

胡乃武、周瑞明：《区位选择、地区差距与区域经济分割》，《经济理论与经济管理》2005 年第 2 期。

周立群：《区域差距、发展战略与政策选择》，《改革》2005 年第 1 期。

《中国统计年鉴（2005）》，中国统计出版社 2005 年版。

《山东统计年鉴（2005）》，中国统计出版社 2005 年版。

《四川统计年鉴（2005）》，中国统计出版社 2005 年版。

《广东统计年鉴（2005）》，中国统计出版社 2005 年版。

《浙江统计年鉴（2005）》，中国统计出版社 2005 年版。

吴敬琏：《当代中国经济改革》，上海远东出版社 2004 年版。

吴敬琏：《中国增长模式抉择》，上海远东出版社 2006 年版。

林凌：《中国经济的区域发展》，四川出版集团、四川人民出版社 2006 年版。

《中国改革与发展报告》专家组：《中国改革与发展报告——中国东南沿海的经济起飞》，上海远东出版社 1996 年版。

国家统计局国民经济核算司编著：《中国国民经济核算》，中国统计出版社 2004 年版。

胡鞍钢:《中国:新发展观》,浙江人民出版社 2004 年版。

贾松青、林凌主编,刘世庆、蒋同明副主编:《四川区域综合竞争力报告》,社会科学文献出版社 2006 年版。

王洛林主编:《中国战略机遇期的经济发展研究报告(2005—2020)》,社会科学文献出版社 2005 年版。

刘世庆、罗望、任治俊等:《西部大开发资金战略研究报告》,经济科学出版社 2005 年版。

王中宇:《"国家竞争力"的背后》,《新华文摘》2006 年第 22 期。

《中国的基尼系数已超警戒线》,新浪网(http://www. sina. com. cn)2005 - 06 - 22。

《中华人民共和国大事记》(下),光明日报出版社 2004 年版。

周文骞、许庆明:《发展经济学》,浙江大学出版社 1995 年版。

周春彦主编:《经济学精要》,新疆科技卫生出版社 2003 年版。

[美] 斯蒂格利茨:《经济学》,姚开建等译,中国人民大学出版社 1997 年版。

[美] 爱伦·鲁宾:《公共预算中的政治:收入与支出,借贷与平衡》(第四版),叶娟丽等译,中国人民大学出版社 2001 年版

[美] 西蒙·库兹涅茨:《现代经济增长》,北京经济学院出版社 1991 年版。

[英] C.V. 布朗、P.M. 杰克逊:《公共部门经济学》,张馨主译,中国人民大学出版社 2004 年版。

[美] W.W. 罗斯托:《从起飞进入持续增长的经济学》,贺力平译,四川人民出版社 1988 年版。

[美] W.W. 罗斯托:《富国与穷国》,王一谦等译,北京大学出版社 1990 年版。

马洪主编:《深港衔接 共创繁荣》,南开大学出版社 1996 年版。

胡昌暖:《资源价格研究》,中国物价出版社 1993 年版。

于连生:《自然资源价值论及其应用》,化学工业出版社 2004 年版。

R. 科斯、A. 阿尔钦等：《财产权利与制度结构——产权经济学与新制度学派译文集》，上海三联书店 1991 年版。

刘伟、李凤圣：《产权通论》，北京出版社 1998 年版。

成升魁：《2002 中国资源报告》，商务印书馆 2003 年版。

马中、蓝虹：《产权、价格、外部性与环境资源市场配置》，《价格理论与实践》2003 年第 11 期。

胡振鹏、傅春、王先甲：《水资源产权配置与管理》，科学出版社 2003 年版。

魏杰：《企业前沿问题——现代企业管理方案》，中国发展出版社 2001 年版。

王玮婧：《ITQ 破解渔业资源的产权难题》，《上海国资》2005 年第 3 期。

綦好东、岳好铭、刘小明：《“四荒”资源产权流转的运作规则与操作规程研究》，《中国农村经济》2001 年第 10 期。

R. J. Saunders and J. Wardford and P. Mann, Alternative Concepts of Marginal Cost for Public Utility Pricing: Application in the Water Supply Sector, World Bank Staff Working Paper No. 259, World Bank, Washington D. C., May 1977.

中国环境与发展合作委员会编：《中国自然资源定价研究工作》，中国环境科学出版社 1997 年版。

陈坤：《上海水资源可持续利用的经济学研究》，上海人民出版社 2007 年版。

钱正英、张光斗主编：《中国可持续发展水资源战略研究报告集》，中国水利水电出版社 2001 年版。

鲁传一：《资源与环境经济学》，清华大学出版社 2004 年版。

《中国水资源公报》，中华人民共和国水利部，2000 年。

姜文来：《水资源价值论》，科学出版社 1999 年版。

陈健生：《退耕还林与西部可持续发展》，西南财大出版社 2006 年版，第 12—14、69—82 页。

［奥地利］陶在朴：《生态包袱与生态足迹——可持续发展的重量及面积观念》，经济科学出版社 2003 年版。

K. Makami, and J. Schwartz. 2005, "Small-Scale Private Service

Providers of Water Supply and Electrictity: A Review of Incidence, Structrue, Pricing and Operating Characteristics", World Bank- energy and Water Department, Bank NetherLands Water Partnership, Public-Private Infrusructure Advisory Facility. Washington, D. C. Processed.

和谷：《陕北油气田，上帝给贫瘠的补偿》；牛黄：《大渡河，不再奔腾的河流》；刘睿：《黔西煤海：与沧桑共舞》，《中国国家地理》2006 年第 12 期，第 52—97 页。

H. C. Young Burg Young. 2003. *Understanding Water Rights and Conflicts*.

World Bank. 2005. "China: An Evaluation of World Bank Assistance", Annex G. Summary: Water Background Paper. pp. 81—85. Washington. DC.

Lloyd Bruton. 2007. *American Water Rights and the limits of Law*, University Press of Kansas. pp. 36—48.

富曾慈：《中国水利百科全书·防洪分册》，中国水利水电出版社 2004 年版。

张柏山：《世界江河防洪与治理》（上册），黄河水利出版社 2004 年版。

崔承章、熊治平：《治河防洪工程》，中国水利水电出版社 2004 年版。

国家林业重点生态工程社会经济效益测报中心、国家林业局发展计划与资金管理司：《国家林业重点生态工程社会经济效益监测报告》，《绿色中国》2004 年第 5 期。

刘粲、孟庆华等：《我国天然林保护工程对区域经济与生态效益的影响——以四川省峨边县和盐边县为例》，《生态学报》2005 年第 25 卷第 3 期。

杜文华、田新会：《甘肃省天然林资源保护工程效益评价》，《甘肃农业大学学报》2003 年第 2 期。

陈林武、向成华等：《天然林保护工程对四川西部社区影响分析》，《四川林业科技》2002 年第 23 卷第 2 期。

周克清、付利平等：《天然林保护工程的成本、受益分析与政府职能研究》，《天府新论》2002 年第 4 期。

赖兴会：《曲靖市天然林保护工程实施规模及效益评价》，《林业调查规划》2004 年第 29 期（增刊）。

周小林、周克清：《天然林保护工程的成本分析与政府职责研究》，《四川财政》2002 年第 1 期。

褚利明、刘克勇：《天然林资源保护工程阶段性评价报告》，《农村财政与财务》2004 年第 12 期。

国家林业局赴四川调研组：《四川省天然林资源保护工程实施情况调查报告》，《林业经济》1999 年第 3 期。

吴水荣、刘璨、李育明：《天然林保护工程环境与社会经济评价》，《林业经济》2002 年第 12 期。

陈家泽、陈永正：《成渝经济区新时期的制度建设》，《成都大学学报》2005 年第 1 期。

水利部发展研究中心：《南水北调工程水价分析研究简介》，《中国水利》2003 年第 1 期。

刘春生：《南水北调工程水价的合理确定》，《水科学进展》2004 年第 6 期。

胡润峰：《"南水北调"的水价如何》，《经济月刊》2003 年第 1 期。

韩亦方：《水价——南水北调工程的经济杠杆》，《南水北调与水利科技》2003 年第 1 期。

王奕、赵敏、毛春梅、赵海林：《南水北调工程供水两部制水价确定方法研究》，《价格理论与实践》2004 年第 3 期。

张平、郑垂勇：《南水北调工程水价模式分析研究》，《水利经济》2006 年第 2 期。

张军、王华、董温荣、张永平：《南水北调供水两部制水价模式探讨》，《水利经济》2006 年第 3 期。

刘铁军：《南水北调不能承受之痛》，《文明》2006 年第 5 期。

单既云：《南水北调东线二期工程环境效益浅议》1988 年第 4 期。

汪达：《南水北调与生态环境》，《江西水利科技》1991 年第 1 期。

刘昌明、沈大军：《南水北调工程的生态环境影响》，《大自然探索》1997 年第 2 期。

谢鉴泉：《南水北调的反方向思考》，《经济学消息报》2004 年第 1 期。

董方勇：《南水北调东线工程对长江口渔业资源的影响》，《长江流域资源与环境》1997 年第 2 期。

蒋重阳：《南水北调中线工程对生态环境的影响及其对策》，《环境科学》1992 年第 6 期。

窦明、左其亭、胡彩虹：《南水北调工程的生态环境影响评价研究》，《郑州大学学报》（工学版）2005 年第 2 期。

陈吉余、陈沈良：《南水北调工程对长江河口生态环境的影响》，《水资源保护》2002 年第 3 期。

李燕：《南水北调东线工程对长江口咸水入侵的影响分析》，《规划与治理》2002 年第 5 期。

李翠梅、陶涛、刘遂庆：《南水北调东线工程对上海地区生态环境的影响及应对措施》，《水土保持研究》2006 年第 2 期。

陈丽媛、李新民、何百根：《南水北调中线工程丹江口库区移民迁建问题研究》，《南水北调与水利科技》2003 年第 2 期。

王宝恩、由国文、朱东恺：《南水北调工程征地移民政策与管理体制》，《水力发电》2006 年第 9 期。

王晶、刘翔：《边际机会成本与自然资源定价浅析》，《环境科学与管理》2005 年第 6 期。

张馨：《公共财政论纲》，经济科学出版社 1999 年版。

陈伯君：《转型期中国改革与社会公正》，中共编译出版社 2005 年版。

郑功成：《社会保障学》，商务印书馆 1999 年版。

周旺生：《立法学》，法律出版社 2002 年版。

钱弘道：《经济分析法学》，法律出版社 2003 年版。

杨紫烜：《经济法学》，北京大学出版社 2004 年版。

李昌麒：《经济法学》，法律出版社 2000 年版。

漆多俊：《经济法基本理论》，武汉大学出版社 2002 年版。

徐智华：《社会保障法》，中国财政经济出版社 2006 年版。

刘隆亨主编：《中国区域开发的法制理论与实践》，北京大学出版社 2006 年版。

夏文斌：《走向正义之路——社会公平研究》，黑龙江教育出版社 2000 年版。

陈广汉：《增长与分配》，武汉大学出版社 1995 年版。

俞可平主编：《全球化时代的"马克思主义"》，中央编译出版社 1998 年版。

赵剑英、张一兵主编：《国外马克思主义的基本问题》，社会科学文献出版社 2006 年版。

吴忠民：《社会公正论》，山东人民出版社 2004 年版。

连玉明、武建忠：《中国国情报告》，中国时代经济出版社 2006 年版。

王振中主编：《转型经济理论研究》，中国市场出版社 2006 年版。

徐映梅：《国民核算新论》，中国财政经济出版社 2002 年版。

蔡昉：《中国人口与劳动力问题报告》，社会科学文献出版社 2004 年版。

王检贵：《劳动与资本双重过剩下的经济发展》，上海三联书店、上海人民出版社 2002 年版。

张秀生：《中国经济改革与发展》，武汉大学出版社 2005 年版。

林嘉：《社会保障法的理念实践与创新》，中国人民大学出版社 2002 年版。

马金书：《西部地区产业竞争力研究》，云南人民出版社 2004 年版。

［苏］涅尔谢相茨：《古希腊政治学》，蔡拓译，商务印书馆 1991 年版。

［美］阿瑟·奥肯：《平等与效率》，王奔洲等译，华夏出版社 1999 年版。

［俄］谢·格拉济耶夫：《俄罗斯改革的悲剧与出路——俄罗斯与新世界秩序》，经济管理学院出版社 2003 年版。

［英］G. L. 克拉克、［美］M. P. 费尔德曼、［加拿大］M. S. 格特勒：《牛津经济地理学手册》，商务印书馆 2005 年版。

后 记

日子过得真快。本项目从批准下来到完稿，已经两年零两个月，整整 700 个日日夜夜。700 个日夜不算长，但对本项目来说，就相当长了，超出预定时间 7 个月。曾经东奔西走的考察，热烈的争论，发现的兴奋，以及嘀嘀的击键声，都寂静下来。望着这一摞成型的、厚厚的文稿，这凝聚着课题组全体成员 700 个日夜所付出的心血和智慧的文稿，组员们相视无语，肃穆而庄严。

这份肃穆和庄严，折射出组员们复杂的心情。推进西部大开发，促进区域经济的公平增长，任重道远，远不是几个理论发现、几项政策建议、花几年时间就能完成。当组员们沉浸在理论研究和文字叙述时，理论指导、逻辑推导至高无上，为了准确地阐述每一个观点，甚至每一句话，组员们都可能争得面红耳赤。如今，这份应用类研究成果就要交付出版面向社会，它会不会因为组员们的认真态度而发挥较大的实际影响呢？长时间的非均衡发展和非公平增长，已经形成惯势，仍对人们的观念和实践进程产生重大影响。从理论推导、政策设计到具体操作，还将有一段艰难的、博弈的历程。不过，在社会分工高度发达的今天，我们已经完成了分内的任务。这份肃穆和庄严，蕴涵着卸下重担后不可言喻的喜悦。

在此，我们由衷感谢林凌先生。这不仅是因为林凌先生为本书写序，评论了本书的难点、创新点，使读者能够与我们一道分享林凌先生的智慧和见解，还因为本项目一开始就得到了林老无私的指点和帮助。同时，也感谢四川省社会科学院西部大开发研究中心秘书长刘世庆研究员。世庆研究员在西部大开发研究领域早已成果丰硕。无论是在项目设计时，还是在研究写作过程中，世庆研究员都提出了不少建设性意见，对我们帮助很大。我们都亲切地尊称世庆大姐。本项目得以完成，也凝聚着林老和世庆大姐的心血。在研究过程中，我们还得到中国社会科学院人口与劳动经济研究所所长蔡昉研究员、西南财经大学《财经科学》编辑部陈健生研究员的帮助，在此一并感谢！

成都市社会科学院是本项目的管理单位。院长刘从政研究员自始至终关心项目的进展，为研究工作提供各种有利条件，排忧解难，拨云见日。课题组全体成员深怀感激。

本书的"导言"、"第一章　以科学发展观统领西部大开发　推动公平的经济增长"由陈伯君执笔兼主研；"第二章　从经济增长因素分析东西部差距基尼系数走势"由邓立新执笔兼主研，成都市政府研究室何彬、成都市社会科学院助理研究员余梦秋参与其中部分工作；"第三章　西部大开发过程中的资源产权与资源价格确立"由陈家泽执笔，陈家泽、陈永正主研；"第四章　西部大型公共产品'溢出效应'的测算"由陈永正执笔，陈永正、陈家泽主研，四川大学经济学院的周灵、薛从彬、庄佳、董相儒、刘辰曦等参与了部分研究工作；"第五章　后发国家经济快速增长阶段区域间公平增长的理论"由赵明执笔，赵明、陈伯君主研，李新平博士提供了部分参考文献。全书由陈伯君审阅并统稿，谢明鉴校对。

课题组

2007 年 7 月 11 日